唐宋史料筆記叢刊

曾公遺録

〔宋〕曾布 撰
顧宏義 校點

中華書局

圖書在版編目(CIP)數據

曾公遺録/顧宏義點校. —北京:中華書局,2016.3
(2023.3 重印)
(唐宋史料筆記叢刊)
ISBN 978-7-101-11546-8

Ⅰ.曾… Ⅱ.顧… Ⅲ.中國歷史-史料-宋代
Ⅳ.K244.06

中國版本圖書館 CIP 數據核字(2016)第 031871 號

責任編輯:胡　珂
責任印製:管　斌

唐宋史料筆記叢刊
曾 公 遺 録
顧宏義 點校
*
中 華 書 局 出 版 發 行
(北京市豐臺區太平橋西里 38 號　100073)
http://www.zhbc.com.cn
E-mail:zhbc@zhbc.com.cn
北京新華印刷有限公司印刷
*
850×1168 毫米 1/32 · 12⅝印張 · 2 插頁 · 246 千字
2016 年 3 月第 1 版　2023 年 3 月第 3 次印刷
印數:3901-4900 册　定價:58.00 元

ISBN 978-7-101-11546-8

曾公遺録目録

校點説明

一　曾布及其日録

北宋曾布所撰曾公遺録，初名日録，今僅存殘本三卷。

曾布（一〇三五至一一〇七），字子宣，建昌南豐（今屬江西）人。曾鞏弟。嘉祐二年（一〇五七）進士。熙寧初，因協助王安石推行新政而得重用，歷知制誥、翰林學士，兼三司使。熙寧七年，因市易法與王安石異議，貶知饒州。至元豐末，復召爲户部尚書，因不配合司馬光「元祐更化」，出知外州。至紹聖初，哲宗親政，再召爲翰林學士，尋擢同知樞密院事，進知樞密院事。元符末，徽宗立，升拜右宰相。崇寧初罷相，出知潤州。此後累貶賀州别駕、廉州司户。大觀元年卒，謚文肅。宋史卷四七一有傳。

曾布著述，據宋史藝文志著録有三朝正論二卷、熙寧新編常平敕二卷、曾布集三十卷，遂初堂書目著録有曾子宣日録、曾子宣正録、曾子宣手節記等，今日所見僅曾公遺録而已。

曾布日録爲曾布當政時所纂，「記在政府奏對施行及宫禁朝廷事」。直齋書録解題卷七。史載曾布自紹聖元年（一〇九四）六月拜同知樞密院事，至崇寧元年（一一〇二）閏六月罷相，歴時九年。據史料記載，曾布日録卷帙甚鉅，故而時人所見多非全本。如南宋王明清即言：「先人初爲曾氏壻，嘗於外家手節曾文肅公日録，有庚辰歲在相位日一帙真迹，外家後來失去。」揮麈録後録卷七。又邵伯温辨誣亦稱其嘗「在同州，於曾布之子紆處見曾布手記當時事一編」云云。長編卷三五二元豐八年三月甲午條注引。可證在南宋初，曾布日録已四散，非復完本。故當時諸家書目未記載曾布日録總卷數，直齋書録解題卷七僅著録曾布紹聖甲戌日録、元符庚辰日録各一卷，其原因當即在此。因紹聖甲戌即紹聖元年，元符庚辰即元符三年，由此推知曾布日録約年編爲一卷。據永樂大典目録記載，永樂大典卷一九七二八至卷一九七三六所收乃曾公遺録一至九，共九卷。然現存殘本三卷，即自永樂大典鈔出，所記僅十七個月事，起元符二年三月，止三年七月，由此推知永樂大典所收亦非全本。此大概是曾布日録改稱曾公遺録之原因所在。

曾布日録屬日記體著作，按日月編排，詳載每日君臣奏對之語及所處置之政務等，若是日無事，亦記有是日干支，以示每日必記。此外，日録還多及其「日常交遊，家常瑣事」，如周煇清波雜志卷六所云，「向於吕申公之後大虬家得曾文肅子宣日記數巨帙，雖私家交際及嬰孩疾病、治療醫藥，纖悉毋遺」，從而具有甚高之史料價值。

二　曾公遺録之價值與影響

史載「元祐諸公皆有日記，凡榻前奏對語及朝廷政事、所歷官簿、一時人材賢否，書之惟詳」。清波雜志卷六。其實早於元祐之熙寧年間，當政諸公便堅持撰作日記，著名者如王安石熙寧日録、吕惠卿吕吉甫日録、趙槩趙康靖日録等，連尚未當政之司馬光亦撰有温公日録多卷。此類著述之盛行，亦與當時漸趨激化之朝廷黨争直接相關。宋人向有「國史凡幾修，是非凡幾易」周密齊東野語自序。之説。所謂「國史」即指宋朝官修之「正史」、「實録」，屢屢因黨争等原因而一修再修，致使其「是非」標準一易再易，成爲黨争中攻訐政敵之利器。因此當時「正史」、「實録」之一大史料來源，即是此類由宰執高官所撰之日記體著作。對此，周煇曾指出：

> 王荆公日録八十卷，……凡舊德大臣不附己者皆遭詆毀，論法度有不便於民者皆歸於上，可以垂耀後世者悉己有之，盡出其壻蔡卞誣罔。……故神宗實録後亦多采日録中語增修。清波雜志卷二。

爲此，徽宗初陳瓘即「以紹聖史官專據荆公日録以修裕陵實録，變亂是非，不可傳信，故居諫省，首論其事，進日録辨，乞改實録」。朱熹三朝名臣言行録卷一三之三諫議陳忠肅公。同時，此類著述還成爲黨爭中有效保護自己之手段。如熙寧後期宰相王安石與參知政事呂惠卿交惡，御史中丞鄧綰上疏彈劾呂惠卿，呂氏便利用平日所撰之日記予以反擊：

當是之時，惠卿進日録三策，其進日録劄子曰：「臣私記策子皆有其事，其事多出於陛下之德音與所親聞，宜不廢忘，而其文非一二日可以撰造者也。」神考察惠卿日録果非臨時撰造之言，而鄧綰之頗僻姦回果不可恕，於是赫然威斷，發於聖批。鄧綰既逐，而安石亦不得留矣。長編卷二七八熙寧九年十月戊子條注。

曾布於當政九年間，堅持撰寫日記，其深層動機除「存史」、「備忘」外，「攻訐」與「自保」亦爲其重要目的。此在今存之曾公遺録中時時可見。如元符三年三月丁未十一日，曾布獨對，爲反擊來自章惇之攻訐，一面向天子表示「臣兄弟孤立，非聖意主張，何以保全」，且云「臣自先朝與惇、卞論議無一事同者」，一面又附和徽宗「惇於定策之際，罪惡固不待言；蔡卞陰狡害政，紹聖以來，傷害人物多出於卞，其罪更大於惇」之論：「陛下睿明洞照，臣無可言者，至於分別邪正如此，則臣雖退歸山林，死亦瞑目。」對於曾布日録大量記録攻訐中書章惇、蔡卞及其黨羽言行之原因，宋人即指出此與哲宗駕馭大臣之手法有關：「然每奏事，布必留身，對必及厚，厚獨對，必及布。哲宗欲兩聞其過失，亦多詢及之。」朱子語類卷一三〇。

曾布一生捭闔政壇，深處新舊黨争漩渦中心，官拜宰相，卻又名列元祐黨籍碑；元人編纂宋史時，又將其編入姦臣傳。因此，對其評價，在曾布生前即富争議。而編定於徽宗時之曾布日録，因出於政治考慮，以及爲自身利益計，内中頗有删潤、曲筆處。如朱熹在答人提問「若據布所記，則元符間，何爲與章子厚同在政府而能兩立」時便指出：「便是恐不可全信。」朱子語類卷一三〇。但作爲曾布處於權力中樞期間所撰之參政日記，此日録無疑具有甚高之史料價值，在當時便影響甚鉅。如南宋孝宗即位之初改年號曰隆興，有人即以曾布日録記載徽宗初年，趙諗謀逆，嘗立年號「隆興」爲由，「亟馳元本送似當軸者，繼即開陳，遂改『乾道』之號」。揮麈録後録卷七。又如對於「韓師朴、曾子宣建中事如何」之問，朱熹仍以曾布日録所記爲答，云：「渠二人却要和。曾子宣日録極見渠心迹，當時商量云：左除却軾、轍，右除却京、卞。此意亦好。後來元祐人漸多，頗攻其短，子宣却反悔，師朴無如之何。」朱子語類卷一三〇。可爲一證。

以下就元符三年正月徽宗即位之日時政記記事、以及曾布日録與李燾續資治通鑑長編之史源關係兩問題，對曾布日録之價值與影響作一簡要論析。

對於徽宗即位一事，宋史卷一九徽宗本紀一如此記載曰：

元符三年正月己卯，哲宗崩，皇太后垂簾，哭謂宰臣曰：「家國不幸，大行皇帝無子，天下事須早定。」章惇厲聲對曰：「在禮律當立母弟簡王。」皇太后曰：「神宗諸子，申王長而有目疾，次則端王當立。」惇又曰：「以年則申王長，以禮律則同母之弟簡王當立。」皇太后曰：「皆神宗子，莫難如此分别，於次端王當立。」知樞密院曾布曰：「章惇未嘗與臣等商議，如皇太后聖諭極當。」尚書左丞蔡卞、中書門下侍郎許將相繼曰：「合依聖旨。」……於是惇爲之默然。乃召端王入，即皇帝位。

關於此日記事，長編卷五二〇大致相同，而宋史卷四七一章惇傳略異，當章惇反對皇太后「議所立」時，曾布叱之曰：「章惇，聽太后處分。」而凸顯曾布之作用。宋制，中書、樞密院各有時政記以記載國家軍政大事及君臣奏對語等。但如何記載議立徽宗之經過，中書、樞密院時政記出入甚大。爲「取信」後世，曾布、蔡卞、許將與皇太后於四月間多次商討如何修改。據曾公遺録，因樞密院時政記記載之原則是「是日倉卒之際，賴皇太后聖意先定，神器有歸，臣等但奉行而已。蓋此意盡皇太后聖旨，當歸功太母」，故頗得太后和天子首肯，令中書依此删改記載有異處，最終删去全部異議文字方爲太后、徽宗所接受。如曾公遺録記載曰：

己卯，……太后坐簾下，微出聲發哭，宣諭云：「皇帝已棄天下，未有皇子，當如何？」衆未及對，章惇厲聲云：「依禮典、律令，簡王乃母弟之親，當立。」余愕然未及對。太后云：「申王以下，俱神宗之子，莫難更分別。申王病眼，次當立端王。……」余即應聲云：「章惇並不曾與衆商量，皇太后聖諭極允當。」蔡卞亦云：「在皇太后聖旨。」許將亦唯唯。夔遂默然。

然因此後皇太后堅決否認當時曾説過「如何」二字，曰：「若道『如何』，卻去與惇量也。」結果删去「如何」，而如徽宗本紀所云：「家國不幸，大行皇帝無子，天下事須早定。」通過曾布日録，可知宋「國史」中議立徽宗之記載，實是當時皇權、后權與相權三者間輪番博弈、妥協之産物。而此自然不會爲當時官史所記載。

正因爲章惇於徽宗繼位時犯下「大忌」，故徽宗對於章惇獨相時所纂修之三省時政記實難放心，因此，當此後蔡京受命修纂哲宗實録（哲宗舊録），「盡焚毁時政記、日曆，以私意修定哲宗實録」。宋史卷三七六常同傳。其所謂「私意」，當即徽宗之「微義」。至南宋初，紹興史官以「是元祐、非熙豐」爲宗旨重修哲宗實録（哲宗新録），據王明清揮麈録後録稱，當時史官「急於成書，不復廣加搜訪」，僅將舊録中「凡出京、卞之意及其增添者」予以删改而成新録。由此之故，曾布所修之時政記等文字多被收入哲宗實録，亦就不足爲奇了。而至李燾纂修長編，因「至於哲宗朝事迹載在時政記、日曆者，皆爲蔡京取旨焚毁滅跡」，故哲宗親政時期，於實録外，只能大量引用曾布日録，如周必大題范太史家所藏帖中所云

「續通鑑長編多採近世士大夫所著，如曾子宣日記之偏，……咸有取焉」。文忠集卷一八。據長編注文，自紹聖四年四月至元符元年正月，徵引曾布日録數以百計。

對於曾布日録與哲宗實録、長編間史料之淵源關係，雖史無明文，但通過比對相關文字，還是有跡可循。如長編卷五〇三元符元年十月癸卯條注引曾布日録云云與是年十一月乙巳朔條正文，卷五〇五元符二年正月己酉條注引曾布日録云云與同月甲子條正文，除個別文字外，其内容基本相同，而其文字相異處，亦可明顯辨出後者對前者之潤色。因上述兩條正文均無注文説明其史料來源，按長編編撰體例，其當爲實録原文。又如長編卷五一八元符二年十一月己丑條注曰：「案此段末語似有脱字，然布録（曾布日録）亦同。」説明實録此處文字乃沿襲曾布日録之誤。

由上可知，曾布日録之内容，通過或間接或直接之途徑大量進入長編，使當日章惇、曾布衝突之記録，幾乎全爲曾布一面之詞。然在南宋時期，章惇幾被視爲繼王安石之後造成北宋滅亡之禍首，故對章、曾之争，大多偏向曾布。李燾於此亦不能免俗。如長編卷四九五元符元年三月，知河東孫覽上疏反對章、曾「合諸路兵取興、靈」之決定，「二府怒，覽尋坐責」。注文先引畢仲游孫覽墓志云「曾布怒，尋以擾奪職」，隨後辨云：「按章惇實當國，賞罰豈聽曾布，仲游殆偏辭耳，今略删潤之。然據布録，其怒覽者實布也，更詳之。」雖然墓志、日録皆稱惄孫覽者是曾布，可李燾還是以「章惇實當國」爲由，要「更詳之」，卻於正文中「刪潤」成「二府惄」，從而頗失史實。此當引起今日閲讀者、研究者之充分注意。

三　曾相手記與三朝正論考略

宋代史籍還記載有題名曾布所撰、與日録關係甚爲密切之曾相手記、三朝正論二書。曾相手記已佚，有研究者將其視爲曾布日録别稱，或以爲是曾布日録傳世之不同版本。此説不確。郡齋讀書志卷六云：「曾相手記三卷，右紹聖初，元祐黨禍起，曾布知公論所在，故對上之語多持兩端，又輒增損以著此書云。」朱熹亦云：「曾子宣手記，被曾揀出好底印行。某於劉共父家借得全書看，其間邪惡之論甚多。」朱子語類卷一三〇。又長編卷三五二元豐八年三月甲午條注引曾布手記，云：「神宗違豫，岐、嘉二王日詣寢殿問候起居。及疾勢稍增，太皇太后即時面諭，並令還宫，非諭宣召，不得輒入。」又云：「建儲之際，大臣未常啓沃，太皇太后内出哲宗手書佛經，宣示執政，遂令草詔。」所述皆元豐末哲宗繼位時事。而揮麈録三録卷一所引文肅手記，乃記録徽宗初年太學生劉希范致中書舍人鄒浩（志完）一封長信。可證曾相手記乃是節録日録中「好底」，且加以「增損」文字而成，二者實非一書。又，遂初堂書目著録有曾子宣手節記一書。疑「手節記」爲「手記節」之譌。

至於三朝正論，其情況較爲複雜。宋史藝文志著録曾布三朝正論二卷，亦佚。據李心傳記載，三朝正論於紹興五年四月中由曾布孫上獻朝廷：

> 庚午，直寶文閣、新福建路提點刑獄公事曾紆上其父布所著三朝正論二卷，詔付史館。先是，紆子右通直郎惇投匭上書，論布日記中親聞哲宗皇帝、欽聖憲肅皇后聖語辨正宣仁聖烈皇后誣史及元符密薦臺諫遺藁，現詔下紆取索，紆奉詔以布熙寧記市易本末及紹聖以來奏對要語集爲正論上之。上諭輔臣曰：「昨觀布正論，其言皆正當。至如載哲廟册立事及宣仁聖烈皇后聖語，皆是當時所聞，必不妄。」趙鼎曰：「臣往時守官陝西，從紆弟紑嘗見此書，乃布手筆也。」建炎以來繫年要録卷八八。

因有人認爲「紆撰造正論」，於是「趙鼎奏令紆親賫布真蹟赴行在」，然「未上而紆卒」，至紹興六年六月辛酉，曾惇「始以其真蹟上之」，故「詔以曾布記熙寧市易本末及紹聖以來奏對語録真蹟送史館」。建炎以來繫年要録卷一〇二。綜上可知，所謂「曾布著三朝正論真蹟」，或「曾布記熙寧市易本末及紹聖以來奏對語録真蹟」，當是曾布「輒增損」日録而成之曾相手記，而與曾紆撰集「布熙寧記市易本末及紹聖以來奏對要語」而成之正論不同，即三朝正論乃屬曾相手記之節録本，其撰者實爲曾紆。又，遂初堂書目著録有曾子宣正録一書。疑「正録」爲「正論」之譌。

四　關於版本、輯佚等

曾公遺録版本較爲簡單，宋、元間未見刊行。明初永樂大典所收録者，今僅存卷一九七三五所録之曾公遺録卷八。清光緒間，繆荃孫將前人自永樂大典中輯出之卷七、卷八、卷九計三卷殘本，刊入藕香零拾叢書以傳世。此次整理即以藕香零拾本爲底本，參校以永樂大典本（中華書局一九六〇年影印本）以及宋人著述如長編所引録者。此外，因現存長編記事盡於元符三年正月，故曾公遺録自是年二月至七月間記事，不少内容僅見於此，故此一部分之文字校勘，時有據上下文義而定者。

宋人著述所引録之曾布日録，頗有在曾公遺録殘卷以外者，尤以李燾長編引録爲多，故今並據之輯録佚文以附其後。因佚文時爲片段、斷句，其月日記載亦往往不完備，爲便於閲讀，故於佚文加上月日等，用方括號表示。如有異文，或需作説明者，則於該段佚文下加上案語。又，所輯佚文中顯有誤、脱、衍文，則誤、衍之字用圓括號表示，所改、補之字用方括號表示，不另出校記。

輯佚包括曾布日録、曾相手記兩部分。雖曾相手記部分文字同於曾布日録，因宋人即作爲兩書引録，故本書一併輯録。三朝正論未見有佚文。

有關曾布日録、曾相手記以及三朝正論之題跋、書目著録等内容，皆置於書末以爲附録。

在本書整理中，嘗參考了程郁點校曾公遺録（大象出版社全宋筆記本），在此謹致謝忱。

顧宏義　甲午元月於海上夢湖書屋

曾公遺録卷七

元符二年三月甲辰朔，同呈章楶乞差第四等以下保甲應副進築城寨，從之。初，衆議以保甲下户難於調發，外臺申請數四，皆卻而不從。楶以謂「上、中等户至少，不得下户無以集事」，故不得已而從之。

再對，擬轉員旦進呈，依所定舊例，以三月二十一、二十二、二十三日引呈，今以泛使到，改二十日大宴，二十一日歇泊，故改用二十五、二十六、二十七三日，以四月二、三、四日宿院，五日賜宣，九日换官。又奏以翊日大名百日，乞假一日，上亦爲之惻然。

乙巳，早罷西府道場，出赴普照齋〔一〕，及智海僧誦經一藏，長老而下來殯所，令佛表懺。午後，歸。

丙午。

丁未。

戊申，寒食，假。

己酉，享先。

庚戌。

辛亥，清明節，又赴普照致祭。是日，李毅宴中皆遣人致祭。

壬子，宅引會都堂，議定熙秦斷罪格。

癸丑，旬休。

甲寅，北虜泛使到京，同呈蔡京奏應答虜使使。詔：「如上殿有所陳，令歸館聽命，館伴更不同上殿，餘臨時奏聽指揮。」

鄜延奏：「西人遣嵬名布哆聿玠來説話。」令答以「要國主及用事者常在左右親信之人同移勿乜來，乃可説話」。

又奏進築金易河東，乞於兩不耕地内築端正平一寨，廢西化、清化堡，皆從之。閣令乞進築給納錢物之人並行倉法，亦從之。

秦鳳路走馬奏甘谷城蕃丁二十餘人點集不起。令經略司體量因依及撫恤彈遏，務要肅静，仍具施行聞奏。

上問：「蹇序辰拜授香藥酒卻有例？」余云：「序辰分析稱范鏜、林邵、張宗卨皆云不曾拜。」左轄云：「須付所司。」余與夔云：「付所司甚善。」上亦云：「極好。」再對，余以序辰所修儀式新雕印敕册進呈，但云「跪授」、「跪飲」，無先拜之文，兼檢到紹聖元年以後奉使臣僚及鏜、邵申到儀式，皆云「跪授，跪飲訖，就一拜，起」。唯序辰所申儀式云：「請大使出班，先一拜，俛〔二〕，興，跪授，跪飲訖，就一拜，起。」上十字皆前人所無。又序辰於客省帳酒食，前比亦無例，卻引祥符二年王曉會食於客省〔三〕。曉乃弔喪，序辰賀生辰，恐與曉不同。又序辰上殿劄子之「舊儀例已編次，如王曉等變例未經編載，乞取索編録成書，給付將命之人，貴臨事有所折衷」。此序辰乃文過飾非。黄履云：「此欺侮朝廷太甚，兼此數事皆未足言。序辰將命入見之日，虜主當有宴，移於客省，又當大宴，亦移於館中，虜人待序辰一切簡慢，裁損禮數，而序辰乃獨增拜。及宴日例外别贈馬八匹，欣然受而不辭，此最爲辱命。及歸，亦不申陳，便用國信所請絹〔四〕，此尤爲不可。」上云：「何其多錯也？」余云：「正如人失儀，一獐狂失次，即所向失儀。」上大笑云：「正如此。」余云：「序辰急於自解，故文過飾非，每事皆漸欺罔。」上云：「須行遣。」余云：「蔡京欲付所司，極好，此何可掩也。」上深然之。虜書止爲勸和西界罷兵事。

乙卯，元德忌。

丙辰，虜使蕭德崇、李儼見撫升殿轉達，遂云：「北朝皇帝千告南朝皇帝，西夏早與休得即甚好。」上令張宗卨答之云：「西人累年犯順，理須討伐，何煩北朝遣使。」德崇等唯唯而退。

丁巳，同呈邊報，權秦帥孫貢補降羌名目太高，罰金三十斤〔五〕。又戒孫路叶力應副涇原進築。鄜延降羌王拘子兵敗，乃下馬自歸，特補班行、江南監當。又本路走馬黄彦奏，劉安、李希道等出塞力戰，獲五千餘級。詔賜吕惠卿獎諭銀絹各二千、對衣、金帶、鞍馬，並遣中人黄經臣齎賜。及犒設出塞將士，有功者賜銀椀三兩，輕傷二兩。又環慶定邊城畢功，賜將佐等銀合，士卒特支。胡宗回復待制。初，諭沖元爲宗回復職，沖頗遲疑，撫而率夔於上前口陳道，批旨復職。沖猶云：「煩刑部檢舉。」夔惡宗回，故沖不敢發。

蹇序辰等分析到拜授香藥酒事，引林邵、范鏜爲例，而兩人皆不伏；又序辰語録有與館伴往復語言，云館伴言范給事、林少卿皆已拜，而殿傳聽聞中無此一節；并客省帳茶酒，引例不當；及上殿劄子欲編載爲例；又例外受八馬不辭；欲並以屬吏。上云：「送御史臺。」夔云：「安惇與序辰同職事，看訴理恐不可。」上云：「莫不妨。」余云：「此事固不可變動，然恐有嫌，則大理少卿周鼎亦熟推鞫事，若更以一言事官同之，則無不盡。」上然之。夔云：「陳次升已有文字。」上云：「鄒浩亦有文字。」徐云〔六〕：「差左膚仍依擬定令取索文字看詳，及勾追合要干證人對定，其序辰以下應干有餘罪之人，叢勘圓結公案聞奏，仍不赦降原減。」因與夔共陳云：「夏初多疏決罪人，又久不雨，恐有德音，若不降此指揮，則制勘爲空文爾。」上深然之。左轄自十二日不入，至是，夔等皆極陳序辰乖錯辱命，及每事皆有欺罔。

再對，又以余靖、吴奎等奉使落職補外例進呈。上云：「須行遣。」河東乞招額外人〔七〕，詔令每指揮額外更招三十人，先已招五十人。

戊午，明德忌。

己未，館伴繳納到遼使白劄子，欲抽退西界兵馬、還復疆土〔八〕、拆廢城寨等事。又申語録，同進呈。得旨，令草答書及劄子與之〔九〕。人申北朝進到玉帶及真珠繫腰〔一〇〕，並無封頭，云例外物，虜主臨行面付使者，故不封。得旨，令御藥院取旨回答。初，夔以謂恐無禮，衆云「不然，彼乃欲以爲勤厚也」，上然之。初，欲同入文字，左轄云未知本末，不肯書，遂同上。既進呈，默然無一言而止。是日，左轄方造朝。

又創爲熙、秦冒賞降官，各將副以上例追兩官，部隊將、使臣例追一官，餘各以所冒對行降官展年，情重者取旨。上稱善。

又周鼎等申，欲行推究公事所爲名，輪宿本所。詔輪宿難議施行〔一一〕，仍以制勘所爲名。

又左膚以林邵曾舉改官，乞回避。詔更不避，令依公勘鞫。初，上以欲新御史石豫代膚，沖云未謝，余云恐不足避，上從之。

再對，呈河東報，北人於邊界批斫林木，準備戎主打圍，恐於西京坐冬。上云：「必生事。」余云：「恐必有之。熙寧、元豐中，皆曾似此斫林木打圍，尋遣蕭禧來理辦地界。」熙寧十年地界了，元豐二年復來打圍故也。

又進呈北朝慶曆、皇祐中報西征及告捷書，其言莫非「欲討除西人，使無噍類」，又云「載想同休之契，頗協外禦之情」，今日正可以此答之。因言：「陛下嘗宣諭從官、言者多言泛使之來，當罷西師，皆不曉事幾。唯陳瓘在外，自聞泛使來，兩以書抵臣，皆稱引北朝舊書，云可以相難來使。容臣來日進呈次。」上云：「甚好。」

庚申，同呈邈羌、通峽、九羊三寨進築賞功，比安西稍優〔一二〕，而殺於平夏一等。

又涇原奏，西路兵馬會合，並聽王恩節制。

再對，定日揀行門差換官拍試取人近璫四員。將校轉員賜宣日〔一三〕，取問願換前班人四璫，同軍頭司拍試。

又管押俘酋赴闕，涇原提舉弓箭手安師文等等第減年支賜，利珣轉一官，賜五十縑，又差管勾延福宮，仍速還本任。上意未肯遣俘酋還涇原，故悉遣部押官歸任，以中使徐湜主之〔一四〕。

辛酉，同呈曾旼乞兩朝國忌，令人使牙相傳示。余云：「十二月七日國忌，乃北朝生辰日，豈可不赴上壽？此不可行。」衆及上皆然之。

涇原將官夏亮乞以所得賞功回授父大將軍、假文資致仕，云其文資舉進士，上特許之。

再對，遂呈陳瓘書，皆條暢有理，然終以先入之言，不甚激賞。余因言：「陳瓘、王涣之、張庭堅之徒，皆衆論所稱，此等人進擢與否，於臣何所利害，但欲陛下知公議所在，不爲無人材爾。」

又言：「彭汝礪可用，蔡卞亦知之，獨章惇以爲不曉，云『稱其兄在徐州勸諭得人不爲盜』。」上云：「莫是説得人不爲盜？」云：「莫是説得不是。」余云：「稱其兄稍過，亦未爲除罪也。」上默然。

壬戌，同呈館伴所語録。

又進呈二府同草定國書及所答白劄子，上皆稱善。詞多不録，書之略云：「輒爲先旨，恐不在慈。」白劄子云：「夏人已叩關請命，若至誠服罪聽命，亦當相度應授計以自新。」其上云：「若依前反覆，内蓄姦謀，方計窮力屈之時，陽爲柔伏，稍弋蘇息，又來作過，則決計討伐，難議矜容。」

是日，斷熙帥鍾傳、張詢皆除名編管〔一五〕，傳韶州，詢池州。上問：「池州是江南？」卞云：「更有江西如筠、袁等處，又遠於池。」惇云：「臣妹年逾六十，若張詢更重行遣，不敢辭，祇乞池州稍近。」上從之。其他將佐或除名，或勒停，或降十八官至五、七官。機宜陳中夫代爲王舜臣狀，虚奏首級，并其他造作欺罔事狀不一，除名送歙州編管。

癸亥，集英大宴，泛使在坐，用熙寧故事也。

甲子，歇泊假〔一六〕。

乙丑，同呈國信所、館伴所語録，以甲子泛使赴瓊林宴，罷歸，館伴告以已草白劄子，使云：「西人悔過謝罪，許以自新，是全不干北朝遣使之意。」兼未見答「休退兵馬，還復疆土」八字，往復久之，未肯收受。得旨，令改定進呈。

鍾傳、張詢各與散參軍安置。余云：「直龍圖閣、集賢殿修撰作邊帥，未有因職事編管例。編管人每旬赴長吏聽呈身。刑不上大夫，恐不當爾，於朝廷名體未正。」上云：「錯，可便與改正。」余自大宴日曾與二府及此，夔云：「公之言是也，文字見在門下省，未出。」又令門下吏來會計，欲取回劄子。余云：「不須爾。」既奏得旨，余又語之云：「張詢雖是公親戚，余以素無此例，兼名體未正，兼事出密院，恐天下後世以爲非，故不敢避公親嫌，開陳改正，非曲奉丞相也。」夔云：「公莫無嫌。」余云：「假令人有此言，余亦不恤。」

是日，又斷停曾將副等編管、除官有差人。又詔：「諸路應冒賞勒停、曾有戰功人，許諸路留充效用使喚。」

丙寅，同呈河東以三月二十六日進築烏龍川，熙河遣苗履出塞擾耕。張詢、鍾傳又得旨改别駕，而衆皆不聞此語，遂再稟。夔乃云：「散參軍舊有曾編管舉人，如樓瀲之類得此名目，恐處傳等亦未安。」上旨，令俱與别駕。既退，沖元云：「止有文學及參軍名，舊無散參軍之名。」

又改定白劄子云：「夏國罪惡深重，雖欲遣使謝罪，未當開納，以北朝遣使勸和之故，令邊臣與之商量，若至誠服罪聽命，當相度許以自新。」上稱善。初，夔欲云：「夏國作過未已，北使雖來勸和，亦須討伐。若能服罪聽命，雖北朝不來勸和，亦自當聽許。」余云：「如此止是厮罵，卻了事不得。」遂如余所定，衆皆以爲然。再對，遂亦及此，上亦以爲不可。

右轄押瓊林宴，虜入，例外送緊絹六疋及紅羊巴等，辭不獲免〔一七〕，具劄子乞繳納。上旨令進入内，及令國信所檢例回答。履是日留身自陳，蓋夔嘗切責以不當授。上云：「履極皇恐，欲待罪，莫不須如此。」余云：「履亦曾略言及，此事與序辰例外受馬不同，履辭不得免，尋奏陳乞進納，序辰不辭亦不奏陳，使開國信所請絹。」上笑云：「必是章惇恐動他來。」余云：「恐是如此。」是日，又契勘涇原出界進築，照秦所差將佐多是冒賞得罪之人，若被旨罷任，於軍行不便，令刑部實封送經略司，候軍回方得施行。上云：「此文字極好，必是密院所擬。」余曰：「然。」

是夕，自密院出，遂赴景靈宮宿齋祈雨。夔及左轄宿南、北郊。

丁卯，同呈館伴所語録，云泛使得改定白劄，亦不肯受，乞與增「特停征討」四字。余云：「蔡卞已嘗言，欲添與『特免討伐』四字，正與此同，然恐未可數改。」遂詔京，令不得輕許以增改語言。京又乞削去「聽其反覆偏辭」，是責其主，恐彼難收受。遂與删改云：「夏人詭辭干告，既移文計會，又遣使勸和。」

是日，夔、轄不入。夔深以删改爲不須也。

又鄜延奏，以二十三日築暖泉山寨，通米脂、葭蘆，與河東烏龍川相應也。

履具道夔所以恐之之語，余云：「上曾及此。」履卻云：「不曾敢訴於上，未知果然否？」余又曰：「小鳳、右轄以秦州移藩事太不平直，言人以爲劉摯黨，尤不實，蔡新州事，肇與摯不同，遂補外，可爲黨乎？後召還，又以論北郊事貶。」履云：「祇此事足矣。」余云：「陸佃在元祐中曾除尚書，又遷學士，至元祐末乃去，謂之情實稍異可乎？今已檢舉，當移郡。安中篤厚長者、有德君子，願稍主張公論，但得一大郡，脱二十二人之列足矣。二公皆以爲當然，但未知果能守此言否？」

戊辰，同呈國信所語録。

再對，呈定州奏北事界宜〔一八〕。國信所申，以錦四疋、色羅四疋、青絲綾二疋答北使，令作黄履送與充回答。

是日，引呈轉員第一番諸軍指揮使以上，至午初罷。

己巳，同呈涇原差李忠傑帶部落子七百騎出塞討擊。

又奏四月初進築南牟會等處。

是日，引呈第二番將校、諸直十將以上，至午正罷。

庚午，同呈苗履出塞禽戮共五百餘人級〔一九〕，牛羊等萬計。

又呈國信所語録。

是日，殿廬中，夔言：「泛使終未肯授白劄子，蓋是前來不合與添北朝勸和意，待卻取來，與依惇前所草定言語與之。」衆皆默然。久之，又云：「公每事且道定著。」余云：「自議邊事以來，語言未嘗不定，卻不似他人，一坐之間，説得三般兩樣。公適來之説使不得，如布所見，他既堅云『不得回答八字不敢受』，兼泛使語言最無禮處，是云『肯抽退兵馬，還復疆土，要一分白文字；若不肯，亦要一分白語言，方敢受』。此語極無禮，當答之云：『朝廷既許以自新，夏人又不作過，即自無出兵討伐之理。其建置城寨，係備禦奔衝之處，兼是本朝郡縣之地，決不可還復。』如此答之，看他待如何？」夔云：「如此亦得。」余云：「這箇須道定著，但恐下來不如此答，他必不肯去，諸公更有高見，及更生異論，恐無以易此語。」夔云：「恁地好，前來言語更不須説。」余云：「不可。公適已言，爲布欲添勸和之意，致虜人不肯受劄子。今公論議如此，布所見如此，若不盡陳於上前，取決於上，即無由有定論。」既對，上云：「虜人堅不肯受劄子，且勿恤，更住數月亦不妨〔二○〕。」余云：「陛下聖意已定，臣下足以奉行。蔡京輩館伴以來，分付得劄子，虜人未辭，是職事未了，義不自安。既得朝旨，令堅執前議，更無可商量。又聖意如此，何疑之有！」余遂悉以夔語白上，上云：「莫難。」余又言：「惇以爲臣不當添勸和一節，致虜人不受。」卞云：「此是衆人商量，不須分辨。」余又具道余所道如前所言，上云：「極好。然且候半月十日間未受時，卻如此指揮亦可。」余云：「如此無不可者。」夔云：「如聖意，且更令住數月亦不妨。」夔既退，笑語如常，余亦不復及之。

是日，引呈副都頭以上第三番將校畢，入引呈新行門射弓。又得旨再試準備兩人，便令祇應。又引呈舊行門射出等弓，各等第，唤副使、承制、崇班與駐泊及都監，賜鎗、袍、束帶、公服、靴、笏等，自辰至後侍立，至未初罷。

辛未，歇泊假。

壬申，旬假，三忌不赴。

四月癸酉朔，天祺節，假。

甲戌，同呈國信、館伴所語録。虜使兩召會食不赴，云：「事未了，不敢飲酒聽樂。如前日劄子祇得『自新』兩字，北朝所言八字並不曾答，雖餓殺，亦不敢受此劄子。」蔡京又疑二日不肯造朝，已而如期上馬。上又言：「恐起居時要唐突。」令密院且勿退。既起居訖，便出，一無所陳。上問何以處之，余持議如前。

涇原奏：進築天都訖，乞以南牟爲州，置沿邊安撫使，隸涇原，罷秦州經略使，徙秦兵番戍於外等事。得旨留俟。

再對，呈轉員都目及遞遷班直、諸軍姓名、資級，凡五大軸。又以馬軍置下名一百三十人、步軍一百人。

是日，宿樞密院進宣。九日，是夕，大雷雨，遇時雨止。雨及三、五寸。甲戌，同三省問聖體訖，上亦語及得雨。衆云：「雖未多，然必接續有之。」是日，沖元喪甥，不入。是日，林子中統對，不賜茶。來別於客院，僉以大名銘文屬之。

乙亥，以開宮觀休務，余下，欲出院。院吏初白以略歸不妨，余以無例，遂不出。是日宿院。

丙子，同呈林希乞舉差提舉弓箭手，從之。

河東奏：北人沿代州邊界置圍場十所，今歲必於西京坐冬。

國信、館伴申：北使未肯受白劄子及不赴會食。

河東進築城寨，賜蕃漢士卒特支。

環慶體量張誠無違節制事，走馬陳知善奏不實，罰金二十斤，與秦鳳走馬對移。

再對，以河北編欄泛使人兵久住，特給食錢。初以九日引换前班人，以駕出歇泊，改用十四日。

丁丑，同呈邊報，孫路奏：未可與涇原同時築横水澗。詔戒路每事徇公，不得用情觀望，有害機事。河東以三月二十三日築烏龍川。

國信、館伴申語録，以北使未受劄子，欲增「抽退兵馬，還復疆土」之語。衆議以明諭以「夏人聽命服罪，朝廷許以自新，即豈有更出兵討伐之理？其邊臣進築城寨，以禦其奔衝，兼係本朝郡縣境土，及蕃臣作過，理須削地，無可還復」，以此答之不妨。上亦以爲然。

是日，泛使造朝，跪於庭下，云：「所得白劄子衹得『自新』兩字，未分白，乞更賜增添。」上令張宗卨答以事理已盡，無可更改。使者再有所陳，上欲以前語答之，而宗卨不敢再奏，遂退。

又呈嘉祐、熙寧北界打圍，亦皆批斫林木。然熙寧六年於西山打圍，七年便遣蕭禧理辨地界，十年分畫畢〔三〕。元豐二年，又坐冬於西京。初，諸路探報，北人於邊界作圍場及於西京坐冬，夔以爲不足恤。余云：「必恐生事。蓋蕭禧理辨地界，如黄嵬山、解子平一帶河北地分尚未了，緣此生事未可知。」上亦以爲然。故檢尋舊邊報，以證其舉動非無故也。

再對，呈賜宣人數。

又得旨，張宗禼依副都承旨例支賜，退。赴延和諸軍班賜宣、告謝畢，傳宣副都承旨以下支賜，謝恩，宣坐，賜茶，退。

戊寅，同呈國信、館伴語録。是日，國信所言，恐泛使再有所陳。上令密院且緩退，已而起居畢，便出。

又呈陳次升奏：「制勘蹇序辰〔三二〕，乃知府吕嘉問壻，所用獄子等，多是府隸，乞替換〔三三〕，仍差内臣監勘。」上頗愠，云：「内臣豈是臺諫官可差，獄子無非開封府取到者。」余云：「内臣在聖意可否，若有開封人在内，令替換不妨。」夔遂云：「無可施行。」余云：「若有開封人，須令替換。」上從之。先是，制勘所上殿言時彦、范鏜、林邵在番，皆曾拜受香藥酒，得旨，令並取勘。次升疑獄官有所偏，故有是請。上頗疑其喋喋也。

制勘所乞奏事先次上殿，不隔班，從之。

鄒浩言：乞選河北帥臣，講修邊備。上云：「如何？」衆皆云：「理故當然，但乏人爾。」遂進呈訖。

再對，呈涇原李許奏：乞罷任歸闕，照管家事。上云：「且令外任。」余云：「兼任未滿。」上云：「更任滿，亦祇與一在外差遣。」

涇原將官安侖等申：利珣到西京身亡，已管押番官四興、遇成等歸本路。上云：「利珣方得一殿閤差遣便卒。」余云：「珣數自言，在陛下産閤祗應，在馮世寧、藍從熙之右，及累曾令叔投狀乞推恩。」上云：「誠是，首先在産閤祗應，若不死，必作押班都知。」余云：「祗爲元豐初便離太妃殿，故不豫隨龍人數。然陛下既以其恩舊，可優與賻贈，及令入内省差人般取喪柩、家屬還京師。」上云：「甚好。」

己卯，呈章楶奏：「苗履申：王恩昔爲部將，隸其帳下，嘗棄兵隊逃歸。當時以初自班出，未曉事，不曾行法。今反聽其節制，恐有妨嫌，乞聽涇原帥臣節制。楶移文答以申狀不曾漏泄，因爲本路副都總管理當統制諸將，若當時不曾行法，乃是有德於恩，何嫌之有？兼別無文據，難以稽考，已密切指揮苗履依朝旨施行去訖。」余欲更降旨戒飭履不得違越驕慢。夔再三云經略司已施行，遂已。

河東奏：張世永等築端正平〔二四〕。

學士院諮報國書云「方屬杪春」，及作三月書。今使者未行，乞指揮詔令改作四月書，仍云「方屬清和」。

是日，北使又無所請而去。

庚辰，從駕幸懿親宅莘王府，幕次賜食，又令中人別置十杯，唯管軍及執政有。晚，欲宣坐賜茶而中輟。又言語録內不聲説。先拜別，無情意。蓋以王府無召見群臣之所也。去歲幸二王府，亦不賜茶。

辛巳，歇泊。

壬午，旬休。

癸未，從駕景靈酌獻。

甲申，內降序辰奏「制勘所取勘客省帳茶酒有王曉例〔二五〕，拜受香藥酒依林邵等例，移宴就館、例外送馬，是書送回答之物，不可不受。乞聖覽省察」。密院勘會：「富弼奉使，亦以虜主瘡病，伴酒三行，差官就館伴酒食。刁約奉使，以戎母老病，久坐不得，伴酒三行，差官就館賜御筵。除蹇序辰所引王曉例事體不同外，即別無例就客省帳茶酒及移宴就館，不曾例外送馬。并序辰稱係書送回答之物，各不悉自來有無似此體例。兼不獨序辰不於語録內聲説拜受酒一節，時彥以下亦不曾聲説，並合取勘。令制勘所詳此及序辰狀內事件，逐一子細根勘〔二六〕，取見詣實，圓結公案聞奏。應合取勘之人，如已經三問，今來供答，更有未承伏情狀，並具奏聽旨，與三省同入文字。」御寶批：「依。」遂行下。左轄云：「客省帳茶酒有王曉例，恐難云無例。」余爲之增改，云「事體不同」，遂已。

乙酉，歇泊。

丙戌，同呈國信、館伴語録，共八件。仍撰定對答泛使之語如前議，納於上前。又蔡京言：「使者云舊例白劄子前後有『聖旨』字，乞添入。」得旨，於「聞達」字下、「據夏人」字上，添入「尋具進呈奉聖旨」七字。又言：「泛使遣二書表司來傳語，要於『自新』字下略添得些小『抽退兵馬』之意，亦可受。兼白劄子内多説興宗皇帝書意，似未便。及言『是當朝郡縣之地』，恐生創。」京答云：「『自新』已是分白，無可更改。祇是你兩人誤他使、副住許多日數。白劄子祇説與興宗書意不同，卻不似北朝容易輕出語言，便云『有違先旨』，那箇是輕重？若言『本朝郡縣之地』，興州、靈州、銀、夏、綏、宥，不是朝廷地是誰地？此地皆太宗、真宗賜與李繼遷，如何是生創？」兩人者無答，但云「不由人吏，是簽樞未肯受」。觀其詞氣，頗已屈服。

又吕惠卿奏論西人訃告謝罪，不可深拒其請。詔答以「先已降旨揮，今漸示以開納之意，然理須與之邀約，合送還陷没漢官軍民〔二七〕，及執送作過近上首領。如能聽從，即與收接告哀謝罪表狀，附遞聞奏」。及諭以「將來若能服罪聽命，分畫疆界了當，朝廷必許遣人入貢。其諸路邊界地形事體各自不同，須聽候朝旨，未得便與言及地界事。令吕惠卿依此節次與商量説話，及選差知邊事、曉蕃情武官一員，同共專切計會將寨官應答西人，并具合與商量事目節次及所差官聞奏」。

又鄜延暖泉寨、河東烏龍寨乞賜名，各以本名名之。

又河北屯田司罷逐路所差修塘堤役官，以轉運司歲費錢糧及屯田利招土兵三千人，仍先招千人，候地利，招土兵二千。仍先招千人，候地利龍緒，更招千人。從之。

又差張勵管勾剩員所。

又惠卿奏：「降羌賞保齎敕榜招誘羌人，爲其所執，拷掠千數。逃歸後，降羌皆云：『曾見賞保誘諭。』乞與一供奉官。」從之。上問：「惠卿所陳西人請和事，如何？」余云：「所陳極有理，誠不可深拒。」衆人皆言朝廷既欲收斂邊事，若邀求太過，或卻不來，何以處之？須稍示以開納之意。上云：「所陳甚有理，可録一本進納入内。」

再對，以雄州張赴分析修關城事，措置極平穩有理，兼已修了，並不張皇，因爲開陳無施行。上然之。余云：「然赴久病，當罷，患無可代者。劉方嘗爲安撫副使，雖無他才略，然卻平穩，兼保州當次補雄州。」上云：「官小奈何？」余云：「若與一通事舍人之類，令權發遣亦不妨。兼方亦有弓馬，屢求往陝西邊上試用，恐亦可使。」

是日，左轄留身甚久。余因言：「蹇序辰前日奏陳制勘事，以急速不及俟面奏，然所勘會到富弼、刁約例甚分明，王曉例即不同〔二八〕。」上云：「甚好。」余云：「兼富弼等亦不曾例外受馬，臣處此事極平，所以云不獨序辰不於語録内聲説拜受酒一節。」上云：「此指揮尤好。」余云：「制勘所先已申陳，云入夏禁繫多，罪人多病，不可淹延，乞追搦范鏜等〔二九〕，故令已經三問，更不招承，即具奏聽旨。」上云：「固須如此。」余云：「此事若臣所擬定稍有未安，三省必不肯僉書。」上云：「是。同入文字甚好。」余云：「猶恐臣僚有所開陳，望陛下審察。」上深然之。

是日，延和引呈諸軍班人七十七人，射不中者一人而已，餘皆等第除官。未及七刻退。

丁亥，同呈涇原秋葦川、灑水平進築特支〔三〇〕，和接築續南牟會，更支一次。館伴、國信所語録云，使者漸有收劄子意。

再對，呈張瓌以老病乞罷管軍。上云：「一請便從？」余云：「已七十四歲，兼檢到元祐例，劉斌以老病除大將軍、遥防、宫觀。」上云：「莫難。」特與轉官宫觀。

又呈費詵狀，爲曾論列清汴事。因爲開陳云：「李仲以王巖叟風旨乞廢清汴，詵力陳其不可，在當時爲不易言。今仲已作提刑，而詵未免常調。此事本緣臣開陳，詵又以臣在河陽差委定奪，故以狀來告。」上云：「與堂除。」余云：「當送三省取旨，與堂除差遣。」上從之。

是日，再對。未及奏事，上遽宣諭云：「今日疏決，徧及四京。」余云：「陛下閔雨焦勞，後苑粉壇，席薦取水，内外建道場，祈禱備至，然終未有雨。若推恩滂沛如此，必有嘉應。」上云：「雨似有數，去秋雨太多，故今多旱如此。」余云：「此衆論所知，然今歲旱甚廣大，已無望矣。」前一日，上已及此，余開陳如前。

是日，同三省侍立疏決。訖，賜茶退。惟制勘所以不赦降原減，故不引。

丁亥，晚，國信所報泛使受白劄子，下榜子朝辭。

戊子，章穆忌。

己丑，同呈館伴所言，虜人欲改「大遼國信所」爲「北朝」字。從之。以元祐中，因虜使授生餼劄子，欲改「大遼」爲「北朝」，既降旨從其所請，又令今後卻提空「南朝」字，彼亦不敢違礙也。館伴所亦難以北朝白劄子内有「南宋」字〔三一〕，渠云「西人之語，非本朝所稱」。遂已。得旨，以十九日令虜使朝辭。

涇原奏，差官分頭提舉進築人。詔以南牟會爲西安州，置知州、通判、職官、曹官；灑水平爲天都寨，葦川爲臨羌寨。留秦鳳兵馬萬人添助戰守，正兵一年一替，蕃弓箭手令兩路相度更替人。

章楶入奏，更不勾第五等保甲。

又鄜延進築金湯，賜將士特支。

又令三省、密院各録章疏一本，遂逐處收掌。

再對，焦顔叔以減三年磨勘，酬奬得監廟一次，著令不得過兩次也。

庚寅，同呈惠卿奏西人説話次第，國信、館伴所申語録。

再對，依按閲所奏將兵互習事藝，置簿。又以陶逵知横州，劉澤知融州。

是日，新工部員外郎董必送吏部〔三二〕，與小處知州。先是，必按衡州孔平仲奏常平違法〔三三〕，起獄，衆以爲不當。尋又差察訪廣西，所爲多刻薄。還，除郎官，而舍人郭知章繳詞頭，送令趙挺之命詞。陳次升權給事中，又封駁以爲不當。未進呈間，必有奏訟知章、次升爲元祐臺諫官，乞定奪平仲事。夔與安中以爲不可，元度又適齋祠，遂得旨罷新命。余問：「何以處之？」二公方愕然，遂再進呈，故有是命。上旨仍令批云：「不合輒訟言者，送吏部。」是日，以永寧郡王出閤，宣麻，封睦王。甲午，出居東宮。

辛卯，虜使辭紫宸，酒五行罷，沖元押朝辭宴。

壬辰，旬休。自十九夜，大雨滂沛盈尺，至是稍晴，蕎麥可救三二分，然秋田有望。

癸巳，同呈以郭知章、曹譜爲回謝泛使、副。上素欲用范鏜，鏜方以制獄隔朝參，安中力爲余言：「恐賞罰未明，兼朝廷何至如此乏人，又鏜嘗拜受香藥酒，恐難爲容〔三四〕。」余具陳於上，遂改用知章。

再對，曹誦乞罷管軍。誦前後已辭，上云：「且不允。」環慶、鄜延賞管軍討虜功。定州報事宜。

是夕，夔不入。

是夕，省景靈謝雨。夔當往南郊，以安中代之。

甲午，同呈孫路乞進築青南訥心、東冷牟等處。令便築青南，餘更相度從長施行。環慶奏：乞進築駱駝巷、萌門、白豹，及乞罷之字平等進築。詔：「駱駝巷、白豹依奏，萌門恐不須築，之字平係控扼清遠軍界，恐不可罷。令相度聞奏。」

熙河奏：乞令李英行出就提舉蕃弓箭手。從之。

依河東奏，移第九將戍烏龍寨。

再對，依知寧化軍王柭所請宫觀。柭奏自云豫建儲之大議。余云：「柭爲閤門祇候，尋醫，安得豫此大議？」章惇曾云：「此乃邢恕之言爾。」上亦云輕易，因言：「邢恕反覆不平穩，常自以定策爲功，在元祐中上書，則云『先朝屏斥不用』，又云『司馬光等進用，可謂千載一時』，與今日在朝廷議論殊不類。」余云：「恕亦頗有文學，然天資反覆，利欲多端，故持守不常。自紹聖初，因章惇力引，故進擢。其後觀望，有所黨附，則攻病惇無所不至。每戒惇以生底事少做，及恕有所開陳，無非生事，一事未已，又生一事，略不肯安静。以至於臣前議論司馬光等，與章惇等處所論夐然不同。此皆陛下所知也。」上云：「天資不静，小人，小人！」

是日，夔留身乞退，遂上馬之觀音院，骨肉皆已先出。亭午，上乃有旨，令不得般行李出。是日，與夔論收接西人公牒事，頗不同。余云：「與北虜使商量，則唯欲廝殺，與西人説話，則唯欲廝殺。當時不分明説與北使，不出兵討伐西人，臣深以爲恨。」二十三日方宣召，二十四日復入。

乙未，同呈令孫路進築斫龍，蓋夔意欲成之，余與同邇邈川路〔三五〕，欲繫橋渡河築一寨，夔欲力成之，余與同列皆以爲不可，曰：「如此，青唐必驚疑生事，西夏未了，又生一敵國。」余因爲上言：「臣自有邊事以來，嘗以謂但得北虜及青唐不警〔三六〕，則西事可了；若一方小警，則無所措手足。青唐一動，則熙河應接不暇，何暇經營青南、泠牟以通涇原也？今事已垂成，可惜壞了。」上云：「如此且已。」遂進呈訖。

賜河東新築端正平寨名曰寧邊〔三七〕。

再對，宋用臣皇城司年滿，令再任。

上問：「惇請去甚緊？」余云：「惇久有此言。」上云：「章惇今日豈可令去！」余云：「聖旨堅留，惇亦何可去？」上云：「已封還文字宣詔矣。」是日早遣友端往〔三八〕。

丙申，同呈鄜延奏西人説話次第，已降旨，令明示以開納之意，仍令保安軍先與收接公牒，仍邀約以送還漢界陷没官員軍民、及執送自來作過邊士首領來獻〔三九〕，方敢申取朝廷指揮。此二十二日指揮。仍令惠卿選文、武官兩員，同將寨官專切應答西人語言，仍節次録奏。

再對，除張忠、王有言州鈐轄，任紀以疾監廟，仙游之族人也。

又呈取揀諸直十將、將虞候，得旨增御龍弓箭直將虞候額二人。

又改蕃官承襲條。

是日，夔召入，不奏事，留身退，押赴都堂，便上馬。上又問：「惇去意甚堅，何故〔四〇〕？」余云：「惇自言久有去意。陛下恩禮既厚，惇何敢不留？」

丁酉，詔孫路且進築青南訥心，欲留秦鳳兵馬及一併築東冷牟、會州，恐向去暑熱，久留兵馬役使，及秦鳳兵馬迂路赴役，并保甲車乘等般運應副不前，恐于軍情民力不便，令再相度聞奏。路在秦，便欲城會州，以打繩川爲六百步寨，與素議不同，兼兩路兵馬方自涇原進築歸，盛夏久留役使，恐不便，故丁寧詰之。會路奏入，使約蹉五程。

再對，賞鄜延進築威羌、殄羌兩寨，統制官以下轉官、支賜有差。

又呈取揀諸班直、諸軍上名年代等入。

又以劉方兼通事舍人、權發遣雄州，閻仁武知保州，張赴知涇州。余初欲與方除帶御器械，上止令與宣事。赴病不任使，久欲除人，而未有可代者。夔累欲令劉何换官爲之，余不敢從，至是，以保州遷雄州，乃故事也。

是日，夔又被召，押赴都堂。余遂同中書及兩轄往見之。夔乞别班起居、奏事，皆如所請。上諭三省、密院云：「惇請去甚堅，昨日對蘇珪乃至泣下，又有劄子極説事，不知何以如此堅求去？」三省云：「渠云：『惇不似他人，道去便須去。』昨日亦有簡與臣等，令助以一言。」余云：「臣亦得惇簡，見在此，容進呈。」上笑云：「此惇自書？」衆云：「然。三省所得簡，大意類此。」既至都堂，見之，云：「決須去。」仍不敢坐都堂，止於暖堂中相見，遂上馬。

再對，余請於上云：「劄子中説事，莫及臣等否？」上云：「無之。祇是説在下人，卻不及執政。」

戊戌，駕及兩宫，幸睦王府，以二十二日出閤也。

是日晚，遣劉瑗宣召夔，及封還表劄，又批付中書，不許諸處收接文字。

己亥，同呈賜涇原進築瀰水平、秋葦川帥臣而下銀合茶藥，候進築南牟會成〔四一〕，更賜一次。

再對，呈董必乞考正廣西帥保舉姚舜舉、蘇子元、張之寬等罪，邕、欽、宜知州，皆以贓敗也。余以監司皆嘗奏舉三人者，不可獨責帥，欲各罰金二十斤。上又指云：「此四處知州，皆得官其一子。」余退而閱著令實有此，遂再進呈取旨。

又趙叔澹、叔藥與小州鈐轄，叔修與都監。

又以劉舜資知莫州，黄裪金州，李士凝寧化軍。

是日，夔又乞别班起居、奏事，亦如所請。尋押赴都堂，遂復視事。上對三省、密院又問：「其去意何其確然也？」衆對如前。

再對，又問，仍云：「渠自言多面斥士人罪慝，故衆怨歸之。」余云：「士大夫無不罵惇者，惟是得差遣遲，及不見賓客，與衆執政不同爾，其他亦何能爲？惇於同列，但有過於遜屈，事事隨順人，不敢與人違戾，以此稍稍有去意。兼祖宗以來，以一相當國者有幾，事任不輕，亦不得不然爾。」上默然。余入對：「三省嘗云此地非久安之所，臣等待罪於此，歲已久，亦每不自安，非獨惇有去志也。」

庚子，孝章忌，行香於天興殿西。

辛丑，同呈邊報：近河朔諸路數報，虜主今歲必於西京坐冬〔四二〕，及於河東對境多作圍場，屯兵聚糧，以俟受禮。又言：「遣人往解子平作圍，恐必造端生事。」夔屢以爲不足恤，上頗不然之，云：「安能保其不生事，但當思所以待之爾。」余亦深以爲當然。郭知章等申乞下雄州文，問北虜受禮處，及催差接伴。從之。

惠卿奏：與西人説話，先已降旨，令明示以開納之意，二十四日令收接章表，二十七日又令收公牒。以延安奏，恐未齎到章表故。

再對，斷軍都指揮使魏吉以禁卒肩輿一婢戍廣西，又訛言經恩。特杖一百，降潁昌剩員直。殿前司官吏斷遣不當，放罪。

楊侁昌請食錢以告事，特罰命放，仍追所受錢。

蔡京乞續編國信録。從之。

董必言廣西帥舉蘇子元等知州又再任不當。再得旨，帥臣三十斤，監司二十斤。

壬寅，旬休。出奠普照，吴克禮等亦來致奠。

五月癸卯朔，垂拱起居，導駕至文德，視朝退，垂拱奏事。同呈章楶奏：將兵赴南牟會進築。制勘所乞差録問官，上旨差葉祖洽，卞以爲不可。上令差安惇，卞云：「如此庶幾。」

再對，余云：「卞如此擇録問官，不知何意？臣嘗開陳，以謂序辰黨衆，恐左右營救者多，陛下以謂誰敢爲營救者，臣言亦似不妄矣。」

曹誦乞罷軍權，不允。

蔡京等劄子，乞差親事官習譯語祗應。從之。

環慶蕃兵喫多逋以投漢人報西羌，經赦合原，特處死。

殿帥斷魏吉不當，開封已得旨放罪，牒閤門謝恩。余以爲不當，上然之，令開封府官放罪，殿前令吏送大理取勘，退以告三省當立法。夔毅然以爲不可止放罪。

甲辰，同呈開封府放姚麟罪及責限謝恩不當。得旨：府官各二十斤，令吏送大理，今後命官合勘斷及放罪，並依條奏審，違者以違制論〔四三〕。

黄敏用乞移涇原帥府於鎮戎，以平夏爲鎮戎軍。上以爲越職，衆皆言奏陳利害，恐難坐罪，遂不行。

環慶體量：張誠減落所部人冒賞，及以不曾赴軍前將佐作部人獲級，特進遥郡，仍降一官，降一等差遣。同奏事畢，余因言：「臣近曾見處士孫侔，在仁宗、英宗、神宗朝三聘不起，乞依例官其一子。」上云：「文字已降出。」卞云：「見在都省檢例。」余因言：「侔終身不仕，節行剛介，王安石終老與之交游，情好不替，兼有王回、李覯例甚明。」夔以下亦以爲當得。上云：「與推恩。」余又言：「臣更有一事，與章惇以下久欲開陳，以邊事多，及蔡卞有嫌，故未敢啓口。王安石家，陛下自紹聖以來恤之甚至，然子雱昨得館職，不幸早死，近又賜第。然安石止有一妻，寓蔡卞家，今已七十五歲，零丁孤老，至親唯一弟吴賾，亦頗有文學，吕惠卿而下數以學官薦之，以礙條不行，今安石妻欲其得一在京差遣。」上云：「與一在京差遣。」又問：「賾何官？」衆云：「主簿。」上云：「有甚差遣？」余云：「章惇言編敕局有闕可差。」上云：「與。」遂除編一司敕删定官。初，與夔、轄等議，欲以學正、録處之，而卞以爲礙法不便，故改此議。然初無肯啓口者，余爲力陳，乃得之。

乙巳，章懷忌。

丙午，同呈涇原奏，乞與環慶蕃官慕化换漢官差遣〔四四〕，得旨與準備差使。又乞修天都山廟，詔封順應侯，以「順應侯廟」爲額。又乞差折可適知西安州兼沿邊安撫使。又乞西安州官酬奬。並從之。

安惇奏：録問序辰公事，於左膚有嫌，乞迴避。詔不許。

是日，上詢：「李雲從者何人？」余云：「陛下必記憶，吕嘉問知荆南，夜留城門，往其家宴飲，與其婢閙坐，和詩及小詞。」上云：「不記。莫是元祐事？」余云：「乃紹聖事。嘉問在荆南買金虧價及他事甚多，下荆湖北路監司體量〔四五〕，皆有實狀。惇、卞此時方相得，力主之，安燾、李清臣乞不原赦，亦得旨。既體量到，卻送嘉問分析，便以爲無罪斷放。當時若以體量狀按治，嘉問已粉碎矣。外議皆云，皆是嘉問合有今日官職，故幸免。」上方云記得，仍云：「雲從上書極亂道，適欲罷差遣，以上書故未欲罷。」

是日，除高熙高陽都監，上不許，云：「初入路分，當與一近下處，此人在元祐頗用事不堪。」

丁未，端午節，假。

戊申，同呈秦鳳不合勾保甲防守，孫賁罰銅三十斤。

鄜延奏進築金湯畢，賜銀合茶藥。

蹇序辰撾鼓進狀，乞差官看詳勘案，云勘官令增減款詞，及抑令認奏事不實徒罪，凡所勘，皆以爲不當。又言：「繳駁及訴理事，取怨非一。及先臣周輔熙寧、元豐中曾勘鞫公事，多有嫌隙。乞出自睿斷，選官看詳，或乞别推。」余云：「蹇周輔熙寧中曾勘臣，不知元豐中所勘者誰？」黄履云：「臣元豐中曾論周輔。」余又言：「訴理事在三省，臣所不知，然聞章惇、許將、黄履皆干涉訴理事。如此，則是宰執於序辰皆有妨嫌，須盡易見執政官，乃可斷序辰事。」上云：「豈有此理。」蔡卞云：「莫祇是説制勘官。」卞又云：「臣不敢以序辰爲無罪。然須令他招上書不實罪，似過當。」余云：「蔡卞不知子細。序辰供進語録，在王詔事未發前〔四六〕，故隱不言拜；供儀式在王詔事發後，便言曾拜。序辰云可以互見。制勘所卻曾申密院，取王詔事發及序辰供儀式月日。王詔事發係二月二十六日，序辰供儀式係二十九日，以此可見前供語録不實。兼序辰兩有分析，奏狀至三二十紙，其間莫須有不實之語。」卞默然。夔云：「序辰既於客省茶酒，卻便上殿劄子乞編爲例，此尤不可。」又云：

「序辰在史院曾語及，臣諭之云：『但依實對答，祇是錯。』然終不肯如此。」余又指受例外馬事云：「序辰言，有條，辭不免聽收。制勘所但云無例，令招不合收受。豈可不用條而用例？臣以謂辭不獲免聽收，須如黄履押宴，北人送例外物，便具劄子進納，乃是依條。」上云：「須如此乃是。」余云：「序辰得例外馬，既不辭卻，便與常例合得土物五十八疋一處奏請支絹，莫不可。制勘所令招不合不別具狀申明，序辰又以爲不當，又云拜是承例。如此，則序辰一切無罪。」又云：「陛下憂勤閔雨之際，心不體國，淹延刑禁，卻乞別推，豈是體國？」上云：「范鏜等皆有徒罪。」余云：「鏜雖有對制不實之罪，然卻有奏狀，云：『於奉使絶域，或不應拜而拜，有辱君命〔四七〕，取輕夷狄，恭俟重行竄謫。』如此似稍知體，與序辰顗賴殊不類矣。」衆亦以爲然。上云：「何以處之？」許將云：「候案上取旨。」衆云亦當爾，遂令依此批旨。

再對，余又言：「惇、卞各有所主，卞主序辰，惇主鏜。此兩人皆惇、卞未相失時共力薦引。今惇惡序辰，卞以鏜舉吕升卿自代，疑附惇而異己，遂惡之，以此議論各有所偏。不唯此兩人，如周穜、吕嘉問亦皆惇、卞所主，今既相失，惇遂惡嘉問，而卞惡穜。此數人者，亦誠各有所專附。大約今日士人，皆分隸惇、卞門下。如許將、黄履既不能有所主，亦不爲人所趨，故亦無門下士。臣在西府，亦無以威福人，兼亦無所黨與，故門下亦無人。平時以公論稱薦趙挺之、郭知章輩，蓄縮避事，亦嘗陳於陛下前，無所隱。祇如挺之昨命呂孝廉爲京東轉運使詞，得罪士論，既自羞愧，卻乞外郡，諒陛下亦不知其請郡爲此。其他奔競好進之士，不趨惇，則趨卞。然惇性疏率，多爲卞所窺，雖與卞相失，然極畏卞，此許將、黄履及三省人吏所共嗤笑。臣嘗問惇，諸處闕官何不除人？惇云：『才除一人，又云是元祐黨，或有何罪惡，以此不能除得。』其意蓋指卞也。卞答之云：『元祐黨最分明者，莫是劉昱。』以昱爲惇所主，故惇默然。惇用昱誠不當，以至引蔡肇、陳師錫，皆卞所指以爲元祐人。此數人者，誠不足引。趙挺之云：『蔡肇譖鄒浩於蘇轍，遂被逐。』師錫亦是軾、轍門下儇薄多言之士。惇嘗與臣言：自來於陛下前不曾言元祐人不可用。誠如此，乃是公議。人才難得，豈有一經元祐任使之人，便不可用？然宰相當曠然以此收采人材，今乃獨偏於劉昱、蔡肇輩，宜其爲卞所非也。」上云：「劉昱並不曾行遣。用蔡肇殊不當，陳師錫乃先帝所黜，亦不當用。」余云：「惇如此，所以畏卞。然臣嘗以爲大臣能以大公至正之道收用人材，危言正色爲朝廷分别是非邪正，孰敢以爲不然者？今惇、卞各有所偏，故是非無以相勝。惇初與卞同引序辰、嘉問輩，今雖悔之，何所及？如臣則不然，自初秉政，得事陛下左右，便言惇引朱服、蹇序辰爲卞所誤。至今五、六年，臣此論未嘗變，以至與惇、卞議事，亦未嘗小爲之屈。臣嘗語人，以謂卞雖不樂臣，然與臣共事，必不敢與臣異，蓋惟理可以服人也。今惇、卞相失，而卞黨最盛，故序辰、嘉問輩陰有所挾，每事無所忌憚。序辰有罪不肯伏辜，竊聞嘉問又欲理會姚麟罰銅事，誠如此，須乞再行遣。」上云：「莫不敢。」余云：「所聞如此。今日嘉問上殿，必可見虛實。」是日，又及雲從事，因言非嘉問經營，何以得宮教？

己酉，同呈定州邊報。

又嘉問劄子深自引咎，乞加重罰，免僚吏勘罰。上云：「官員既罰銅，吏人亦與免勘，各罰銅八斤。」

是日，范鏜遣人齎狀於馬宥，自陳飜變獄事，遂同上，上頗訝之。夔爲指陳訟序辰勾人吏問鏜，云不曾拜，云蹇尚書惡發等事。再對，余言：「臣昨日曾奏，惇主鏜，卞主序辰，信不虛也。」是日，以數雨放朝參三日。

庚戌，同呈安惇奏制勘所罪人並供狀辨狀，唯蹇序辰、范鏜飜變，合差官重勘。上欲差安惇，余云：「昨差周鼎時，陛下已欲差惇，惇雖曾録問，何所妨？然恐須差兩人。昨章惇云欲差一諫官，陳次升有言不可用，鄒浩可否？」夔云：「浩乃嘉問所薦，恐不便。」余云：「浩或不爾。」左綱云：「趙挺之可。」上令差挺之，仍云：「挺之必不觀望。」余云：「士人如稍識廉恥，何敢爾！」是日，高遵禮再任宮觀滿，更乞再任。上云：「宣仁親屬，可特與。」余云：「聖德如此，中外所不知。昨高遵裕年八十一，乞宮觀，聖旨亦特與之。陛下聖德仁厚，於宣仁之家恩意如此，外人往往不知聖意。」退以語三省，以爲可書。初，上數對執政言：「獄官要不觀望者，豈易得？」余亦嘗云：「除蔡京、鄧棐之類，乃序辰黨與中人，不可差。其他在聖意裁擇，何所不可？」又白上〔四八〕：「乞戒飭獄官，以惇、卞各有所主，及序辰自陳於臣等有嫌隙，令不得觀望，高下其手。」上云：「安惇輩必不敢如此。」余云：「雖然，得德音一警飭之尤善。」上云：「好。」

辛亥，同呈趙挺之奏：「林邵是兩姨妹夫，乞回避。」上云：「莫不須。」余云：「林邵已伏辜。」上云：「祇是勘蹇序辰、范鏜，不須避。」

再對，呈周綍言河北邊防事，下諸路相度。上云：「綍所言頗有條理，可令召對。」余云：「此乃京西運判周純之弟，其人材或過於純，召對固所宜也。」余因言：「人材難得，顧所收采未廣爾。臣嘗言惇所引用人多不當，如李仲，在元祐中希王巖叟風旨，便申乞廢清汴，昨既罷提舉官，卻令開御河，遂擢提刑。御河爲北京患，人人知之。今年春旱〔四九〕，而北京水滿城郭，民居、倉庫皆被害，而無敢言者。韓忠彥深以爲憂，亦不敢言，蔡卞亦知之。此事恐未便。」上云：「此不難，祇遣一内侍往視之，便可見。」余云：「臣方欲開陳，乞遣一中人往視之，即可知虚實。」上云：「鄒浩亦有文字，當令按視之。」

壬子，旬休。

癸丑，同呈涇原平夏城知城喬松等守城有功，遷三官，第一等兩官，第二等一官，仍減二年磨勘，第三等一官，將士轉資支賜有差。

吕惠卿奏：西人已諭以不敢收公牒，令歸取章表，已於初三日歸西界訖。

甲寅，同呈孫路奏，已進築青南訥心寨。

安惇奏：畫一郭知章奏入國差三節人從等。並從之。上問：「知章等到北界，對答語言如何？」余云：「以臣所見，莫但云不知〔五〇〕，恐無以塞其請；若説與聞西人已叩關請命，朝廷已許收接章表，若彼更不作過，必無更用兵討伐之理。如此明白，足以慰安夷狄反側之意，有何不可？」惇與將皆以爲不然。余云：「韓縝、沈括奉使時，亦但云來回謝，及再三有所問，亦須答。」夔等又云：「沈括當時往商量事，與此不同。」上云：「莫須與一指揮。」余云：「知章等方欲奏請，俟見文字草定〔五一〕，進呈取旨。如此紛紛争論，亦無補。」

再對，因言：「臣待罪西府，凡措置應接邊防事，無非臣躬親斟酌草定，三省於其間不過移易一兩句語言，其措置大概，亦無以易臣所定。臣雖愚短，不敢不自竭〔五二〕。然亦常懼思慮有所不至，但自度亦不至大段乖謬。近日以來，聞三省益不喜，每事掎摭窺伺，無所不至。昨放罷劉何及陜西科配衲襖降官、並置西安州，以未進築了，不關報門下省，聞皆以爲非。緣此三事，皆三省同進呈，誠令不審，非獨臣罪，況別無不當者。此等事度亦不敢於陛下開陳，但倡之於下，以疑衆聽爾。臣不敢不一奏知者，臣不言，即陛下無繇知爾〔五三〕。臣常以喋喋冒煩聖聽爲戒，然事不得已，須至開陳，望陛下恕臣喋喋之罪。」上云：「豈有此事〔五四〕，皆三省同呈，何害？但云劉何不以他事，故與復差遣。」余唯唯而已。有旨，自是日放朝參三日，以頗雨，小有泥淖故。

乙卯，同呈，詔孫路：「令經營會州等處集築〔五五〕，須管於八月以前了當。」再對，呈殿前司狀，揀班直不限三路人，然軍馬格有條云「河北揀到禁軍等樣事藝雖及得班直格，止填捧日、天武」，乃是不取邊人之意，但殿前司不曾奉行爾。初，上宣諭以班直最爲親近，然卻無不許揀邊人之法令。契勘進呈，既取到條例，上諭以不可遽改，但呼管軍密諭似此法意，令漸次釐革，恐人情不安。余云：「此令誠不可下。蓋舊人中有似此等人，則必不自安，但當密諭之爾。尋召管軍至密院，諭以此意，令雖人吏不可使豫聞，但有似此邊人，漸漸暗斥去可也。」

莫日，遂以同罷劉何提點刑獄等三事文字進呈，因言：「劉何本以王發申陳保甲自雇一夫，陪錢三貫申陳，惠卿及監司皆怒。後河中被雇者經密院訟保甲雇役七十餘日〔五六〕，欠錢一百三十餘貫不還，乃知發所陳不虛。蔡卞等衆議，以何緣此捃摭王發不公，故共罷之。何此罪甚明，無可疑者。又王發訟何，金、華州司户勾當買賣産業，以此恣横，及河中府弟子爭打提刑開節事，并致雜劇人云：『運使也不是養家人。』決杖十七。以此皆不推究，不知三省何以知何無罪，便與復差遣？似此欺天罔上之事，臣所不敢爲。」上色變。余又呈：「西安州未進築，先降指揮，令章楶親自收掌，不得不司候進築畢，節次施行。以此更不關録門下省。此亦三省同簽書。」上問：「押字爲誰？」余一一指陳，又言：「科配衲襖降官，亦三省同行。臣立法云：『輒配人户收買製造官司拋降物色，以違制論。』都省卻立條云：『非軍期及河防危急，而輒配買及製造者，以違制論。』三省皆以簽書到臣處，臣以爲未當，遂檢熙寧、元豐敕，祇有不可收買，許三等以上户科折，雖元祐敕改爲配買，然亦無『製造』兩字。今批到中書省，云已退送尚書省。」上云：「此極不當。」余云：「此雖不當，然未若劉何之欺罔也。臣待罪日久，陛下聽策，臣雖糜軀隕首所不敢辭。然三省惡臣如此，群小窺伺者多，臣精力衰殘，隄防顧慮恐有所不及，萬一爲小人所捃摭，陛下亦無以主張。今秋邊事已了，臣此時必不免干冒聖聽，再申前請，臣衰老，亦不堪州郡職事，惟乞致仕爾。臣得善罷而去，在私計實爲榮幸。」上笑而已。上於三省欺罔用情無不洞察，但多優容耳。

丙辰，同呈環慶進築白豹，又語熙河、環慶應進築處，並限八月以前了當。河東奏：北人過天澗取水，已令地分婉順止約去訖〔五七〕。夔言：「此邊吏蓄縮爾。若過界者，便與殺了，必不敢來。」因云余嘗言：趙卨帥延州，初分畫綏德地界，西人於道路兩旁置鋪，行旅苦之。數移文及與説話，但云：「我地内置鋪，有何不可？」無如之何。遂呼巡檢，令夜往鋪中，取守宿者悉殺之。西人來理會，但云「已立賞召人捉賊」。自爾不復敢來。余云：「此事難指揮，邊吏亦須有才略者方能爲之。」

御史臺、制勘所奏，以鎖宿勾人禁勘。

再對，余言：「向有旨，欲差中使監勘，令已鎖宿，莫便可差否？」上云：「便待令差人。」

丁巳，同呈熙河已進築青南訥心，賜將士特支七百。夔因言：「涇原亦進築天都，邊事已了，當稱賀。」上問：「如何？」衆皆云「當然」。余云：「西安建州，包括天都，自天都至秦州甘谷城，南北一直五百里，是已得幅員千餘里之地。當時得熙河，祇是本漢地土，今所開拓，乃夏國地，兼據險要並河，足以制其死命。西人常恭順則已，更作過，則趨興、靈不遠矣。此功非熙河可比，然不得熙河，則涇原亦無由開拓。今涇原進據天都，熙河自汝遮建城寨至會州，故兩路邊面相通接，而秦州遂爲腹裏。兼先帝建熙河蘭會路，今日方得會州，乃成先帝之志也。」上喜云：「蘭、會方爲漢地，如此固當稱賀，莫須候八月會州了否？」衆皆云：「陝西、河東民力困敝，因此稱賀，便當曲赦，與除放倚閣税賦及免支移、折變〔五八〕，足以慰民心，恐不須候八月。」余云：「熙寧建熙河路，以熙河洮岷、通遠軍爲一路〔五九〕，此時尚未得河州，至今未有洮州，此故事也。」上然之。余又言：「西安、會州皆爲漢地，亦當告陵廟。」夔云：「當遣從官告裕陵。」上亦然之。因言：「章楶欲求去，楶有書與臣及章惇，云必欲請致仕。然新邊方就，經營緝理，未可闕人。」卞亦以爲未可去。惇云：「昨已許他天都了，令去。」上云：「且俟來春。然事了當進何職？」衆云端明殿學士，上云：「更與轉官。」余云：「職已高，官不足惜。」余又言：「適與三省言紹聖二年罷分畫事，三年秋，西人舉國犯延安，至十月鍾傳方進築汝遮〔六〇〕，祇三、二年間了當，亦可謂神速。」上云：「鍾傳此功亦不可忘，爲諸路倡始。初興邊事時，人人以謂不可爲，從官而下皆以爲笑。今成就如此，誠不易。」衆云：「傳事了當，與牽復。」余云：「安燾嘗言，汝遮先帝所不敢爲，誰敢議此？初罷分畫時，韓忠彦堅不肯，臣力與之争。忠彦云：『待捉了高永能後相度。』臣云：『若須待捉了鈐轄，實羞見天下人。』忠彦方屈。三省及人吏皆聞臣此語。既罷分畫，安燾猶力説臣云：『邊事不可輕動，如此何時可了？負責不輕，不若如故。』臣答以已罷分畫，何可中變？遂已。」夔等亦皆云：「嘗聞此語。」

再對，又言：「章楶必欲去，然陛下以恩禮固留，何敢不從？但更當優加恩禮爾。」又言：「阿理都通不若遣還涇原，責楶處置。」上云：「須與官。」余云：「昨已議與率府率，兼當時令章楶不得過許官職，即是已許與官也。」上云：「且更俟款曲。」

是日，上又問王韶進擢次第，余云：「自崇信主簿，四年爲禮部侍郎、觀文殿學士。」上云：「後來卻作執政。」卞云：「作副樞一年以上，卻作觀文、知洪州，以謝上表不遜，降知鄂州。」夔云：「祇八、九月卻復知洪州。」上問表詞，余云：「聖慮雖時有小差，臣愚亦未嘗曲徇。」上云：「太不遜。」卞云：「王安石言：『不唯不遜，兼實無此事。』此尤可罪也。」

是日，以黄實代王得聞檢點修完河北城池。

戊午，以腹散在告，不入。

己未，同呈涇原奏：西安州八月畢功，九月班師〔六一〕。遂建白當稱賀。上許之，仍云：「諸路所築四十餘壘。」余又云〔六二〕：「未論諸路，祇天都與熙河邊面相接，所包括地土幅員千里，河東、鄜延、環慶邊面各已相通，此誠非常不世之效。稱賀畢，當曲赦。」奏留兩路及遣從官告裕陵，并告廟，上悉然之。

又環慶奏進築之字平等處，亦令限八月以前了當。孫路奏：已進築青南訥心。又頒降置西安州及置官、置將等畫一指揮下有司。

庚申，同呈太史擇到日，得旨，以二十一日稱賀。上問：「何以賞章楶？」衆云：「當改端明殿學士，或更改官，臨時取旨。」

再對，上諭以「邊防事功如此，皆卿等之功」。余云：「陛下睿明，洞照幾微，邊臣奉被成算，故所建立無不如意。臣等上稟聖謨，何所云補？」又問：「執政當遷官否？」余云：「臣等待罪政府，皆嘗被遷擢〔六三〕。唯章惇自作相以來，未嘗遷改。惇嘗言元豐末已是正議大夫，是時未分左、右，元祐中降官不當，謂臣草麻日不曾爲開陳〔六四〕，雖得旨轉官，乃祇是復官爾。」上云：「正議改光禄，光禄改銀青？」余云：「然。」上又云：「祖宗時有轉官例？」余云：「祖宗朝執政有廷除，則宰臣往往遷官。昨官制行，王珪自禮部侍郎改金紫光禄大夫。熙河成功，王安石雖不曾推恩，然罷相日，自工部侍郎遷吏部尚書，是轉九資。」

前一日，上宣諭以久嗽及腸祕，密服藥，多未效。是日，余因言：「嗽雖小疾，然不可久，亦須速治。大腸與肺爲表裏，腸祕亦是一臟病。大抵醫書無如難經、素問，其次方論則莫如千金方，此真人孫思邈所撰集，非後世俗醫所能過。如祇治肺，則自有方三、二十道，各列病證，云證如此，則主某藥，名醫用之，無不效者。然國醫多不知學術，但世傳所習，一無根本，既不能用古方書，又或妄有增損，尤爲非便。章惇痛罵衆國醫，以爲無能如秦玠、秦珙、曹應之輩，皆今日醫官之首。然自執政、從官家無一人用之者，其藝術可知也。」上云：「外面醫官誰可用？」余云：「婁昌言已病，唯耿愚者頗有學，知脈理，善用古方，可使。然陛下小疾，便呼在外醫者，恐驚駭衆聽。耿愚已是醫學，但收之診御脈，中則自用，可試令診脈同藥，可見其工拙也。」上深然之。余又云：「陛下親政以來，四方安寧無事，又邊鄙事功如此，皆朝廷慶事。唯是保輔聖躬，爲天下之福。此臣子之情日夕之所祝頌，願更留聖意。醫官中如孔元已勝他醫，然比耿愚則不及，若朝之左右及醫官輩，必無以爲可者。此輩唯是拒絶他人、争占恩澤而已，豈有公議也？」上笑曰：「祇爲如此。」余云：「此須斷自聖意。」上云：「翰林祇候亦可診御脈，耿愚已是醫學，兼皇妃曾服他藥，自可使。」余云：「臣非敢妄引人，但以聖諭所及，不敢不自竭爾。」

余又自「外議皆謂朝廷今日大事〔六五〕，唯皇嗣未降，中宫未立。近日聞後宫就館有日」。上云：「已排辦。」余云：「若皇嗣降生，此朝廷莫大之慶，中宫不日亦必有定議矣。」

是日，又與三省同呈：晉、秦兵民疲敝，今來曲赦，當稍滂沛，如蠲免租賦，放欠負，免支移、折變，皆民實受賜也。上亦許之。余又云：「赦詞當從政府草定，恐學士命詞或不能盡朝廷意。熙寧中亦嘗如此。」上亦然之。余又云：「當明示以休兵息民之意，不惟慰安民心，亦足以釋二虜之疑也。」上亦以爲然。

是日早，遂會於都堂，草定赦文，有「討叛興師，蓋非得已；息民偃革，行自於今」之語，及中書吏持赦條來西安，皆余所草定。

辛酉，同呈草定赦文，又欲以德音第二等格，流罪以下並放，上悉許之。

壬戌，旬休。

是日，鎖院降德音。

癸亥，御紫宸，密院、三省以次稱賀訖，垂拱各奏事如常儀。文德宣制。三省議定徐鐸告裕陵，宗室、觀察使仲碩告太廟。

是日晚，手詔付三省：「以西安州及諸路城砦功畢，邊面相通，柄臣以經營措畫，夙夜勤學，以輔不逮。章惇遷金紫光禄大夫，布遷三官，許將、蔡卞、黄履各兩官，餘皆如故。」至甲子造朝，三省方以手詔相示。

甲子，同呈手詔，衆皆辭以「邊鄙事功，上奉聖旨，豈臣等所當冒賞」。將、卞又云：「惇、布經營邊事，實爲勤勞，臣等尤爲無名受賞。」余亦云：「陛下天縱睿明，邊防事幾，無不洞照，故邊臣得以自效，臣等何功之有！兼臣等秉政以來，皆曾被遷擢，唯章惇自命相後未曾遷官，乞罷臣等恩命。」惇亦固辭。上皆不許，令依此施行。又屢云：「邊防事功如此，皆卿等之力。」又問光禄、銀青皆有左、右，又問王安石、王珪遷官次第，余等皆對以實；又問布等所遷何官，皆以序對。

又呈章楶進築西安州了畢，除端明殿學士。

又郭知章乞降等答虜人所問事件，悉如所擬定。又特依所乞，差知章男中牟主簿淑充職員。又乞降授香藥酒等儀例，悉從之。

又北界擅移久良津榷場關門，不收公牒。河東帥林希乞便移文一次，如不收受，即更不移文。從之。

再對，以高士敦爲高陽鈐轄，以内殿承制、知文州吉先知瀘州，仍特除閤門通事舍人，權管勾梓夔路鈐轄司、瀘南緣邊安撫司公事。時理諸路都監資序。先元祐中爲供奉官，嘗上書蘭州不可棄。又言：「先朝教保甲，減諸路兵額，今保甲已廢，而兵額又不增，緩急何以枝梧？乞後武臣提刑以備諸路捕逐群盜〔六六〕。」上閱見舊章，故特旌擢之。自余爽事作，上於禁中究尋得爽所上疏，因而盡搜閱禁中所存元祐章疏，云有十七籠已降，因而盡一千三百餘道。故蕭世京得吏部郎官，以曾兩上章乞復役法。又如孔平仲自虔州通判上書，言十五事，如罷常平、免役、經義，復詩賦、制科之類，又言「先帝欽恕，不得究天年」，貶英州別駕。其他不可悉數，然如孫覺、王覿、光庭、巖叟輩，章疏尤多，皆已降黜，無可施行。

是日，又斷殿前司人吏勘斷魏吉不當，經赦特決杖勒停，降資衝替。

是日，衆議入劄辭免恩命。

晚，鎖學士院，降丞相麻。

乙丑，夔不入，右轄以腹散罷齋祠在告。

同兩省呈河東奏：北人越石牆下天澗取水，已婉順約迴。詔令再來依此止約。涇原奏舉西安州僉判、職事曹官，並依奏。唯司理温並，以左轄言吕大防恩澤得假承務郎，上問：「何以使他？」余云：「軍前使唤，臣所不知。」上令別舉官。

再對，次李巽知文州〔六七〕，劉子方爲巡邊司都監，臧定國爲高陽都監、界河巡檢。又左膚劄子言：蹇序辰以語録傳授指使，乞立法令條修例所，取索見行令敕，重行增修。

是日，制勘官安惇、趙挺之上殿，尋申乞先斷時彦、林邵、王詔等一行公事。余問上「曾差中使監勘否」，上云：「不曾差，不消得。」初，左轄乞差中人監勘，上許之，既而不聞差人，果已罷。鄒浩亦對。

是日，宣丞相麻，執政劄子皆降詔不允。是日，中人李瑴至密院〔六八〕，賜不允詔，例送三十千。

丙寅，同呈鄜延奏硬探斬獲級數。

再對，呈内侍省押班閻安乞御藥院帶御器械酬獎。上初令與減二年磨勘，余云：「押班已是遷擢，更敘日前差遣酬獎，兼歲月未滿，無此例。」上云：「更不須與。」遂罷。

是日，上問二府「章惇如何不安」，衆云「止是免恩命未受詔」。尋遣使撫問。

丁卯，夏至，假。丁卯，夏至假不入。

河中府推勘官王克柔申「劉何差官體量王發不公事，又係替後及非所部，於法不當受理。未敢告示王發歸任，及疏放干連人」。又云「見禁二百餘人，皆是無罪之人，有自去冬入禁者」。

戊辰，夔并右轄俱造朝，同呈吕惠卿奏：西人來拆新築烽臺，已復修訖。又詔河東修寨，通嵐石、麟府兩路，限八月以前了當。

陳次升劄子乞除都承旨。余云：「誠久闕人。」上云：「無人可差。」或云：「舊亦止用吏人，先帝差李評，方改用士。」余云：「吏人與今不同，乃諸房副承旨，謂之都宣。」夔云：「是如此，然先帝改用士人，多出自聖意選擢。」余亦云：「張宗卨得罪，必不可安職，望陛下更加選擢。」上云：「人都在目前，誰可爲者？」余云：「曹誦舊作承旨，可用。」上云：「管軍兼在姚麟之次。」夔云：「管軍事任與執政等，誠難移易。」余云：「誦已七章求罷，此乃其所願也。」夔云：「祇是怕久立。」上云：「承旨亦須立，何異？」

再對，呈都知梁從政以歲滿，乞罷提舉大内修造司。余云：「從政前後經二府陳狀不一，不敢進呈。今云歲滿，須取旨。」上云：「須是都知無可差者。」遂令再任。從政以修内司役兵、工匠多爲御藥郝隨所抽差，拘留於後苑，作下無人可以辦事，故累狀乞免。上但云：「時下緩急修造〔六九〕，須至差那，他卻可以諸處差人。」余云：「禁中修造，恐無例差外處役兵。兼從政嘗乞差御藥管勾，詔差郝隨，雖受宣已數年，而至今不曾赴修内司管勾。」上亦知之。

是日，遂以河中推勘官申狀進呈，因言：「三省云劉何是奉行密院指揮勘慕容將美，以此爲不當罷。今檢到元文字，元是三省同僉書，兼王發指論劉何不公事，未經推治，而劉何按舉王發又是違法〔七〇〕，兼非所部，不知劉何如何便復差遣？」許將、蔡卞對：「臣亦以爲當罷。」卞又云：「章惇不曾商量，祇是立談間復了劉何差遣。」上云：「莫須曾商量？」余云：「此事欺罔太甚。臣亦曾説與卞云：『此是諸公誤丞相。』卞頗怒，云：『如何卻是諸公誤他？』臣云：『諸公隨順，是誤他。若臣與之同列，必以理爭，如此則惇亦無過舉矣。』此事當與三省同進呈，然不敢不先奏知。」上云：「幾日同呈？」余云：「未日。」遂退，以推勘官狀示夔，夔云：「已見。」余云：「如此劉何莫須罷。」夔云：「好。」余云：「不争則布可罷，劉何不可不罷。」又以同僉書批狀示之。

己巳，同呈章楶乞致仕，降詔不允。又乞還召王恩，上云：「如何？」夔云：「祇是王恩告他。」余云：「邊事方了，楶與恩豈可便去？」

環慶築白豹訖，移兵築駱駝巷，賜將士特支。

又進呈河中推勘申王發事，余云：「劉何按舉王發違法，不合受理；兼王發指論劉何不公事，未見虚實；及劉何捃拾王發、慕容將美情狀甚明，不知何以便復差遣？臣不敢喋喋，乞令三省敷陳。」夔云：「劉何按慕容將美事若無過，兼是密院指揮，故三省商量，與復差遣。」余云：「蔡卞言不曾商量〔七一〕，祇是立談間復了。」惇、卞皆默然。余又云：「劉何本以密院職事罷，若三省以爲可復，亦須與密院商量，卻一面進呈復差遣，是何意？外議皆言三省意謂密院罷何，三省卻復，但欲形迹密院爾。然劉何職事乖謬如此，何可復作監司？」夔又云：「劉何恐無若事〔七二〕。」余云：「惇爲何親，豈可一向爲何説道理？」夔云：「臣不敢避此嫌。」余云：「所言公，則不避嫌可也。王發實有罪，朝廷足可施行。劉何職事乖謬，亦當罷。」卞云：「王發、劉何皆可推治，何且移一差遣，或權罷，皆可。」余云：「以臣所見，劉何終身不可爲監司，欲移之何地？權罷尤不可，依舊是本路監司，如何推鞫得實？何在永興路，怒王發不合申陳保甲陪錢〔七三〕，便捃拾王發；在秦鳳路，怒慕容將美直申秦鳳妄冒功賞事，便勘將美。監司所至，怙權作威，蒙蔽朝廷如此，無乃不可！」上云：「兩人俱有罪，總令推勘。權罷亦不可，須令罷差遣。」許將云：「自朝廷差勘官去爲便。」上云：「朝廷差大理官去。」余云：「誰可差者？」許將云：「大理正朱牧。」余云：「臣未敢保他。緣劉何是惇親，又三省有曲主何意，勘官恐不免觀望，乞愼選。三省能禍福人，兼事如意必遷擢，若違怫禍患立至。密院不惟不能禍福人，兼臣亦不敢如此，人亦不怕。」夔又云：「王發云：『劉何言祇爲吕觀文敦迫。』須要奉削監司發摘人，還肯如何説與他？」上云：「如此妄，卻照管他？」余云：「何先舉發升涉，必恐説與我不欲捃拾，祇爲吕觀文敦迫。」上云：「如此必是。」

再對，遂奏云：「適争論紛紜，卻未曾差定勘官。」上云：「來日姓名與三省同進呈。」

庚午，同呈環慶路進築白豹了畢，乞依城及賜名，詔以「白豹城」爲名。上顧二府云：「如何？」皆云：「自慶曆邊事以來，范仲淹之徒皆以得金湯、白豹，則横山爲我有。其名已著，故不欲易以他名。」是日，中人劉文益至密院賜批答斷章，例送五十星。

又奏：已築駱駝巷。夔云：「福至心靈，胡宗回一併築了城寨，亦可嘉。」上云：「人力亦不易。」卞云：「臣累與執政言宗回可用。」余云：「臣與宗回瓜葛，然亦與法不當避。亦曾與宗回同官，其他才略雖未可知，然實有幹力，肯向前集事。」夔亦以爲然。

又奏：乞趙世忠充白豹蕃部巡檢。從之。

又賜城白豹帥臣以下茶藥。涇原奏：統制官以下先以推恩，作王恩改防禦使〔七四〕，苗履、姚雄古遷横行使額，种朴、雷秀遷遥郡，康謂、馬仲良轉一官，減三年磨勘，李譓除祕閣校理。譓出上旨也。余初欲與康謂除閤門祇候，夔亦云：「邊事向罷，近責降人皆不用敘法，須稍優與遷敘。」上云：「須一體。」卞亦云：「臣意亦謂當然。」遂已。

又進呈差官勘劉何、王發事，得旨差曹調。上云：「此事莫不難勘。」余云：「王發罪狀已明，但劉何事要推究，恐觀望爾。曹調必對，乞更賜戒飭。」余又欲昨日所批聖旨内添入「劉何按舉王發及勘慕容將美有無捃拾因依情狀，及觀望出入人罪，制勘官吏並當法外重行斷遣」。夔指陳云：「密院又於昨日聖旨内增添此數節。」上云：「何故？」卞云：「夜來三更方送來。」余云：「王發事欲盡勘，劉何事豈可祇勘一半？」卞云：「劉何捃拾事狀，祇可看詳，無可勘。」余云：「如此須是朝廷看詳，欲祇移此一節在後，云『劉何捃拾因依情狀，候案到取旨』。」上云：「如此莫好。」卞亦以爲然。余初以謂王發不須勘，朝廷據罪狀勒停、衝替無不可。夔云：「他有贓罪，何不可勘？」余云：「如此，祇是要結正王發贓罪（七五），爲劉何快意爾。」上又問：「何勘將美，在申陳秦鳳妄冒前，或在後？」卞云：「在先。」余遂檢元申「將美是六月二十八日申陳，七月九日差除彦孚制勘，劉何是七月二十三日方申勘將美，豈是在先？兼王發是前年十一月替，去年二月差官體量，至十月方牒轉運、提刑司施行。如此，非捃拾如何？」

再對，余云：「兩日以王發事喋喋，冒犯聖聽，實負皇恐，然業已開陳，不爾則事理不明。三省近日以來，窺伺密院不一。臣亦曾説與蔡卞等云：『人皆怕執政及臺官，唯臣不怕。』何以故？臣不怙過，兼職事不至乖謬。但請搜尋檢點，恐無不當者。三省職事，外議傳笑者不一。葉祖洽嘗云：『章惇爲勘當他孫子理親民差遣不明，罵他作「鶻突尚書」。祖洽云：「此固不敢避，但恐三省鶻突更甚爾。」孫傑自察訪回，乞先次上殿，卻送吏部勘當。』卞亦云：『豈獨此事。鍾正甫上殿乞選守令及學官，以厚風俗，亦送吏部勘當。此尤可笑。』」余對三省亦於上前云：「三省檢點密院不當，若不於密院前開陳，或可信；若對密院開陳，恐難屈。三省文字，凡合與密院僉書者，十有八九不當，須退難，如臣所改定，乃敢著字。」又云：「刑部勘當劉何事，住滯不當，侍郎、郎官皆降一官。乞令三省檢尋自來六曹勘當公事不當，有例曾降官否？」三省皆默然無以對。

是日，晚歸，與沖元馬上云：「兩日喋喋，非得已也。」沖元云：「如此亦足矣。」又言：「陳次升因言『程奇事出於仁恕，乞降付史官，免獄吏觀望入人罪』。上怒其有『觀望上意』之語，遂具其元祐中曾言『訴理伸天下之冤』及『罷封樁，免掊克之弊』，深詆先朝政事，比含容，使之自新，而不改故態，每事觀望，今與遠小處監當差遣，遂差監全州酒税。」程奇者，家有六歲小兒，因飲酒戲謔，自稱「官家」，爲乳婢所告；其母亦有與之酬答之語。上以其年小，不足深罪，遂令開封推治，乃乳婢教令之使爲此語。上令杖乳婢，送畿南編管，他皆釋之。程奇以分析不實，衝替而已。都下翕然稱頌上德，故次升有此奏。然謂「獄吏觀望入人罪」，誠非所宜言也。次升立朝無所附麗，然此舉，士論深惜之。恐次升罷，蓋不獨緣程奇也。西人叩關請命。

六月壬申朔，以忌前朝崇政。同呈河東奏：北人於賈胡疃拆石牆，侵入天澗取水。詔經略司指揮折克行，如北人先行粗暴，令順宜應接施行。

令回謝泛使十六日進發。

又令降祠部度牒二千道修拱聖營。涇原賞功，王恩更與回授親屬一官，康謂、馬仲良各遷兩官。

再對，令吏部依條與武球磨勘。球昨逐出，上云「無過也」。

癸酉，昭憲忌。

甲戌，同呈鄜延乞降差葉石悖也與崇班〔七六〕。近旨與供奉官，賜銀、絹、錢各三百。而惠卿云已給公據，許與崇班，及已賜銀、絹、錢各五百。詔特依奏，仍令後名目與敕榜不同人，並奏聽朝旨，不得先許與官職及支賜。諸路准此。

再對，梁從政病假，乞差權官。從政以修内司爲兩御藥所侵，無兵匠可使，以年滿乞罷，得旨令再任，故在告。

乙亥，同呈環慶進築定邊城，賞功轉官、支賜有差。此一節乙亥也。

丙子，同呈環慶奏：蕃官趙世良所到逃叛蕃部首級，令速保奏。曹調乞上殿，從之。

再對，令代州王崇拯再任。

是日，以本命及腹散早出，而面陳以衰殘，久病臟腑，數乞早出，但以獨員，不敢在假。因問：「聖體此來更康和否？」上云：「稍安。」因言：「耿愚用藥皆古方書，頗有效可信，但味苦辣，頗難喫爾。」余云：「良藥苦口而利於病，忠言逆耳而利於行。此理之常也。」因言：「國醫進藥，但以味甘美、色鮮好者爲先，此何足以愈病？兼止以争功爲意，殊無謂。」上亦笑云：「祇爲如此。」余云：「兩三日來，玉色極悦澤，此必藥之效也。」丙子，鄜延奏：西人復遣使齎牒及白劄子來。詔令收接公牒，仍諭西人，如遣使齎到告哀謝罪表狀〔七七〕，當發遣赴闕，如無謝罪表狀，即難議收接。西人比去來甚遲遲，今此復來，故益示以開納之意。

丁丑，天貺節，假。

戊寅，夔以子婦風恙不入。同呈鄜延奏西人説話，令依五月指揮施行。環慶走馬阮易簡奏：之字平無水，乞權住修築。詔胡宗回更切相度施行。

再對，呈送伴泛使語録。

己卯，同呈熙河築青南訥心畢功，賜帥臣以下茶藥銀合。河東奏：進築河外城寨，乞調保甲。從之。雄州奏：涿州牒報戎主於沿柳湖坐夏，去中京十一程。

又報：六月一日接回謝使過界，曾旼等接伴泛使，坐朝旨牒北使及争人馬過白溝交割，自云無可困可屈之理，經疏決特放罪。林邵拜受香藥，於語録内隱避不奏，約法合罰銅三十斤，放；張宗卨合追一官勒停。上以林邵爲首，宗卨爲從，輕重未允，宗卨特免追官，並邵各罰金三十斤，勒停。時彦供語録在前，奏不實後，合從事發更爲，又以首增一拜，特追一官勒停，人吏、親從官各勒停、降配。序辰、嘉問輩初揚揚自若，以爲必無患，聞邵等被責，乃震恐。嘉問尤誕妄大言，謂上意必主之，衆莫不竊笑。高遵惠見序辰與兄書，亦云必無事，但寬心無慮。序辰兄從遵惠辟，故見其書。

庚辰，同呈熙河青南訥心賜名會川城，本路言據三川之會故；環慶駱駝巷賜名綏遠寨；賜帥臣以下茶藥銀合。又賜進築之字平將士特支。

再對，易河北兵將官歐育等，以上旨欲選人也。

辛巳，旬休。

是日，夢大名云在陰府極穩便，進室號慟久之。

壬午，回謝泛使欲以德音對答虜人，從之。

又令依例乘宣借御馬入。

又同呈河北修城池樓櫓等約束，令安撫、轉運司體量兵官不得力者，具名奏差人替。

又令二府各選差知州、通判内不可倚仗者，選官對移。或非時督責限修完了當，每歲差官點檢，有不如法及稽違，重行停替。河朔連歲霖雨，城池多隳壞，累督責修完，而財力不給，又官吏多不職。邊報多言北虜頗生事，戎孫專政，慮不能安静，故降是詔。仍聽支免夫錢及借諸司封樁錢應副。

癸未，同呈令孫路應接邈川事。先是，知河州王瞻自五月二十三日奏：溪巴温殺鬼章子阿蘇，奪溪哥城〔七八〕，自稱王子，河南部族多叛瞎征而歸巴温。巴温本董氈親侄，董氈無子，而巴温見疑，遂逃遁。而董氈死，竟爲阿里骨所篡。阿里骨死，瞎征立，而多殺首領，人情不附。又以溪巴温佛種，人頗附之。巴温遣長子杓拶往奪溪哥城，爲阿蘇所殺，故巴温因衆怒而起，攻溪哥城，城中人爲内應，遂殺阿蘇而據之。部族翕然歸附，牛羊、倉庫皆爲其所有。鬼章子邊廝波結等，與鬼章妻鬼毛及其妻孥，并河南鬼章舊部族，皆叩河州、岷州境上，乞歸漢。瞻屢以聞，及報經略司，而路不敢納。又報黄河橋已斷，瞎征已去；又言瞎征相心牟欽氈亦叛瞎征，而與溪巴温通。心牟欽氈，瞎征所得以立，今既叛矣，則瞎征之不能保無疑矣。然邊廝波結等皆鬼章之黨，納之，則溪巴温必怨；不納，則河南一帶部族未肯附溪巴温，不乘此時撫而有之，則恐失機會。故令孫路子細斟酌敵情，相度收接。邊廝波結等云：「若漢家不納，即借路往投夏國。」蓋其下已離，勢已迫蹙，不得不爾。

溪巴温初亦求助於漢，而瞻、路輩不能深知其謀；已濟，亦不詳以情狀上聞，又不敢應接。巴温已得志，亦不復來求助。方阿里骨之篡，朝廷爲加封爵，而溪巴温之立，又無以助之，異時猶恐其與我爲仇也，顧邊臣所以撫禦應接之何如爾。

鄜延再奏：西人來議告哀，云已收接公牒。欲便諭以已奏朝廷，乞發遺告哀使赴闕，朝廷必須允從。上令從其所請，衆亦稱善。惠卿云：「諸路進築未已，不爾，無以取信也。」

甲申，同夔及小鳳、左轄入謝。夔獨班於大班後入，余三人爲一班，親王後入，進謝恩。馬六疋，賜對衣、帶、鞍馬，退。會都堂，二府供一御筵。故事，各爲一御筵亦可。酒五行，罷，歸西府。中人劉友益押賜銀、絹各一千，贈銀、絹共一百。黄安中久病，賜告，然未上免表，病癒乃入謝。

乙酉，同呈涇原奏：進築漢蕃兵人附乾糧十斤，多已費用及除破。從之。河東乞豫調兵夫入生界采進築材植。令相度無虞，即依奏。再對，河東報：代州對境伐薪燒炭，准備戎主今冬西山打圍。是日，同三省曲謝賜銀絹。奏事退，遂同詣景靈宫謝，徧十五殿，約六十拜，行八、十里。

是日，夔疲憊呻吟，衆頗笑之。

丙戌，御史臺、制勘所乞差録問官，上令差刑部侍郎周之道。先是，序辰四問不承，制勘所上殿得旨，令更一問，如不盡情供招，取旨追攝。勘所遂坐旨再勘序辰，序辰乃答云：「既奉旨追攝，更不敢依前分析。」仍不肯云所招並是詣實。勘官再對，言其違法不實之狀甚明，衆證灼然，又同使李嗣徽悉已伏罪，唯序辰多端避罪，意待翻覆，將來雖結案録問，必不免翻異。乞依吕温卿近例，止以衆證結案，更不取勘録問。奉旨：范鏜以下結案録問，蹇序辰依所奏。以此獄方具。曹調奏：乞干連人勘訖責出，如在命官，罪狀明白，取問不承，乞便令參對及追攝禁勘。得旨：令再問不承，即追攝，餘依所奏。

涇原奏減罷近裏城寨官員。詔：「諸路並依此相度，速具可以減廢員闕聞奏。並戍守兵馬，亦速依近旨裁減移那廢併。」

再對，易河朔守臣及兵將官。

又呈環慶張誠等出界賞功。

上諭云：「序辰罪狀分明，而拒抗如此，當重行。」余云：「近臣殊不知體貌廉恥，一向無賴，不肯伏辜。中外傳笑，以爲近臣未有如此者。」上又嘗諭云：「范鏜已上章待罪，卻翻變，舉措殊無義理。」余亦云：「外議喧然傳笑。」上云：「亦聞衆人皆以爲笑端。可訝，可訝！」

丁亥，同呈熙河路奏：「踏行到會州進築地基，并打繩水泉修寨處，乞更暫差涇原曲悦禮相視地形。」並從之。

再對，又對移河北永寧等處知軍。上旨：令具軍班見任路分都監以上人姓名進呈留中。以賈嵒久病，欲准備除管軍故也。余言：「唯徐和帶遥郡可除。」上云：「但少戰功爾。」又云：「南履久次可除。」余云：「履人材固可擢，但此等人方在塞上驅策，來此供職不得爾。」上亦患之，又令張赴赴闕朝見。赴久病，恐不能造朝，又不肯往涇原。夔云：「如此，可一召，無疾耶别易一郡，有疾即宫觀可也。」上亦然之。

雄州奏：北界涿州牒催回謝國信使、副過界。

戊子，同呈周之道録問，范鏜等無翻異。

再對，罷趙宗本帶御器械，與轉官、宫觀。

以林豫知冀州，張祐知鄜州，种建中知祁州。

涇原乞姚居醇充平夏主簿。令章楶别舉官聞奏，以係劉何干連人也。

涇原郭祖德賞功。

又鄜延路荆谷賞功，以將佐數十人，所部止數千人，恐減落所部人，就分數酬賞，令别保奏。上云：「恐是選精鋭者出戰。」余云：「未有此例。兼環慶張誠近以減所部人就分數冒賞，奪三官。不可不再詰問。」上然之。

己丑，同呈令成都、梓、利路轉運司，逐州選官催物帛綱出界；陝西准内臣一員，催東兵裹衣赴軍前〔七九〕。仍並依。又令入内省差内臣一員，催東兵裹衣赴軍前。仍並令：遞鋪闕少，即和雇脚乘般運前去。

熙河降差鈐轄革兀娘與崇班，銀、絹、錢各三百。

孫路再奏青唐事宜，令依十一日指揮施行。

再對，呈曾旼劄子，乞删修國信儀制，取到狀皆舊文，不可删，唯乞修定諸州軍及編欄以下書狀式。從之。

通遠軍康謂丁母憂，不許解官行服。

是日，序辰等案上，請刑法官約法。

庚寅，初伏，假。法官乞就大理寺了約法文字。從之。

自己丑雨，或作或止，未已。

辛卯，旬休。

是日，上又問：「程之元在元祐中爲蘇軾客，何以得河中府？」余云：「之元兄弟三人，先朝俱作監司。之才乃蘇軾堂妹壻，然獨不與軾往還。之元之郡，與軾頗密。然今日似此作監司或大藩，恐不獨之元而已。」

上又問王峴，余云：「執政疇之子，亦常才。」上云：「極尋常。」余唯唯。

壬辰，同呈鄜延太沙堆、大吴堆賞功條格。將佐以所部人多少計所獲首級推恩，諸路逐將所部不過數百人，故分數常多，余已兩移文問難。上云：「恐其選精鋭出戰故爾。」余遂檢諸路所部，皆數部已上，無若鄜延比者。以此兩項功狀，率三省同呈，今再分析與諸路不同因依。上猶疑之，同列亦有依違者，然終不能奪予言也。

又詔：諸路進築，限八月中旬了當。

雄州奏：涿州牒六月一日差接伴使、副至新城樊，接回謝使、副過界。至六月七日未報起離，恐已入秋山，趁赴不迭，令十月一日過界。回謝使、副過界到相州，依例發北朝奏狀訖。詔郭知章等更移文北界，催促接伴使、副前來，仍於所至邢趙州住，如堅執前議，即將福物等寄納軍資庫訖，齎國書暫還京師。

癸巳，環慶之字平進築畢功，賜帥臣以下銀合、茶藥。詔孫路減會州及北冷牟城寨地步〔八〇〕，以邊臣言公私財力應辦不易故。詔河北路，以廢馬監屋宇材植添助修城，估價修城錢内撥還。

又同呈蹇序辰、范鏜等案。序辰三上書不實，合罰銅九十斤；鏜及李嗣徽三十斤；向綍合追一官勒停。上令鏜落職小郡；嗣徽降遥刺，衝替私罪重；序辰亦落小郡；向綍罷帶御器械，降供備庫副使，衝替私罪重。余云：「序辰恐難與鏜一等。」卞云：「已重，他是尚書兼侍讀，鏜止一職。」余云：「法必不如此。彼此皆祇是落一待制爾。臣非有意於重序辰。序辰奉使，易擡箱絹，拜受酒，客省帳茶酒，例外受馬，自當削職，更有九十斤不實之罪。鏜止拜受酒一事。若一等斷罪，何以厭天下公議？何以弭范鏜之口？」因言王琪止用副使言許稱疾，貶信州團練副使。上云：「太重。」余云：「先朝李師中祇因薦司馬光、蘇軾，亦貶副使。」上云：「以害政故須爾。」余云：「此誠如聖諭，然序辰不可與鏜等。」卞又云：「恰好也。」余云：「更輕亦須更降兩官。」卞亟云：「降一官不妨。」上從之，余亦已。沖云：「如此，唯林邵太重。」上云：「如何？」余云：「蔡卞曾言林邵特旨是就重，張宗卨特旨是就輕。」卞亦云：「然。」上云：「已指揮，奈何？」余云：「改亦不妨。」衆皆云可改，遂令降一官私罪重。然自事初，衆皆憂序辰黨助多，恐不可逐，唯上意了然，云：「誰敢爲營救者！」又云：「須重行。」然終亦輕典。序辰凶慝貫盈，人莫敢動摇之者，一旦逐去，衆論快之。

再對，因言：「臣素不以士君子處序辰，陛下觀其所爲如此，有一毫似士君子行義否？臣素言章惇引序辰、朱服，爲卞所誤；又嘗言服已自敗，序辰不久亦必敗。今日驗之，臣言皆不虚矣！」余退，又語蔡卞云：「朱服、蹇序辰皆不當在侍從〔八一〕，今皆自敗，亦理自當然也。」卞默然，衆亦莫敢對。

甲午，同呈熙河奏西蕃事宜；環乞之字平關名，詔名之曰龍平關。又乞定邊城兩寺名，以三蕃僧主之，詔名曰廣慈禪寺。

再對，余又言：「序辰翻覆不已。昨日見趙挺之，言臺吏云：『自來勘官員，未有頑惡如此者。』有一老吏云：『唯熙寧中勘呂嘉問，險薄無所忌憚，亦衆所共知。』陛下昨問程之元何以得河中，臣倉卒未能悉對。之元作湖北轉運使，嘉問適在荆南，多不法事，之元不敢按治，但按其指使作過甚者劾奏次配，而嘉問已深怨。昨罷之元送吏部，乃嘉問之力，故三省終以物議不平，卻復與差遣。之元在先朝已作提刑，元祐中與蘇軾交通，或不能免。」上云：「此必是實。」余云：「之元言，嘉問在荆南，赴李雲從家會，留城門往往至四、五更。今雲從得宫教在京，亦嘉問之力。所居陋巷，嘉問尚時時造之，車從填咽，都人怪之。又范百揆者，家有一婢，在汝州曾同官，嘉問亦至今造之不已。嘉問之汝州，有李通儒者作外縣，能舞斫鼓，每爲嘉問舞，俳優作相。坐客或云眼貴、鼻口貴之類，至通儒云下頦貴，遂舞斫鼓，傳笑京西。此事已往，不足道。通儒今爲府司録、權府推，遂令同上殿。近府推曹調出按岐勞，嘉問、通儒亦與，酒酣又起舞，聞者駭之。昨日乃聞除府推官。」上云：「此嘉問所舉。」余云：「向宗回與郎官輩一敗皆默逐，嘉問乃敢爾，殊可怪！」上再三審記，云「是李通儒」。上又嘗諭：「雲從已罷宫教。」然竟未罷也。

乙未，同呈涇原乞借軍賞銀三千兩，爲西安州造公使什物。從之。

又詔熙河路，今止築會州及北冷牟兩處城寨〔八二〕，仍依前減地步。其打繩川且爲烽臺堡鋪遮護，候來春進築。章楶以諮目抵余，言熙河財用不足，民力疲敝，乞罷築會州，故降此旨。比元計功料，已減其半矣。

再對，以新置蕃落兩指揮應副鄜延。

丙申，同呈吴靖方磨勘轉宣政使。

詔：陝西、河東如衣綱未到，即以軍賞絹借支衣賜。

劉何乞默責免勘，上云：「起獄非美事，然已行具已。」余云：「臣本不欲置獄，德音如此，天下之福。」

丁酉，同呈河東、鄜延賞功。

又詔：河東進築嵐石、麟府河外四寨四堡，仍限八月中旬了畢。

戊戌，同呈環慶築三城寨乞賞。統制官張存轉官升總管，种朴轉官升鈐轄，張誠復皇城使、遥團練。延張守元〔八三〕。

己亥，同呈宋用臣皇城司年滿，與依條使額上轉一資。

又秦鳳奏：將官張恩、李德以蕃捉生詐爲西人捕，補降官職，乞先次放罷，取勘奏裁。

從之。

庚子，中伏，假。

辛丑，旬休。自中伏大熱，幾不可當。是夕大風，暑氣遂解。

是日，陳郎父子、新蔡王甥及葉致遠來致祭，欲一往普照，因致奠於强民家，以病不果行。

七月壬寅朔，先天節，假。

癸卯，同呈，詔陝西、河東嚴戒邊吏，不得以傳聞西人遣使告哀謝罪，便於邊備懈弛，及於進築之際，不過爲隄防扞禦之計，如緩急小有誤事，帥臣以下當重行黜責。

鄜延奏：已收接宥州公牒，遣來使齎白劄子諭羌鷄，令遣使赴闕。

涇原奏：天都寨開井一眼，深一百八十餘尺，已見泉。天都開十井，皆百二十尺至百五十尺，並未見泉故也。

河東奏：北人自六月十六日後，更不來天澗取水。

再對，秦鳳走馬張士和降差降吴名革，不能彈遏部族，多於城市剽掠争鬬，乞下經略司措置，及别修葺市城處之。令經略司相度聞奏。

上諭：「孫賁權秦州，多獨邀官妓入閤子中至深夜，及令保甲築用道，以修城材植創亭臺等。」皆士和所奏也。上又言：「昔在真州已如此。」又云：「章惇顛主之。」余云：「但見惇欲除作帥，不知其他。」上云：「待降出文字，作朝廷訪聞施行。」余唯唯，退以白三省。士和來密院，亦具道其事。

甲辰，同呈河東折可大出塞，獲千級，特除閤門通事舍人。涇原奏：蕃官征兀城逃歸西界，乃嵬名阿里就擒時脅降者。令經略司取勘地分及保管人奏裁。

再對，高陽關武衛卒，有踏十一石至十石弩者三人，合補清塞下名都頭。令總管司發遣赴闕，令軍頭司引見。

乙巳，涇原奏：已取七月七日或八日築滅猥城，及差保甲應副般運。又令姚古修德順軍至西安州經路三程，作堡子三所，並與特支。又奏：先築滅猥訖，卻令折可適、姚雄以兵二萬、騎五千赴會州，七月二十一日進築。

再對，差趙挺之詳定國信條例，代序辰也。

又院史吴繼永妄訟周信臣等，特勒停；周信臣降兩官，王拱降一資，王定罰金，開封官吏放罪，勘彌恪鹵莽故。李榮除永興提舉馬綱驛，祖名興，乞避諱，不許避。上云：「必是避奔走爾。」

丙午，駕將出幸集禧，以新修奉神殿成，奉安五岳。自中夜暴雨不止，遂别擇日。前、後殿不坐，三省宅引。余獨以腹散不入。

丁未，同呈：熙河乞降收接河南邈川首領官職等第及支賜則例，並乞錦襖子、公服、鞾、笏、銀帶各三百事。詔孫路據歸漢首領在番日職名及加量次第，合補是何名目，奏聽朝旨；所乞袍帶，令户部計置，差使臣管押前去。

章楶再乞致仕，不允。上云：「詞甚哀。」余云：「減猥、會州未了，未可去。」夔云：「書來極罵臣，以謂必欲使之死塞上。」上云：「誰可代者？」夔云：「胡宗回有帥臣器度，可用。」衆亦以爲然，上亦許之。

熙河奏：邊廝波等妻男出漢。

戊申，同呈熙河奏：西番河南邈川首領出漢。

鄜延奏：已回牒宥州。惠卿初但以白劄子遣西人還，令遣使赴闕。朝旨令牒故。

河東制勘所乞發遣劉何赴河中供答文字。從之。

再對，因言：「黄河已北流，聞東流已乾。鄭佑子自河北還，已自東流河道中行過，亦無泥水。然北流殊未有隄防。東流回河治隄，費公私財力何止億萬，止一、二年遂壞。」上云：「主東流者已受賞，今自當行遣。」余唯唯。

己酉，同呈雄州奏：涿州不肯受回謝使、副奏狀。詔令郭知章等不候移牒，發來赴闕。又呈涇原禽獲阿埋都通一行人功狀〔八四〕，有遷十五官至六官者，仍賜金帛有差。

熙河奏：邊厮波結兄弟三人及一首領、人從二百餘人出漢。邊厮波結，㖫齪之子，鬼章之孫也，本附瞎征，故爲溪巴温之黨所逐，僅以身免，窮無所歸，散投漢。再對，因言：「先帝以熙、河、洮、岷四州爲一路，洮州今方得之；又以爲熙河蘭會路，會州今亦方得之。陛下聖德，威靈所及，遂成先帝之志，非天時、人事符合，何以至此？實朝廷之慶事也。」

庚戌，同呈河東奏：北人不復來取水。

鄜延奏：暖泉寨有神祠甚靈，昨永樂將士有侮慢之者，嘗有靈語聞於人，乞賜額。詔以「靈祐廟」爲額。

洮西沿邊安撫之奏：已差使臣占據講朱、一公四城。河州王贍也。

又詔：「孫路具所見如何應援溪巴温，及將來如何措置聞奏，務爲邊防經久之計，不得輕易鹵莽，致誤幾事。」近溪巴温殺阿蘇，據溪哥城〔八五〕，與瞎征相持，以此部族多願歸漢。詔孫路相度收接，來者不絶。路日有奏，而所奏不及溪巴温一字，余因疑之，遂欲降此旨，詰路所以應接措置溪巴温情狀。夔乃以簡來云：「未須詰之，且容其措置。」余未肯已，夔遂封孫路數書，乃密與夔議云：「溪哥城乃積石軍，欲除溪巴温爲閤門使、知積石軍，欲自邈川直趨青唐，欲建爲州，而以他人領之。」余因爲夔言：「溪巴温以董氈之後，人情所附，故欲令還青唐，逐瞎征而復爲王子。今乃欲處之他所，而以青唐付之他人，恐未安。今日部族之所以願歸漢者，正以瞎征篡國，故不爲人情所附。吾乃欲逐溪巴温，而以他人處青唐，則安知歸漢者不翻然而改之？安知溪巴温不能抗朝廷之命而自奮立？誠令溪巴温知報，又安知董氈之族更無若溪巴温者，能崛起於下而爲自立之計乎？如此，不唯恐更生邊患，兼朝廷何必貪荒遠之地，又以董氈之族爲仇敵，於邊計皆未見其安便也。」夔云：「路祇是如此商量，亦未定，未可詰之。」余云：「俟其已定而詰之，不已晚乎？」夔堅不肯以擬定文字上，余云「且將上稟旨」，遂具言：「孫路累奏河南邈川部族歸漢，而不及溪巴温一字，不知路何以處之？臣欲如此問孫路，而章惇以爲未可。路欲除溪巴温官，處之積石軍，而建青唐爲州，以他人領之。臣恐未可。兼此事祇是路與惇私書往還議論如此，臣等皆不預聞。路既不奏朝廷，又不申樞密院，在臣爲失職，不得不論。」上云：「是不曾奏溪巴温一字。」遂顧執政云：「如何？」衆唯唯而已，唯沖元云：「問他如何應接措置，莫也不妨。」夔云：「事未定，未可詰問。」余云：「事定而後詰問，則已後時，雖令改正，亦已費力。此事大，乞裁處。」上云：「此大事，不可忽。」余云：「臣今來所問，祇是問他如何應接措置，亦别無撓他經晝處。」上云：「不妨。」夔云：「如此須添『將來』字，云：見今如何應接，將來如何措置。」余云：「此兩字添不妨。」

再對，因爲上言：「臣所陳孫路事理灼然，而聖問所及，執政無一人肯分别是非者，此無他，但惜人情爾。古人以謂持禄養交，正爲此也。養交私情，好以持保禄位，如此則於國事奈何？章惇、蔡卞，衆人所畏，臣與之争論，未嘗有所假借。若許將、黄履不主張事，臣亦未嘗敢以一言及之。孤立自守，所恃者惟睿明每加洞照，故議論稍伸爾。然夔等側目，未易當也。」

辛亥，同呈。

壬子，同呈章楶辭恩命，不允。

涇原天都寨開井見水。天都寨開六小井、四大井，然皆一百八十尺以上方及泉〔八六〕。

鄜延奏：西人毁新修堡子，尋復完葺訖。

熙河收到投漢人。

癸丑，同呈鄜延奏繳宥州牒，已遣告哀、謝罪人使等十二人赴延州，取七月十日過界。

環慶奏：具到新立烽臺、堡鋪及人馬巡綽所至之處晝圖進呈。大約巡綽所至有及一百一十里至八、九十里，烽臺有四十里至五、六、七、八十里，坐團堡鋪有二十里至三十里者，而清平關巡綽至大寨泉，在清遠軍之外十餘里，折薑會接涇原及百一十里，至板井川猶六十里，又至通峽寨猶五十里。上亦病其太遠，然以畫疆未定，姑聽之而已。

環慶都監張誠訟將官李浦及勾當公事張彦通等不公事，令經略司選官看詳，内有依條合受理事，即取勘施行。

又孫賁奏：乞築會州人馬迴，於甘谷城西築烽臺堡子，處弓箭手及降羌。甘谷去西安已五百里，上亦笑其不曉事。

郭時亮乞差小分般運軍須，令優支食錢，無令陪備失所。

再對，劉方以有年勞遷景福殿使〔八七〕。

河東乞決配逃卒，因申明編敕，軍人犯罪難依常法，許帥司情酌斷遣。即雖經略司情不可恕，自合依條施行。令刑部申明行下。

奏事畢，因具劄子進呈，云：「昨初除執政，不敢乞剏置僧院，止以墳側舊寺改賜名額，及先於潤州金山寺建薦慈塔〔八八〕，追薦考妣，每三年一度僧，看管塔下香火，已奉聖旨依奏。乞以薦慈塔爲敕賜名額，榜於塔上。又乞以元祐元年買到江寧府江寧縣蘆場，永捨入金山寺，并續請到生漲灘地，亦乞改正，今本寺請佃爲主。及言王安石以私田捨入蔣山，僧其所請，臣所捨蘆場〔八九〕，於著令無礙。」上令留劄子，批付中書施行。余因言：「姚麟昨乞弓箭手地爲墳寺，亦蒙批降指揮。臣今來所陳請，若送三省，必未免問難留滯，如蒙批降睿旨，實爲甚幸。」上云：「便批送中書。」因問金山寺宇次第，上亦稱歎云：「在江上勝勢甚好，亦曾見畫圖有兩塔，一是卿所造景物，頗能如畫圖否？」余云：「圖畫不足以盡江山之勝，宫殿縹渺在江中流，非圖畫所能及也。」是日晚，上批付中書省，特依所乞。

甲寅，同呈洮西安撫司乞付例物、銀絹錢及袍帶等，招納西蕃部族首領。詔户部造金帶、渾銀交椅及錦袍、銀帶、金帛等，付熙河經略司應副支給。銀絹等不足，聽以諸司封樁及軍賞經錢物借支訖奏。

孫路奏：會州計置功料已備，不須減步數。從之，又令賜將士特支。

再對，犯徒都虞候聽依例解發引見。是日，中元，作監盂蘭於普照，又設水陸於金山寺。

乙卯，同呈鄜延奏：併廢順寧、白草等三寨。從之，仍令將來更有似此可廢併去處，速具聞奏。

丙辰，從駕酌獻景靈。

丁巳，再從駕酌獻景靈。巳初，遂幸集禧、中太一宫。集禧重詔奉神殿，四日奉安，五日欲赴香，以雨不果。兩日微陰，頗不覺煩暑。晚，賜茶於齋殿，遂歸。唯午刻差熱爾。是日，上陟降甚勞，且百拜。賜執政、從官晚食於幕次，又賜酒菓，晚又賜菓子十合。將没乃歸。

戊午，歇泊。遂大雨。

己未，同呈鄜延奏：西使過界，乞發遣。從之，仍令以二十三日行下。環慶進築葫門、三岔，河東進築嵐石、麟府八寨堡，並喝賜將士特支。熙、蘭奏：招納到西番首領。涇原番官鬼魁叛還西界，令取勘地分官司聞奏。再對，熙河奏：長安舉人張庚等謀叛入夏國。令子細研勘，具案奏裁。

庚申，末伏，假。

辛酉，旬休。至普照殯所致奠，視漆飾等。食罷，遂至資福寺北向大卿葬所致奠，吊其三子及見女荃，亭午冒熱而歸。

是日，醫者來言，診脈醫官皆留宿不出已三日。是日，左轄因私忌不入。

壬戌，當朝垂拱，改御崇政，府尹以下上殿，班同三省。呈邊報。問聖體，上云：「兩日前似霍亂，昨夕腹散猶八、九次，胸滿，粥藥殊不可下。」耿愚且供温脾丸理中元。」余云：「以臣觀之，必有凝滯，須服臘櫃藥驅逐，則利自止，然後服補和藥乃可速安。」上云：「太妃亦云如此，待更議用藥。」余云：「不爾，恐效遲。」衆唯唯而已。

再對，又言：「玉色殊未和。」上云：「雖粥不可進，飲食固不敢不慎也。」余云：「固議如此，然虚損藥恐不可不服。」上云：「便商量。」是日，再對，罷張赴涇州，候到朝見别差遣。初，有旨令赴朝見，而赴云服藥未安，乞候來春，故罷之。

癸亥，三省同問聖體。上顧余云：「已服虚積藥，臟腑便止，但尚未多食。」余云：「今日玉色極康和，非昨日比，然正須調護頤養。」上云：「但食粥爾。」是日，上諭環慶又擒獲一正監軍。是日，猶卻上殿，班辭見謝，引三班止。退語同列云：「今日玉色頓和，殊不類昨日，春秋鼎盛，故易安和也。」

再對，呈高遵路年八十三，再乞宫觀。上令與。又姚麟乞免與馬、步帥同揀人，亦從之。上云：「若揀選不當，自可按舉。」余云：「近聞多差中使同揀，則兩帥亦自無用。」上云：「中人亦間或差爾。」麟曲奉中人，揀人之際，升黜唯命，麟唯諾而已，而深以二帥同揀爲侵官，且云愧恥，殊不以中人爲言。」曹誦云：「正其所願，蓋欲因此以交結也。」

甲子，大雨。上見二府，深以爲憂，且令擇日祈禱。夔云：「甲子雨誠可慮。」上云：「陰陽所忌，歲事可憂。當速祈禱爾。」又云：「今日臟腑亦未全已。」余再對云：「陰濕尤非腹疾所宜，當避陰冷，休息頤養。」上云：「祇在一閤子中偃卧，未嘗敢冒犯。」余云：「自延和至崇政，行甚遠，衝冒風雨，亦非所宜也。」

乙丑，晴霽。已擇日祈禱，得旨且已。

章楶乞致仕，不允。

再對，言河東等處賞功文字多已了，不敢進呈煩聖覽，欲入進取旨。上云：「甚好。」

丙寅，得旨，盡引見謝辭班。

同呈孫路奏：邊厮波結等歸漢，獻納地土、部族不少，并子七人、二姪、一壻乞補授官職。詔孫：上件人本爲族部所逐，脱身攜家歸漢，未委所獻部族、地土若干，致推恩未得，令子細勘會逐人所納到部族、地土多少，及見今力量事勢，合補是何名目，令詳具聞奏。

再對，定州叛入北虜郎升家屬，令送湖南羈管。初送亳州，上以爲太近也。

丁卯，宣祖忌。余以腹散不赴。

戊辰，同呈孫路致夔書中封到苗履狀云：「已計置舟船材植，欲於會州繫橋度河建關。」詔孫路相度事力可爲及材料已備，即一面從長施行。余因言：「孫路此謀甚善〔九〇〕。若度河置關，即正如蘭州金城關之比。蘭州未有金城以前，每歲河凍，非用兵馬防托，不敢開城門。然此事亦大，既不奏，又不申密院，但祇以私書白夔，臣等皆素不與聞。昨日章惇以此書示臣，臣亦以爲當。然素無奏報，欲未施行，又慮西夏入貢後，異時不復可爲，故須作訪聞行下。孫路措置邊事，前後祇此私書往還，似此非一。」上云：「如此事，何故不奏？青唐事且云經畫未定，未能奏，此不奏何也？」衆亦云「此事不當不奏」。上云：「前後事且未論，此事當詰問何亦不奏？」遂批旨云：「孫路既有上件擘畫，因何不具奏陳？令具析聞奏。」夔亦僉書行。

是日，惟開封府對，餘班猶隔下。

己巳，同呈邊報。孫路又以書抵夔云：「且留溪巴温以持瞎征，若捐數十萬縑，招巴温新附之衆歸漢，則巴温一孤虜爾。」余因草定詔旨，戒孫路「依累降朝旨經營撫納，務以恩信招來部族，不得專以兵馬迫脅。其措置應納溪巴温，務爲邊防經久安便之計，不得過有所圖，向去別生邊患」。夔初不從，紛争久之乃定。卞以余理勝，乃云：「大事且款曲商量，不須喧争，恐觀聽不便。」余云：「當如何？」衆皆云「約束路不妨」，夔稍屈。余因言：「公多以聲色加人，余褊衷亦不能忍，故往往紛争。然亦當相亮，國事所繫，不敢苟且。」夔云：「公不容人説，何嘗不婉順？適馬上與公言，莫且更商量，公便怒。」余云：「公不自覺，因何士大夫人人皆言爲公所慢罵？」夔云：「何嘗罵他，但言甚道理須要堂除差遣之類。」余云：「如此婉順曉之，人亦不怒，蓋聲色厲，不自知爾。」夔云：「公言悖心風，豈不是罵？」余云：「公言布欲與西人畫河爲界，乃云是雜賃院子裏婦人言語，莫亦是罵否？」布無他，所争者皆國事，不敢誤朝廷措置爾。」夔云：「惇豈是爲家事！」余云：「公固亦是爲國事，但須要是爾。如孫路欲逐溪巴温，而奪青唐爲州郡，則布死不敢從也。」既對，亦爲上陳其略，上亦以草詔旨爲然，遂行下。

是日，右轄留身甚久，夔奏事退，乃見呼同坐。密院幕次與三省相鄰，自來待班則未聚也。余亦造之，乃殷勤諂笑，顧語加勤，衆切笑之。余比來數與夔争邊事，語極侵之。蓋夔凡有所欲與，即陰以書諭邊帥，令奏請，同列未嘗與聞也。

再對，余因言：「章惇近於邊事，凡有所欲爲，知同列必不合，則必陰以書諭諸帥，令如其意指經營奏請。如近日環慶置烽臺、堡鋪及巡綽處大遠於諸路，亦是惇以書諭胡宗回，令如此措置。既於清平關外，以大寨泉爲巡綽之處，已過清遠軍十里，又令宗回更展至大寨泉北，欲於此築城；又令展至曲律六掌之外巡綽，要於曲律六掌作寨。宗回皆不敢從，并封惇書相示，因亦進呈。」上皆詳覽之。此舉人皆疑其妄意欲有以羅織善良也。又封折可適書與宗回，其言皆不可用。余對三省，又與夔言：「公多以書與兵官，如折可適、王瞻輩，皆蕃夷之人，何可與書？一有敗事，恐未免爲累。」夔云：「王荆公昔者與王韶書，言邊事無數。」余云：「荆公但發書與韶及公，何嘗以書與兵官？荆公是時於布無間，日見他發書與公，但以妄殺爲戒爾。」七月二十九日對，問聖體，云「已無事」。余云：「月朔視朝，恐太勞。」上云：「不妨，若天色陰雨，則臨時指揮。」是日，晴霽。

庚午，旬休。是日，序辰既貶，三省又檢會序辰，言昨日毀先朝法度。因何人奏請，係何官司附會勘當，乞檢會施行。李積中上殿，亦除此論，亦有半年，忽復檢舉。得旨，下陸曹檢尋編類聞奏。

八月辛未朔，文德視朝，自垂拱起居訖，導駕至殿後。遂侍立殿上，退與三省各垂拱奏事。

廣東鈐轄司發遣歸遠卒李誠就上四軍。誠乃行門徒配嶺外，得旨，令遣還，依條轉資。柯述罰金二十斤，密院法司亦二十斤，人吏理第一等至三等過。蓋修條時，誤删去「雜犯人不得揀上四軍指揮」，然常法「刺配人不許揀填禁軍，以輕重相朋」，則廣東亦不得無罪也。

壬申，同呈洮西王瞻自密章渡過河，撫納邈川部族，有素相結約首領抹氈等三人，背約領兵拒官軍，有被殺傷者。遂收兵夜渡河，奪隘，得其餘歸漢，助擒抹氈等斬之，衆遂定。又畫到西番地圖，令進入。地圖殊未得實，以衆圖參照攢成，皆夔意也。夔又取唐朝古驛程，參照地理，亦與今地名不同，皆不可信。

涇原奏：折可適、姚古已領兵馬二萬赴築會州。減猥未畢功料，令雷勝、通判原州种建中繼成之。

再對，熙河部族兀泠投漢已十六年，近爲西人擒去，遂率其父攜家屬、鄰里二百餘口歸漢，乞補借職。上旨與奉職，仍支絹五十疋。

詔陝西、河東保甲，雖不經調發，並免冬教。以德意須經調發乃免〔九一〕，而近歲以邊事，例皆免放故也。

密院承旨司官，上、下半年詣倉庫點檢封樁錢穀，欲差太僕少卿趙屼，上欣然許之。是日，陳郎赴真定，早出。

癸酉，同呈河東烏龍寨、鄜延炭窑流賞功。環慶奏擒到監軍訛勃囉通析事宜。涇原走馬奏：「昨進築兩堡，得旨與特支。今止築一堡，未敢喝賜。」得旨「以昨進築，正是炎熱之際，特依已降指揮支給。餘一堡子，將來進築已秋涼，更不喝賜」。堡子舊無例特支也。

再對，梁從政申：「元豐七年朝旨，親事官教頭揀中親事官〔九二〕，依舊赴親事官營充教頭。諸營相去多遠，往來作過不便，乞別選教頭。」上云：「此誠不便。」余云：「雖是元豐七年指揮，乃因石得一申請，故從之爾。」上云：「此是當改。」余於紙尾擬定云：「欲依梁從政所申，元豐七年指揮更不施行。」上云：「甚善。」近歲姦憸之立朝者，多以元豐之法爲不可改，一有議論及此，則指以爲異意，欲以羅織善類，又或挾此以遂其私意。近科詔下有司檢近例，欲以國子監解名羡額，許開封府舉人就試，每十人取一人，而下狀者才三百人，所取多不及額解之半。宰執皆以謂：天下州郡皆得貢士，唯開封人不入學及一年者，不許應舉，恐無此理。蓋士人有且耕且養者，私計多不能入太學，及他處無户貫〔九三〕，獨不得應舉。衆皆以爲未便，獨左轄堅執元豐七年先朝已罷，不可改。同列自夔而下議論數四，終莫能奪。夔歎曰：「此豈先帝所爲！此時正是卞及舒亶、朱服輩力主此議爾。」聞者莫不然之。既而又聞諫官鄒浩亦上章極論，上亦以元豐已罷拒之，蓋先入之言也。卞自此專政益甚於前日矣。

甲戌，同呈熙河奏：接納到西蕃首領三百一十一人。

又奏：苗履已赴會州進築。

惠卿奏：「西人欲於舊界首約回人馬，遂以新定巡綽處柰王井諭之，尋即聽命。」

胡宗回乞免機宜李復衝替，特與權留在任理監當資序，仍繳納已得減三年磨勘指揮。

夔以爲太重，上云：「衝替私罪重〔九四〕，如此已復恩矣。」衆以爲然。

河東奏：七月二十七日，麟府、嵐石兩路並取七月二十七日進築河外四堡寨，同日下手。兩路共衆八堡寨也。

校勘記

〔一〕出赴普照齋　「普」原作「並」，按下文三月辛亥條、四月壬寅條、七月甲寅條等皆作「普照齋」，據改。

〔二〕俛　李燾續資治通鑑長編（中華書局校點本，以下簡稱長編）卷五〇七元符二年三月丁巳條作「跪」。

〔三〕卻引祥符二年王曉會食於客省　「會」原作「魯」，據上下文義改。按：王曉即王曙，避英宗諱改。王曙出使契丹事見長編卷七二大中祥符二年十二月乙巳條。

〔四〕便用國信所請絹　「用」，長編卷五〇七元符二年三月丁巳條作「關」，似是。

〔五〕罰金三十斤　「三」，長編卷五〇七元符二年三月丁巳條作「二」。

〔六〕徐云　「徐」，據上下文義，似是「佘」字之譌。

〔七〕河東乞招額外人　「額」原作「顯」，文義不通，而下文云「詔令每指揮額外更招三十人」，是「顯」當爲「額」字之譌，據改。

〔八〕還復疆土　「還」原作「遷」，按下文三月庚午條作「抽退兵馬，還復疆土」，是「遷」當作「還」，據改。

〔九〕令草答書及劄子與之　「劄子」原作「答子」，據上下文意改。

〔一〇〕人申北朝進到玉帶及真珠繫腰　「人」，據上下文義，疑當作「又」。

〔一一〕詔輪宿難議施行　「輪」原作「論」，據上文改。

〔一二〕比安西稍優　「安西」原作「西安」，據長編卷五〇七元符二年三月庚申條注引曾布日録改。按：宋史（中華書局校點本）卷八七地理志三：「安西城，舊名汝遮，紹聖三年建築，賜名，屬熙河路。」

〔一三〕將校轉員賜宣日　「員」原作「負」，文義不通，而下文三月戊辰條作「轉員」，是「負」當作「員」，據改。

〔一四〕以中使徐湜主之　「使」字原闕，按長編卷五〇五元符二年正月丁巳條有「入内内侍省、東頭供奉官、幹當龍圖天章寶文閣徐湜」云云，知徐湜乃中使，據補。

〔一五〕斷熙帥鍾傳張詢皆除名編管　「傳」原作「傅」，據長編卷五〇七元符二年三月乙丑條、宋史卷三四八鍾傳傳及宋會要輯稿（中華書局影印本）職官六七之二四改；「詢」原作「珣」，據長編卷五〇一元符元年八月壬寅條、卷五〇七元符二年三月乙丑條注改。下同。

〔一六〕歇泊假　「泊」原作「治」，按下文三月辛未條、四月丙子條等皆作「歇泊」，據改。

〔一七〕辭不獲免　「辭」原作「辟」，據下文改。

〔一八〕呈定州奏北事界宜　「北」原作「此」，據下句文義改。又，「北事界宜」，據上下文意似當作「北界事宜」。

〔一九〕同呈苗履出塞禽戮共五百餘人級　「履」原作「復」，按上文丙寅條有「熙河遣苗履出塞擾耕」，又宋史卷三五二有苗履傳，據改。

〔二〇〕更住數月亦不妨　「住」原作「任」，據下文「且更令住數月亦不妨」及長編卷五〇九元符二年四月辛卯條改。

〔二一〕十年分晝畢　「十」下原衍「五」字，據長編卷五〇九元符二年四月辛卯條删。

〔二二〕制勘蹇序辰　「制勘」下所有「所」，案蹇序辰非制勘所官，且此時正被制勘，據長編卷五一一元符二年六月己卯條删「所」字。

〔二三〕乞替换　「替」原作「贊」，據下文及長編卷五一一元符二年六月己卯條改。

〔二四〕張世永等築端正平　「永」原作「丞」，「端」字下原衍「平」，據長編卷五〇八元符二年四月己卯條删改。

〔二五〕制勘所取勘客省帳茶酒有王曉例　「客」原作「各」，據上文三月甲寅條及長編卷五一一元符二年六月己卯條改。

〔二六〕逐一子細根勘　「根」原作「報」，據長編卷五一一元符二年六月己卯條改。

〔二七〕合送還陷没漢官軍民　「漢」原作「誤」，據長編卷五〇八元符二年四月己卯條注引曾布日録改。

〔二八〕王曉例即不同　「即」原作「助」，據長編卷五一一元符二年六月己卯條改。

〔二九〕乞追搦范鏜等　「乞」原作「迄」，據長編卷五一一元符二年六月己卯條改。

〔三〇〕灑水平進築特支　「平」原作「王」，據下文四月己丑條及長編卷五〇八元符二年四月甲戌條改。

〔三一〕館伴所亦難以北朝白劄子内有南宋字　「子」原作「手」，據上文改。

〔三二〕新工部員外郎董必送吏部　「員」字原脱，據長編卷五〇八元符二年四月己丑條補。

〔三三〕必按衡州孔平仲奏常平違法　「奏」，長編卷五〇八元符二年四月己丑條、宋史全文（上海古籍出版社文淵閣四庫全書本）卷一三下作「糶」，似是。

〔三四〕恐難爲容　長編卷五〇九元符二年四月癸巳條作「似難爲使」。

〔三五〕余與同邇邈川路　長編卷五〇九元符二年四月乙未條作「喀羅、卓羅，密邇邈川路」。此處似有誤文。

〔三六〕嘗以謂但得北虜及青唐不警　「警」，長編卷五〇九元符二年四月乙未條作「驚」。下同。

〔三七〕賜河東新築端正平寨名曰寧邊　「端正平」原作「端正正平」，據長編卷五〇九元符二年四月乙未條删一「正」字。

〔三八〕是日早遣友端往　「友」原作「文」，長編卷五〇九元符二年四月乙未條作「遣御藥劉友端往」，宋史卷四七一章惇傳有「惇又結劉友端相表裏」云云，據改。

〔三九〕及執送自來作過邊土首領來獻　「邊土」，長編卷五〇九元符二年四月丙申條作「近上」。

〔四〇〕惇去意甚堅何故　「去」原作「云」，據下文改。

〔四一〕候進築南牟會成　「成」字原脱，據長編卷五〇九元符二年四月己亥條引布録補。

〔四二〕虜主今歲必於西京坐冬　「西京」原作「西安」，據上文三月己未條與四月丙子條、丁丑條改。

〔四三〕違者以違制論　「以」字原脱，據長編卷五一〇元符二年五月甲辰條引布録補。

〔四四〕乞與環慶蕃官慕化換漢官差遣　「蕃官」上原衍「歷」字，據長編卷五一〇元符二年五月丙午條删。

〔四五〕下荆湖北路監司體量　「荆」原作「京」，據長編卷五一〇元符二年五月丙午條注引布録改。

〔四六〕在王詔事未發前　「王詔」原作「王韶」，據長編卷五一一元符二年六月己卯條改。下文同改。王詔，宋史卷二六六有傳。

〔四七〕有辱君命　「有」原作「不」，據長編卷五一一元符二年六月己卯條改。

〔四八〕又白上　「白」原作「曰」，據長編卷五一一元符二年六月己卯條改。

〔四九〕今年春旱　「旱」原作「早」，據長編卷五一〇元符二年五月辛亥條改。

〔五〇〕莫但云不知　「莫」，長編卷五〇九元符二年四月癸巳條作「若」。

〔五一〕俟見文字草定　「草」原作「莫」，據長編卷五〇九元符二年四月癸巳條改。

〔五二〕不敢不自竭　原作「不敢自竭」，脱一「不」字，據長編卷五一六元符二年閏九月辛巳條補。

〔五三〕即陛下無繇知爾　「即」原作「耶」，據長編卷五一六元符二年閏九月辛巳條改。

〔五四〕豈有此事　原作「豈有此此事」，據長編卷五一六元符二年閏九月辛巳條删一「此」字。

〔五五〕令經營會州等處集築　「集」，長編卷五一〇元符二年五月乙卯條作「進」，似是。

〔五六〕後河中被雇者經密院訟保甲雇役七十餘日　「河中」原作「何申」，「訟」原作「訟」，「餘日」原作「余曰」，據長編卷五一六元符二年閏九月辛巳條改。

〔五七〕已令地分婉順止約去訖　「已」原作「以」，據長編卷五一〇元符二年五月丙辰條改。

〔五八〕與除放倚閣税賦及免支移折變　「折變」原作「拆變」，據長編卷五一〇元符二年五月癸亥條改。按宋史卷一七四食貨志上二云賦税「其輸有常處，而以有餘補不足，則移此輸彼、移近輸遠，謂之支移。其入有常物，而一時所須則變而取之，使其直輕重相當，謂之折變」。

〔五九〕以熙河洮岷通遠軍爲一路　「熙」原作「西」，據長編卷五一〇元符二年五月癸亥條及宋史卷八七地理志三、卷三二八王韶傳改。

〔六〇〕至十月鍾傳方進築汝遮　「傳」原作「傅」，據長編卷五一〇元符二年五月甲子條改。下同改。

〔六一〕西安州八月畢功九月班師　「八月畢功九月班師」原作「八日畢功九日班師」，據長編卷五一〇元符二年五月己未條引布録及本卷下文「又環慶奏進築之字平等處，亦令限八月以前了當」改。

〔六二〕余又云　原作「余云又云」，前「云」字顯衍，删。

〔六三〕皆嘗被遷擢　「遷」下原衍「官」字，據本卷下文同月甲子條及長編卷五一〇卷五一〇元符二年五月乙丑條删。

〔六四〕謂臣草麻日不曾爲開陳　「曾」原作「當」，據長編卷五一〇元符二年五月乙丑條改。

〔六五〕余又自外議皆謂朝廷今日大事　「余又自」三字詞義不明，疑爲「余又白」之譌。

〔六六〕乞後武臣提刑以備諸路捕逐群盜　據上下文義，「後」疑爲「復」字之譌。

〔六七〕次李巽知文州　據上下文義，「次」疑爲「以」字之譌。

〔六八〕中人李彀至密院　「彀」原作「穀」，按下文卷八乙亥條、辛卯條等皆言及李彀事，即此人，據改。

〔六九〕時下緩急修造　「時」，長編五一〇卷元符二年五月戊辰條作「作」。

〔七〇〕而劉何按舉王發又是違法　「按」原作「接」，據長編卷五一六元符二年閏九月辛巳條改。

〔七一〕蔡卞言不曾商量　「言」上原衍「云」字，據長編卷五一六元符二年閏九月辛巳條删。

〔七二〕夔又云劉何恐無若事　「夔又云劉何」五字原脱，長編卷五一六元符二年閏九月辛巳條稱「惇又曰劉何恐無若此事」，據此及本書上下文例補。

〔七三〕怒王發不合申陳保甲陪錢　「合」原作「令」，「錢」字原脱，據長編卷五一六元符二年閏九月辛巳條改補。

〔七四〕作王恩改防禦使　「王」字原脱，據長編卷五一〇元符二年五月庚午條補。

〔七五〕祇是要結正王發贓罪　「王發」原作「劉何」，據長編卷五一六元符二年閏九月辛巳條改。

〔七六〕同呈鄜延乞降差葉石悖也與崇班　「也」，長編卷五一一元符二年六月甲戌條作「七」。

〔七七〕如遣使齎到告哀謝罪表狀　「表」原作「奏」，據下文及長編卷五一一元符二年六月丙子條改。

〔七八〕奪溪哥城　「哥」原作「奇」，據長編卷卷五一一元符二年六月條、宋史卷八七地理志三改。下文同改。

〔七九〕催東兵裹衣赴軍前　「裹」原作「裹」，據上文改。下同。

〔八〇〕詔孫路減會州及北冷牟城寨地步　「北」原作「比」，據長編卷五一一元符二年六月癸巳條、宋史卷八七地理志三改。

〔八一〕朱服蹇序辰皆不當在侍從　「侍」原作「信」，朝野類要（中華書局二〇〇七年版）卷二侍從云宋時侍從，「翰林學士、給事中、六尚書、八侍郎是也」，據本條引上文，蹇序辰時官尚書兼侍讀，又據宋史卷三四七朱服傳，朱服時官禮部侍郎，兩人正屬侍從官，故據改。

〔八二〕今止築會州及北冷牟兩處城寨　「北」原作「比」，據長編卷五一一元符二年六月乙未條、宋史卷八七地理志三改。

〔八三〕延張守元　此四字語義不明，疑有脱誤。

〔八四〕又呈涇原禽獲阿埋都通一行人功狀　「阿埋都通」，長編卷五一二元符二年七月己酉條作「阿邁都逋」。

〔八五〕據溪哥城　「哥」原作「奇」，據長編卷五一三元符二年七月壬子條、宋史卷八七地理志三改。

〔八六〕然皆一百八十尺以上方及泉　「一」原作「二」，據本卷上文七月癸卯條改。

〔八七〕劉方以有年勞遷景福殿使　「劉方」，長編卷五一三元符二年七月甲寅條作「劉有方」，疑此脱

「有」字。

〔八八〕及先於潤州金山寺建薦慈塔　「潤」原作「澗」，案宋無「澗州」，而潤州有名寺金山寺，又據下文所云，知「澗」當爲「潤」字之譌，故據改。

〔八九〕臣所捨蘆場　「蘆」原作「薦」，與文義不合，且上文已云「買到江寧府江寧縣蘆場，永捨入金山寺」，知「薦」當爲「蘆」字之譌，據改。

〔九〇〕孫路此謀甚善　「善」原作「差」，然本條下文曾布「臣亦以爲當」之語不合，據長編卷五一三元符二年七月戊辰條改。

〔九一〕以德意須經調發乃免　「德意」，長編卷五一四元符二年八月壬申條引曾布日録作「德音」，似是。

〔九二〕親事官教頭揀中親事官　「中親事官」，長編卷五一四元符二年八月癸酉條作「中親從官」。

〔九三〕及他處無户貫　「户貫」原作「户實」，與上下語義不合，長編卷五一四元符二年八月癸酉條作「户貫」，據改。

〔九四〕衙替私罪重　「衙替」原作「充替」，案「衙替」乃宋時習語，本書上文六月癸巳條有「嗣徽降遥刺，衙替私罪重；……向綍罷帶御器械，降供備庫副使，衙替私罪重」，知「充替」乃「衙替」之譌，據改。

曾公遺録卷八

八月乙亥，熙河奏：招到西蕃部族。涇原奏：已於減猥鹽池增築一堡子守護。西人謂鹽爲「減」，謂窪下處爲「猥」。有鹽池長十里，有紅鹽、白鹽，如解池無異，可作畦種。涇原等路運判李譓見經畫蓄水，召解州畦夫種鹽。

次學士院諮報〔一〕：昨郭知章等所持國書〔二〕，是六月書詞，云「方兹隆暑」，今以十月往，恐合换書。余以謂郭知章等本以六月行，虜人約令十月過界，恐不可换。兼知章到相州，已曾奏北朝起發。上及同列皆以爲然，遂降旨便不改，止用舊例，俟進發日申密院付給。

丙子，同呈熙河五狀〔三〕，奏接納西番次第，仍云：「溪巴温未見其能得與不得青唐，未可應接，徐觀其事勢，隨宜措置次。」此夔意也。

再對，皇太妃殿中人鄧繼英，以殿閤當敘轉供備庫副使寄資。上云：「太妃殿恐非殿閤，不當寄資，但與併理磨勘可也。」

丁丑，同呈鄜延青領板精賞功。孫路奏：王贍收復邈川，乞建爲湟水軍。余以謂「才得邈川一處，便乞建軍，恐將來乞創置郡縣不一，非朝廷累降約束，令於邊防經久簡便可行及不得增廣邊費之意。此請未可從」。夔力欲從之，同列亦皆依違無定論。上云：「洮州須置州，恐亦須有合置州軍處。」余云：「洮州置州，乃臣所論。臣謂先朝以熙、河、洮、岷爲一路，今乃方得洮州；又先朝以熙、河爲熙河蘭會路，今乃方得會州，皆所以成先朝之志也。」上遂云：「若如此即一般。」余云：「不同。若以邈川、青唐皆置州郡，臣恐未易饋餉。孫路嘗云諭西蕃部云云：『一丘一隴地不要他底。』今創置州軍，官吏、將佐、兵馬戍守之費，皆須朝廷饋運應副，經久未易支梧。兼朝廷所少者非土地，一向貪荒遠之地，但疲敝中國爾。先朝創熙河一路，元祐之人皆以謂財力不及，可棄。今乃更於熙河之外創置州縣，豈易供給？」上云：「元祐之人云窮天下之力以奉熙河一路，又以爲可棄。此言皆不當，莫不足取。」夔、轄紛然以余爲非先朝而是元祐也。余云：「元祐之人以熙河爲糜費財力，不可久。臣於時政記中具道其非，亦嘗納陛下前，必記憶。臣今日之論，但謂於黄河之外青唐、邈川創置郡縣，則爲不便，非以熙河爲非也。兼夔嘗言：『得青唐、邈川，則如臣之説，置一都護總領，最爲穩便。』今若創置州郡，則自有知州、知軍，更安用都護？莫與從初開陳之語不同否？然此皆紛争之語，不足煩聖聽。臣以爲當俟一切撫定河南邈川之後，然後據地利緊慢，畫一措置，甚處係最要害，合建置州軍，甚處係以次，合差兵將人馬戍守，甚處祇令以本路首領心知向漢有力量者守把住坐。俟奏到朝廷，折衷乃可定。」

左轄云：「適三省論議，亦俱如此。」余云：「臣愚慮如此，亦不曾聞三省論議，亦不曾説與三省，但適方於陛下前開陳爾。」衆皆以爲當然，上亦稱善，遂依此降指揮〔四〕。

再對，余又言：「臣適及熙河事，蓋以爲先朝措置熙河如此，尚不免後人論議。今若於青唐多置州軍，廣增戍守兵馬，則未易供饋，何以免後人論議？臣於措置邊事，不敢不爲遠慮，故不敢詭隨衆人，望陛下裁察。」上頗欣納。是日，上及洮州不可不建州事，夔云：「曾布初不肯築會州，祇要築吧囉、淺井，亦如今日事。」余云：「臣不曾言不築會州，不知在甚處説？有何人見？」夔云：「蔡卞以下俱見。」上目卞，卞云：「不記得。」余云：「如此，是臣無此語。當時經營靈平、平夏，即有築天都及會州之意；及鍾傳築淺井，便議黜逐，皆臣首建議，何緣有不築會州之語？」夔默然。

再對，余又言：「初引章楶作帥是李清臣，陛下必記此事。」上云：「記得。」余云：「初命章楶作秦帥，楶願就涇原，乃是欲經營天都之事。臣亦以此丁寧諭楶，令次第經營。楶既到官，是年春遂興此役，臣何緣有不築會州之語？今孫路與王贍争功，衆論猶以爲非。楶在廟堂，卻欲爭占進築會州不出他人，是出己意，此與孫路何異？如此豈不取笑中外？」上極哂之。余又對三省言：「臣向曾言西事，欲且畫河爲界，章惇以臣爲雜賃院子裏婦人之語。今日又自天都、會州遂收斂邊事，惇亦稱善。昨罵臣時，三省所共見。」衆皆默然。余又云：「臣得事陛下已五、六年，前後議論無不可復，卻不似他人，一日説得一般。」
上笑而已。

是日，再對，令張世永再任。

戊寅，同呈涇原進築減猥畢工，賜帥臣以下銀合、茶藥。

再對，令熙河依界道圖樣，以十里爲一方，以見今城寨等地名〔五〕，考尋古驛程相去地里，畫西蕃圖聞奏。

河東奏：朔州同知爭賈胡疃事宜寧息。北人自去歲欲遷東偏頭税場於賈胡疃，徑入久良津買賣。朝廷以創改事端，令邊吏移文拒之云：「久例於東偏頭村往來買賣〔六〕，難議創行改移。」後數移文至，不肯收受。又於賈胡疃創建税場屋宇，及開石牆越漢界，於天澗及黄河取水，至以兵仗擁護取水人過界，射傷巡卒。林子中日一奏，以爲北人恐因此生事，又云欲以黄河分水爲界，又云聚兵數千，欲據界取水。朝廷亦令折克行相度應接。余數諭子中，以爲探報皆虚聲，建税場、破石牆、過界取水，皆同知者麄暴妄作，不足恤。子中憂恐不已，既而果無事，仍奏云：「更不發日奏。」上亦哂之。

是日未時，皇子生。

己卯，同三省外殿致賀，上亦遣近璫宣答，皆再拜。既對，面慶，皆以爲此宗社大慶。

上亦喜，仍云：「兩宫尤喜。」衆云：「非獨兩宫，此天下所共慶悦。」

是日，遣御藥蘇哇告諸陵；又遣執政、宗室、近臣以十二日告南北郊、太廟、社稷、高禖；又遣蔣之奇、葉祖洽以十七日奏告諸陵。又以十三日賜龍喜宴。又以十日夜鎖院降德音，四京、諸路流罪已下並放。

再對，余因言：「天下安寧無事，邊鄙罷兵，今元子降生，則太平之福可謂具備，此宗社非常之慶。」上亦喜見於色，遂及中宫事。

是日，同呈戒孫路措置青唐事。

庚辰，旬休。庚辰，賜包子稍增於前日。

是夕，鎖院。

辛巳，同呈河東築四堡寨畢功，賜帥臣以下銀合、茶藥。

環慶築葫門、三岔畢，亦賜茶藥。

賜涇原減猥寨名曰定戎〔七〕，環慶葫門寨曰寧羌。

苗履申：築會州川口興功三日，孫路移文令移兵於比娘原進築，而比娘原地形險惡枯燥，不可建州，履不從。得旨：孫路候進築會州了日取旨。

又以金部員外郎許幾押伴西人。

又詔洮西王瞻等收復邈川城，軍兵與特支。

再對，北虜報今冬於西京雲仲甸受禮。自去冬探報，果不虚。近詔以三十日龍喜宴。是夕，令中書别選日。

壬午，造朝，未及下馬，閤門報前、後殿不坐。遂與三省會於都堂。上遣御藥劉瑗傳宣云：「别無事，祇爲飲食所傷，服動化藥，故不欲出。」瑗亦云勞動。遂入劄子問聖體。各赴局，至未時出。已而傳宣開封府，寺觀三日，以癸未爲休務。再入問聖體劄子。

甲申，赴崇政朝，至横門，傳宣：「爲氣力未完，不視事。」又同赴都堂。少選，劉瑗來宣云：「昨日方動化，已無事，祇爲氣力未完，來日與卿等相見。」遂再入劄子問聖體。各赴局，未時出。

乙酉，同呈涇原奏：「減猥與打繩川分畫地界，事干兩路，議論不同，乞斷自朝廷。」詔以打繩川係熙河路合進築處，令熙河管認地分。

再對，免河北被水保甲冬教。

是日，二府同問聖體，不拜。上諭云：「以飲食所傷，服孔元軟金丸動化，耿愚進理中丸之類，初覺吐逆，多痰涎，每吐幾一盞許，今已寧帖。但不喜粥食，心腹時痛。」衆皆云：「服理中丸之類已當，更當精加調護。」

再對，上諭以「全未能進粥食」，余云：「近經服藥，再傷動化，固須如此。然不可勞動，自延和至崇政甚遠。」上云：「亦不妨，欲更一兩日後殿視事。」余云：「更三、五日亦無妨。」上云：「不妨。」

是日，見謝辭及上殿班並隔下。

是日，議罷孫路熙帥，未果。是日，傳宣十六、十七日後殿視事。

丙戌，同呈王贍申：「經略司勾追河州，宗哥首領方乞歸漢，已遣使臣部五十餘騎往據宗哥城，而經略不肯應副兵馬，恐溪巴温旦夕入青唐。」遂得旨：孫路知西京，胡宗回帥熙河，高遵惠帥環慶。青唐既亂，溪巴温入溪哥城。王贍首經營招納，遂度河入邈川城。孫路欲掩其功，乃令王愍申云：「經略司指授方略，令前去邈川招納。」仍令王贍一聽王愍指揮，既而卻攙王愍歸熙州。今又以將官馬用誠、李忠招納邈川部族，遣王贍歸河州撥發糧草，蓋欲歸功經略司而逐贍，使不得與事。朝廷察其爲姦欺，累降旨令專委王贍經畫。詔旨未到，聞路前後指揮不已，乖錯日甚一日。夔初主之，數與余争論，既而理屈，乃云：「章縡曾言，孫路對人多不語，及獨坐即自語言，如病心狀。」余對三省，亦嘗以此語奏知。是日，上云：「孫路果是失心。」夔亦力毀短之。再對，上又云：「孫路如此，須行遣。」余云：「賴瞎征、溪巴温相持未決〔八〕，故遷延反覆如此，未至敗事，不然，豈不誤邊計？」

是日，得旨，以二十二日大宴。同三省問聖體，上云：「祇是全未喜粥食。」衆云：「氣未和，食不可强。」

再對，上亦再三顧語如初。

丁亥，同呈河東築八堡寨畢功，再賜銀合、茶藥一次。

王瞻以招納到西蕃部族不少，已收復邈川城，特與復禮賓使〔九〕，候旨，置青唐等事了，别無違戾差失，更優與推恩。

左轄言：「高遵惠以元祐中言事可采，詔還户部，未幾又補外。朝廷雖以擇帥故，不得已令去，外議但云遵惠以攻賈種民忤執政，故逐去。」上云：「别有何人可差？」夔云：「亦曾商量，無可帥者。」余云：「若稍加旌寵，足以解衆疑。適亦與三省議，且與改龍圖閣待制亦可。」右轄云：「亦祇是待制。」上云：「與寶文直學士。」左轄云：「甚好。」上云：「與龍圖閣直學士亦不妨。」衆皆以爲好。余因言：「遵惠進職，則胡宗回不可不除職。宗回築五城寨，昨復待制，祇速得兩月。」上顧衆執政云：「合與否？」衆默然，唯夔與鳳云：「當推恩。」遂除寶文直學士。

是日，有旨，十八、十九日後殿。

戊子，同呈差姚雄知會州、姚古權鎮戎軍。賜河東八堡寨名，曰大和、彌川、寧河、通秦四堡，各附四寨爲名。夔是日不復問聖體。

再對，余獨問上云：「皇子誕降已旬日，中外慶喜。」上云：「閭巷之間亦皆欣悦，今日已十日，極安帖無事。」喜見於玉色。

己丑，同呈鄜延奏繳宥州牒本云：「人使未見赴闕，已是疑阻。又諸路修築城寨〔一〇〕，虜掠人口未已，請止絶。」延安答以「諸路進築，係西夏作過已來先得朝旨，本路難議移文止絶。人使已於二日赴闕，候到朝廷，必有處分」。

割安西城以北六寨隸會州。

吴靖方改右班副都知。

章楶乞致仕，候來春取旨，仍劄與照會。

熙河苗履奏：「硬探人殺仁多洗忠，斬首不及，爲西人奪去，但得其所乘驄馬及器甲等。洗忠乃保忠之弟，挺身出戰，爲衆所殺。」

再對，再問聖體，上云：「今日已喫軟飯，食亦未美。」余云：「二十一日六參官起居，恐久坐，若改坐常朝甚便。」上云：「甚好，甚好。」

庚寅，旬休。

辛卯，同呈惠卿奏：乞許西人依例遣進及行弔祭。令奏聽朝旨〔一一〕。

孫路又奏遣王愍赴宗哥。詔專委王贍，令王愍就近照應。上云：「孫路真失心也。」以余言「路方自河州帶王愍歸熙州，今卻遣赴宗哥，未問害王贍，措置如此，豈不疲敝兵馬？」上故有是語。

再對，呈廣西宜州事宜。上云：「桂師程節亦尋常〔一二〕。」余云：「誠如聖諭，廣州柯述亦常才，大約所在之人爾〔一三〕。」

是日，改常朝。

壬辰，赴集英龍喜宴，榜曰「元子誕慶排場」。排場名乃學士所命，識者頗嗤其鄙淺。天顏甚悦，中歇，遣使賜從官以上羅花，二府、親王別賜小花五十枝，花甚重，殆不可勝戴。再坐，遣御藥勸二府、親王酒，飲必釂，仍每盞奏知。既退，遣御藥劉瑗押賜對衣、金帶、鞍、轡、馬於都堂，製作皆精。對衣皆造成者，有紅羅繡抱肚、白綾袴、黄綾襯衫、勒帛紫羅公服各一，金帶、笏頭并魚袋全工巧，殊勝私家所造者，夔三十兩，餘執政二十五兩。繡鞍并鞍子亦繡鍍金鬧裝，夔八十兩，餘七十兩。馬皆次御馬，有鞍架、鞍帕。又各賜銀一合，夔三千兩，餘二千兩。二十四日，乘所賜鞍馬，服衣帶，同二府曲謝於殿上，夔致詞。先是，劉瑗傳宣不許辭免。又面謝以慶賜非所敢當，兼宣諭不敢固辭。上亦慰勞再三。是日，聞親王亦有此賜，四王遂陳所賜鞍馬歸第。

癸巳，歇泊。

壬辰，各面受劉瑗謝表。夔書送二百星，余百五十星，從人錢三十千，騎馬直以下等第給錢。

甲午，同三省曲謝訖。

同呈熙河王瞻等奏事宜。

又呈孫路奏：前後招到西蕃大小首領、蕃僧等三千餘人。

又苗履奏：會州城去河三百餘步，矢石不及，不可繫橋。又河中有灘磧，自中灘至河北岸五里，懸崖陡岸，無可置關之地。

又河東奏：乞建葭蘆爲軍。詔以葭蘆寨爲晉寧軍，以知軍爲嵐石路沿邊安撫使，兼嵐、石、隰州都巡檢使，石州知州更不兼都巡檢，知軍以下聽經略司奏舉，一次置通判、職官、都監、曹官、主簿共六員，所省廢沿河津寨官十八員。今晉寧并八堡寨置官十九員，所增者知軍一員而已。嵐州減通判、職官各一員，故除大和寨、堡隸麟府路，餘六堡寨并神泉、烏龍、吴堡皆隸晉寧。

是日，以宴罷謝宴，多一拜失儀。

再對，奏事訖，曲謝，上旨不拜。又諭：「昨日所賜，皆後苑作製造。」余謝曰：「屢賜優異，眷遇如此，何以報稱！」上甚悦。

又進呈隨龍人取旨推恩，上語及劉惟簡，極嗟惜之。余亦言：「臣在高陽，惟簡作屯田都監，嘗聞其言陛下踐阼之日，扶持擁護皆是惟簡。」上云：「誠如此。馮宗道是時差出，卻不與此事。」

乙未，王贍奏：「瞎征有蕃字來，乞歸漢，要職官。及蕃官温玉等申，瞎征已披袈裟爲僧，心牟欽氈等以三百騎迎溪巴温父子入青唐城。瞎征蕃字已移居青唐新城裏，印亦掉在舊城裏也。」安惇言：「青唐邊事，不可令一人獨有之，須分隸首領，則久遠易制。」乃夔所論爾。上云：「記得莫是。」余云：「朝廷固欲如此措置，然溪巴温未定，恐未能如意爾。」衆皆默然。是日，以諸路築城寨了當，吕惠卿移鎮，林希改資政殿，仍遷太中大夫，孫覽復寶文閣待制，與小郡。上云：「孫覽祇恐人言未已。」初欲止與轉官，既而令與復職。

鄜延奏：宥州牒西夏欲以國母亡，遣使遺進。惠卿言：「西人恭順不虚，乞與接收，及行弔祭之禮。」詔令受宥州牒，諭以候奏得朝旨牒報次。

又促熙河相度築打繩川。

再對，呈隨龍人馮世寧、藍從熙各與遷遥郡觀察使。余云：「都知皆遥防，押班遥察，恐不順。」上云：「此兩人皆在朕産閤祗應，與他人不同。」劉瑗已寄皇城使，與遥刺；郝隨已遷遥刺，更與減三年磨勘；韓濟與通事舍人；餘各轉一官，諸色人轉一資。亡没者馮宗推恩。

道與有服親轉一官，劉惟簡與白身人一資恩澤，各賜絹。石、璘、武、球、考、弼等六人更不

上旨，又令檢會劉惟簡已贈官取旨。

又言：「吴靖方久在前省，合與遷後省。」仍云：「先帝曾任使。」余云：「先朝與梁從政同列在前省，誠已歲久。」上又云：「每語及先帝，即流涕被面。」余云：「此衆所共知，乃出於至誠也。」上云：「待批出於後省。」

上又言：「中書舍人闕，殊未有可除者。」余云：「以次補，則起居郎、舍人皆當遷。」上云：「周常近方除，孫傑如何人？」余云：「職事亦頗振舉，但未知文采如何爾。」上云：「論賈種民事亦皆當。」余云：「高遵惠論種民事亦當。」上云：「遵惠亦補外。」余云：「臣初欲引爲都承旨，如遵惠詳熟曉事豈易得？」上問：「誰可帥者？」余云：「實難得人。孫覽恰復職，又未可便擢。」上云：「且候。」余又言：「詞臣尤難得人。如前日龍喜宴，朝廷慶事，樂詞無一堪者，不足以稱揚朝廷慶賀之意。」上云：「殊無可道文字，極少，祇數句爾。」余云：「祇如皇子慶誕，降一德音，乃與四方同慶，詔語亦殊不足稱副盛事。」上大笑，極以爲然。因言：「蔣之奇如何？」余云：「之奇文字雖繁，然卻有可道，亦時有好語，非蔡京可比。」上云：「蔡京誠不可比之奇。」余云：「何以逃聖鑒！」因言：「文學之士雖爲難得，然以天下之

大，文物鼎盛之時，豈可謂無人？但以執政好惡，人材隔塞者多。如陳瓘輩，文采作舍人有餘，然執政不肯〔一四〕。陛下向排衆論，擢葉濤、沈銖等，莫不稱職。今如濤輩，未見其人。」上云：「郎官中有能文者否？」余云：「三省所稱，但如葉棣輩爾。」上云：「鄧棐如何？」余云：「臣不識之，亦不知文采何如。昨舍人闕，三省用劉拯權，及制詞出，取笑中外。」上又問：「劉逵如何？」余云：「如逵人物，亦恐可進擢。陛下以中外闕官爲念，誠今日急務。祇如陝西、河東、河北三路皆闕提刑，陝西止有孫賁一員，又以體量到三路皆冬教保甲之處〔一五〕，豈可全闕？又如淮南兩轉運使俱罷〔一六〕，亦不除人。如此，諸路豈不闕事？望更留聖念。」上再三然之。因言：「王發訟劉何事，一一皆實，并孫賁皆將默責者。提刑不過於運判、提舉官、省郎、府推判官中除，想亦不至如此難得也〔一七〕。」

是日晚，批出吴靖方除入内副都知。又得旨：令具馮世寧、藍從熙除押班歲月。亦將遷也。既進呈，上云：「已遷遥察，更不須遷。」余云：「兩人者歲月亦皆未及，兼有著令，觀察使以上止得改使額，謂横行也。不得更遷。如有特旨，亦須執奏。」上又問：「吴靖方文字已行否？」余云：「亦有著令，入内都知、押班通不得過四員，然近馮宗道未卒時，已是五員，以此更不敢奏稟。」上云：「先朝任使之人，不可不遷也。」

丙申，同呈環慶奏張誠以下冒賞將佐。得旨：蕃官與免降資，借職以下依熙、秦冒賞人例，以殿侍、軍將、效用等名目降資。

再對，劉惟簡以隨龍，特贈節度使。

自乙未，夔連日留身奏事，是日，有三劄子留御榻上。上顧余曰：「滿月在近。」余未諭旨，但稱慶而已。又問以何日爲滿月，上曰：「用七日。」蓋京師俗禮，云男子縮一日故。

是日，夔以惠卿移鎮赴宣麻，余詢兩省云：「夔連日留身，今日又留三劄子，何也？」沖元笑云：「必是大差除。」余云：「莫是薦士否？」元慶云：「非也。」余默思之，蓋議中宫爾，故有滿月之問。

是日，禁中有宴，後殿視事。内侍會計二府，欲減進呈文字。

丁酉　同呈王厚申：瞎征、心牟欽氊等皆有歸漢之意，得王愍、王贍兵馬早到，則青唐旦夕可定，乞降招納例物。而王贍十五日奏云已到邈川，而王愍先馳五十騎往宗哥城，云「愍與西蕃人情不熟，萬一人情未順，不可退縮，乞詳酌指揮」。又云：「瞎征、心牟欽氊等昨累遣人欲歸漢，既而孫路令贍歸河州，卻聞心牟欽氊與契丹、夏國公主已遺馬二匹，一載虎皮、蕃語謂之蟲虎。錦袍綵服，一載鬧裝鞍轡，往迎溪巴温、隴拶父子入青唐，人心已是中變，見招納次。」孫路又奏：乞錦襖子千領，銀帶一千，交椅、涼傘二百。詔令户部如數製造，差使臣押送經略司，并指揮王愍依十九日指揮，就近照應王贍，不得違越誤事。又令以賞格招納瞎征等，瞎征與舊官，溪巴温與瞎征一等推恩，心牟欽氊等與正任刺史，賜銀、絹、錢各三千，餘以次與遥郡、諸司使副、崇班、侍禁等，賜金帛亦有差。

再對，余因言：「昨日蒙宣諭皇子滿月，臣倉卒間奏對有所未盡。皇子降生，嬪御例有恩命，聖意必已素定。」上笑云：「已令三省檢故事。」余云：「陛下欲有所建立，當從中出。不知所檢故事如何？」上云：「須上表。」余云：「宰臣率百官上表乞立后，此有典故，不須檢。陛下若以元子故欲加册命，則春秋之義，母以子貴。又祖宗故事，章獻以仁宗爲己出，亦遂建立。」上云：「章獻乃是假託，真廟以此故册立，仁宗亦不自知。」余云：「章獻上仙，仁宗年二十四，尚未知非其所出。今日於義理典故，皆無不可。然出自中詔，或出兩宫，或付外施行，皆須素議。以臣觀之，不若稟兩宫，降手詔以告中外，於義爲順。」上云：「卿之言大是。」又云：「真廟當日無母后可稟。」余云：「臣亦嘗再三思之，非稟兩宫不可。」上云：「極是。」余又云：「臣嘗言祖宗逮事皇太后者無幾，若逮事皇太妃〔一八〕，乃近世所未有，此皆朝廷盛事也。」上又問：「真宗母是元德？」余云：「元德上仙，事亦草草，初藁殯於普安，及真廟登極，方設幄殿，歲時遣中人行祭享之禮。及祔定陵，啓殯宫，而中有紫藤纏繞梓宫，去地一、二尺，此神物護助也。至慶曆中，乃克祔廟。」上甚悦。

是日，以三省斷河北路分都監石舜臣特勒停、展三期敘太重，欲與免展期敘，上欣然從之。軍頭司權官乞罷，余云：「宋深不久出使，恐不須罷。」上亦以爲然。因言：「宋深生疏。」余云：「郭知章深病之，至欲免行。」上云：「亦來此說。王殊可使否？」余云：「殊固可使，但恐已開報北界，重於改易爾。」上云：「祇與戎飾。」余云：「卻降一聖旨戒約，必不敢不悛。」退以語三省，皆稱善。

晚，見沖元，因言：「大差除已行矣。」尋問之「當以何日上表」，沖云：「夔數日空勞攘，上乃云自有故事。夔卻令中書檢故事，答以不敢，且令他自檢閲亦不可，説與實録中事稍不當，即相誣賴也。」余云：「上表乞立后，無所指名，有何不可？夔不唯勞〔一九〕，兼祕密不肯使他人與同〔二〇〕，尤可笑，不知他人已先聞之矣。」

戊戌，假。

己亥，旬休。

是日，以大名棺柩已施丹漆，欲出城祭告，而底板有未漆處，未可告，遂止，以俟後旬。

九月庚子朔，朝崇政。授衣節。同呈會州進築畢，賜苗履以下銀合、茶藥。慕容將美令引見上殿。

再對，改比較諸將殿最法。舊法通一路比，不計分數，以最多者爲最，少者爲殿。有一路應最者，分數卻在別路應殿者之下，假令一將九分爲最，即八分者亦不被賞；若分數俱少，則二、三分者，亦須取一將爲最，皆減展二年半磨勘，殊未平允。遂立法，馬軍六分、步軍七分以上遞減磨勘，不及六、七分者遞展磨勘，雖不該殿最，而理須懲勸者，臨時取旨。因爲上言：「元豐法未盡，恐不可不改。」上欣然從之。孫路已替，胡宗回未到。是日，夏國訃告謝罪人使見。

夔及右轄近數議，欲令開封府舉人應舉以太學羨額解人。而左轄云：「元豐七年已罷，不可使。」遂無敢啓口者。余知上睿明，理有可陳，若敷敘明白，無不從者，亦未嘗以元豐已行之法爲不可改，但怙權挾偏見者以此語劫持衆人爾。夔亦嘗云：「科場事理，豈先帝所命，正是卞及舒亶、朱服之徒建此議爾〔二一〕。故今日藉先朝爲説，以拒衆論。」衆亦以爲名言。其他政事若此者，不可悉數。是日，中批以劉拯權禮侍，曾旼少常。

辛丑，同呈河東沿邊安撫司奏：北人打圍，不依例牒報。以下代州定牒本，尋指狀内所陳，止慶曆、熙寧中有例，元豐亦不曾牒報，俟定到牒本取旨。

次西驛申：夏國使、副問押伴許幾云：「本國有謝罪表，不知朝廷有何指揮？」乞申兩府。幾答以不敢承受。

再對，差曹評北虜生辰副使〔二二〕，李希道正旦副使。

又詔：禁軍犯罪，除班直外，密院批降指揮，移降特配，更不取旨。

是日，聞三省已上表乞立后，鳳云嘗諭夔云：「此大事，當與西府同之。」夔不聽。

壬寅，宣仁忌。

學士院史來，賜三省乞立后答詔。

是日，聞議定賢妃爲后，兼以初八日降制。

癸卯，同呈回夏國詔本，兩府同命詞於景靈，亦余所請也。余又言：「告哀詔未答，亦止令兩府命詞。」上然之。尋撰詞進入。

安惇奏：乞擢西蕃歸順子弟爲將領。上問云何，衆皆云不曉。右轄在殿廬首笑其所請，衆亦皆訝其强聒也。

又詔：夏國使、副八日朝辭，十一日進發。

再對，因言：「臣昨日在景靈見三省答詔，臣初以謂宰臣當率百官上表，既而密院亦不與聞。」上云：「三省言故事如此。」余云：「此事斷自聖意，若聖意所欲，三省無敢不奉行之理。若非聖意，豈三省所可議及？」上云：「此固非大臣所可建議。」余云：「然則三省亦不足爲功。」上亦哂之。余云：「此事當稟兩宮，從中降詔，乃爲得體。」上云：「已稟兩宮，皇太后甚善。」余云：「聞已擇日降制。」上云：「八日吉日已定。」王瞻以書曰，夔云然。

甲辰，從駕恭謝於醴泉觀。午後，宣坐，賜酒五行，作樂，未正罷。申初還内。日賜酒果。是日，賜小團密雲，又賜香藥。

丙午，歇泊。

丁未，同呈熙河路奏：瞎征出漢至邈川，已差人引押赴經略司。又王贍稱：孫路遣李澄等帶邊廝波結往山後攻討，擒郎阿章，搔擾部族。詔胡宗回體問虚實，及李澄等可與不可留山後，又可與不可令聽王贍指揮措置，仍具聞奏。

又令許幾答西人，以回詔中已有指揮，候施行訖，令進誓表。

又令鄜延依詔旨回牒宥州照會。

再對，因賀上云：「今日皇子滿月，中宣制，朝廷慶事何以如此！邇來天意助順，邊事就緒，西夏哀祈請命；青唐不用兵甲，幾於俯拾。以至乘輿遊幸，繼日晴霽温暖，次日便大風慘。」上笑云：「昨日卻是蔣之奇當制，兼宣召面諭。」又云：「蔡京奏言語不得。」余云：「此不可强。之奇必稍稱旨，然手詔之意，不可不知。」上云：「昨日已面付與。」余云：「如此甚善。」上手詔云：「浴稟兩宮，皆以爲宜立賢妃劉氏爲后，朕祗奉慈訓，即頒禮命故也。」上又云：「西人未嘗如此孫順。」余云：「誠如聖諭。元祐中固不論，元豐中表章極不遜，未嘗如今日屈服也。」

前一日，上降手詔付三省，余亦不聞，至造朝及殿屏，惇方出笏記相示，因相率同於殿上草賀。是日，宣制。惇自初議，凡五日留身，衆皆哂之，唯恐他人之與聞也。左轄初以不平，鳳曉之云：「何可得他如此。」轄亦釋然。是日，以夔、鳳爲押册使、副，攝太尉、司徒，左轄撰册，又書篆册寶。

戊申，重九。

己酉，旬休。欲詣普照祭告，又以雨淖及腹痛，未果行。

庚戌，同呈河東修八堡寨，轉運司官賜茶藥、銀合。鄜延乞廢丹頭寨，從之。

孫路奏：苗履申會州未可置橋閘。

安惇劄子：「乞教習保甲月分，差官按試。」余因爲上言：「保甲固當教習，然陝西、河東連年進築城寨，調發未已；河北連併水災，流冗未復。以此未可督責訓練。」上云：「府界莫可先行？」余云：「熙寧中教保甲，臣在司農，正當此職事。是時諸縣引見保甲，事藝精熟。」夔云：「多得班行。」余云：「止是得殿侍、軍將，然俱便差充巡檢司指揮使。以此，仕宦及有力之家子弟皆欣然趨赴。及引對，所陳皆良馬，鞍轡華楚，馬上事藝往往勝諸軍。知縣、巡檢又皆得轉官或減年。以此，上下皆踴躍自效。然是時司農官親任其事，督責檢察極精密，縣令有仰令保甲置衣裝之類非理搔擾者，亦皆衝替。故人莫敢不奉法。其後，乃令上番。」上云：「且與先自府界檢舉施行。」左轄云：「但於先朝法中稍加裁損，無不可行之理。」余云：「如此甚便。容檢尋文字進呈。」

次再對，以曹評爲生辰國信副使。

辛亥，駕幸芳林園〔二三〕，奠宗瑗環婦，以雨不果出。三省奏事崇政殿，余以疾在告。

是日，王贍奏：心牟欽氈已於八月二十八日迎隴拶入青唐，未及差人防守，候有機會收復青唐。夔以簡見諭，稱上旨令便遣苗履、康謂、李澄選兵馬，以重兵入取青唐。余未答，又草定文字，遣院吏持下欲便行。余以謂先降指揮招隴拶及心牟，當且多方遣人招來，候其不聽命，然後加兵未晚。夔不能奪，遂依此行下。

是夕，雨未已。

壬子，同呈十二日降聖旨。余因言：「青唐事首尾爲孫路所誤。初謀取青唐，未嘗奏聞朝廷〔二四〕，及有可取之理，又與王贍争功，卻沮撓其事，遷延至於隴拶已入，致使朝廷議用兵，皆出於不得已。今日之事，使隴拶可以招來，或留苗履輩用兵，便能一舉而成功，則皆朝廷之福；若萬一蹉跌，青唐未可舉，爲之奈何？熙河兵連年出入，不勝疲敝，若頓兵絶塞，未可解嚴，則人情反側，何以彈遏？若便抽還兵馬，則河南邈川非朝廷有，是又生一敵國也。以此言之，孫路之罪，殊不可勝誅。」夔云：「隴拶小兒無能爲，乃心牟欽氈妄作爾，必旦夕可了。」余云：「兵家勝負不常，何可必！章惇嘗言青唐精兵可二十萬，今朝廷三分有其二，彼尚有七、八萬衆〔二五〕，我以數萬兵欲必取之，未可易言之也。今已降詔降指揮，若便出降，則豈不勝於用兵也！」上云：「孫路須重貶。」惇亦云：「須重行。」上云：「如鍾傳處置可也。」

是日，以張世永知晉寧軍，爲嵐石沿邊安撫司兼都巡檢使，張構河西軍馬。熙河走馬裴震奏孫路與王贍不和，上以其奏報稽緩不當，特罰銅二十斤。

再對，上又及孫路事，語如前。阮易簡以嘗言熙河、秦鳳奏首級不實，已改三官，候轉出日，與升擢差遣。

癸丑，同呈邊報：河東奏以嵐、石、慈、隰隸嵐石路，餘隸河東沿邊安撫司。從之。

甲寅，同呈河東經略司乞更不牒問戎主近邊打圍。從之。戎主以今秋至西京沿邊打圍，去代州邊境止十里至五、七里。知代州王崇極言：慶曆中，戎主西山打圍，嘗牒報河東，令勿驚動。今乃不牒報，乞移文取問。而熙寧、元豐中亦嘗於此打圍，不曾報，亦不曾問。嘗以此諭并帥，故有是請。

是歲，北虜於雲中甸受回謝生辰、正旦國信禮。

熙河奏：西賊犯南崇堡，已退回。

再對，依阮易簡陳請〔二六〕，諸路走馬奏計，許帶當直兵士一半隨行。

乙卯。

丙辰，以病腹散在告，上遣中人徐湜賜食宣問，又遣醫官孔元來診視，仍傳宣：不作宣醫，自是遣元來。元云：「上淩晨御欽明殿，醫官隨都知押班以下起居，上即遣御藥來問布安否，又遣中使趨使到西府，又遣人問服何藥。」尋具劄子稱謝。元云：「中人皆動目，云上眷何其厚也！」

丁巳，同三省對，上問勞甚詳。

同呈夔州路走馬程允武信，言轉運司差人吏根括地土不便。以奏報後時罰金十斤。

吕惠卿奏：乞以回降夏國詔旨戒諸路邊將，非西人作過，不得出兵過界。從之。

賜熙河路修築東北冷牟寨畢工，賜銀合、茶藥。涇原乞曲悦禮免解，從之。

慶州禽到監軍訛勃羅，以二十三日引見，仍付大理寺，暫免檻車鈕手匣脚，散禁，至日以檻車載至東華門，出以白練曳入崇政殿廷，得旨貸命，即釋縛送都亭西驛安下。

戊午，同呈隴㧈出漢與瞎征一等推恩。上初疑太重，衆皆云：「不緣隴㧈争立，則瞎征豈肯出降？兼隴㧈乃董氈之姪，是當得青唐者，固不在瞎征之下也。」上乃從之。

再對，令吴安憲體量定州奏軍城寨捕盜官爲北賊殺傷〔二七〕，司理院勘逾年不決，及安撫副使李琉中本非鬬敵，悉爲北虜擒虜，驅掠殺傷，乞先次衝替。具元奏有無不同、不盡事理聞，仍別選官，惟勘捕盜官，並先次銜替。

己未，旬休。自十八日雨，放朝參，迄今未已。

庚申，同呈邊報，回謝泛使令閏月十九日進發。

再對，罷黜院吏周信之。新知乾寧軍王价上殿劄子，乞修唐波。上云：「人才尋常。」

辛酉，呂惠卿繳奏宥州牒，遣遺進使、副。詔以夏國自知梁氏係有罪之人，難議收受遺進及行弔祭之禮，以國主能悔過謝罪，已降詔候遣使進納誓表，特與收接。令牒報宥州照會。又乞以回詔先關報宥州，從之。

壬戌，以大雨罷秋宴。二十四日，又罷引訛勃囉〔二八〕，以二十九日見。

同呈陝西、河東修置烽臺、巡綽處，令速疾了畢。

又令王厚同王瞻管勾青唐招納事。

再對，閻安許以勾當御藥院、皇城司歲月減殘零年月磨勘，改宣政使。是日，中批正言鄒浩除名，新州羈管。

癸亥，太師忌，不入。

甲子，同呈東北泠牟城寨賜名新泉〔二九〕。

王瞻乞差將兵及差中使招納，顯屬違越，特罰銅二十斤。

再對，賜賈巖妻冠帔。故事，管軍初除，得陳乞冠帔三道，元祐五年罷之。巖妻當以二十七日入賀册后，因自陳，故特賜。元祐指揮更不施行。

乙丑，習册后儀於文德殿。雨未已，得旨令習庭下及廊上儀，又設幕幄以覆宫架。習儀畢，復大雨。

中批：吕嘉問削一職，罰金三十斤。

丙寅，皇帝御文德殿發册，章惇、許將爲使、副，余攝中書令，二轄攝侍中。禮畢，赴東上閤門拜表〔三〇〕，又詣内東門拜表牋賀太后、太妃，又上牋賀中宫，不拜。

是日，大晴。中夜雨止，詰旦漸開霽，無復纖雲。

丁卯，歇泊，假。魯國大夫人忌。是日，内宴。

戊辰，同呈以慕容將美授宣義郎，添差真定機宜官。將美以原州推官鞫熙、秦冒賞獄召對，故有是命。熙、秦冒賞，乃將美因鞫指使侯誠争首級獄而發之也。

己巳，旬休。

閏九月庚午朔，御文德視朝。同呈王贍奏：帶領人馬到宗哥城。熙河奏蕃官趙永信卒。降羌人多屈城也。閻安用皇城司、御藥院歲月減磨勘，改宣政使。

再對，雄州奏：回謝泛使於雲中甸受禮。涿州牒報也。

辛未，同呈大名安撫司奏，乞雇募飢民修城。從之。韓師朴奏〔三一〕。

是日，再對，以胡宗回書言王贍有所恃專輒肆橫事進呈。

壬申，同呈熙河奏修會寧關功狀，轉官、減年、支賜有差。

又令蘭州事造龕材，應副會州修倉庫、營房、廨舍等，自黃河沿流運致，專委官管勾，事畢推恩。

順安軍知軍馬奭爲於界河摽撥職田等事，特勒停，通判王子獻以下各衝替。

高遵惠乞李澤準備將領，不許。

是日，熙河奏：九月二十日收復青唐，隴拶及心牟欽氈、結呃齪以下出降。夔獨奏，乞以四日草賀，五日率百官稱賀。從之。

癸酉，同呈省草賀收青唐。詔以青唐爲鄯州，仍爲隴右節度，以王贍知鄯州，兼隴右沿邊安撫使，兼都巡檢使；賜胡宗回以下銀合、茶藥，遣中使押賜，軍兵等第特支。又差中使黃經臣管押瞎征一行，李穀管押隴拶一行赴闕〔三二〕。仍令速具收復青唐一行將佐功狀聞奏。隴拶一行，有契丹、夏國、回鶻三公主，並令赴闕。

甲戌，同呈收復鄯州等處城寨。令胡宗回相度令隸去處，以邈川爲湟州、宗哥爲龍支城。王厚爲東上閤門副使、知湟州，兼隴右沿邊同都巡檢使；以王贍爲團練使，仍兼熙河路鈐轄。初除贍四方館使、遥郡防禦使，而安中以爲賞薄，余欲且令撫定隴右一方，俟有效與正任，而上意欲稍隆之，遂有此除。先是，胡宗回言其横，故余欲稍裁抑之，然贍專輒不已，上亦深以余言爲信也。

乙亥，同呈邊報。

再對，藍從熙磨勘改景福殿使。

差秦鳳戍兵十指揮，應副熙河新邊戍守。

是日，以本命早出。

丙子，同呈御宣德門、立仗、引見瞎征，令閤門、御史臺、太常寺、殿前、馬步軍司詳定儀注及何行事件聞奏〔三三〕。

環慶擒監軍訛勃囉，送潭州編管，月給錢十千、米麥三石。

再對，具河北兵將數進呈，及熙寧中嘗以相州一將出戍河東，議令更戍秦、晉，及别置兵額，減舊將兵額以給新軍。上深然之。退與三省議，亦皆以爲可。

熙河都監扯德見充拱聖軍校，乞放停。從之。

丁丑，刑部斷密院書令史王可權、貼房張大順詐欺，取將官張忠贓數百千，可權、大順先已配嶺表，上旨令徙配海南。

戊寅，胡宗回乞以廓州爲軍，詔以爲城。

夔州轉運司差人吏王祐之往南平軍根括地土租税，各罰銅二十斤。走馬程允武奏南平軍知、通不和，以奏報稽緩罷差遣。

再對，御藥劉瑗以年勞改昭宣使，寄資河東第九、第十三將都巡檢。

己卯，旬休。

庚辰，同呈熙河乞空名宣劄各一百五十、紫衣師號牒一百，以待新羌。從之。

辛巳，同呈泛使蕭德崇等昨以戎主繫腰及玉帶，不打角，令使者愛護，云戎主服御之物，來獻。今郭知章等回謝有真珠鞶金鬧裝鞍轡，金重二百八十九兩，珠子六萬三千顆，欲亦不打角，令回謝使、副愛護前去。從之。

刑部申劉何、王發等案，得旨，劉何與遠小知州〔三四〕，王發特勒停。

是日，右丞留身奏事，有四劄子置御榻上。

余再對，上語笑如常。晚，退歸西府，聞安中罷政，然未知其詳，安中亦未知之也。夔、轄於都省晚聚時，已得中批，然不以告安中。翌日，安中欲造朝，門下吏告之，乃止。告命四更已過門下〔三五〕，及指揮下閤門矣。

壬午，淩晨見三省，乃知御批云：「政事悉出朝廷，未行之間，自可明辨，以正得失，豈可面從，退有後言，爲臣不忠，莫甚於此。可罷政，知亳州。」少選，聞安中上馬之城東普照矣。

是日，同呈王贍奏：已於收到青唐銀絹内量行支賜將佐等。上見二府，亦不及安中事。

余再對，請於上云：「黄履昨日留四劄子，所陳何事？」上云：「言鄒浩四劄子皆故事：一唐介，二朱雲，三劉禹錫。」又云：「此必爲人所使。兩日前，吕嘉問曾往見之。」又云：「履是吕家門客。」余云：「履實出吕氏門下，然履惷野，不識忌諱。」上云：「履純惷不曉事，必爲人所使也。」又問：「嘉問幾壻？」余云：「不悉記。」上云：「蹇序辰、曾誠皆是。」又云：「曾誠如何人？聞多豫事。」余云：「章惇不喜誠，云安燾傾惇，誠多豫謀，然未知虚實。」又知蔡卞兄弟不協，余云：「外議多言如此，然不知其實，大抵言争先作執政爾。」上云：「妻亦不和，至不相見。」余云：「臣與之瓜葛，亦粗聞之，誠不相得，然不至不相見也。」是日早，夔留身甚久，疑所問皆夔之語也。

癸未，同呈邊報。

甲申，立冬。朝崇政，有旨隔上殿班及雜公事，以皇子服藥故。上見二府，具道皇子發驚狀云：「自初六日已作，至十一日後無日不發，醫者已用硫黄之類治之，云小便不禁，大腸青，皆陰寒之候。」余因言：「臣久病，灼艾服藥皆無效，有以伏火丹砂與臣服者，遂頓愈。」上云：「可進取數兩來。」余云：「臣所得不過數十粒，欲且進十粒。」上云：「甚好。」衆亦以爲宜服。

是日，會食都堂，遂黄羅帕封進十粒，乞令衆醫官評議供應。

乙酉，同三省問皇子安否，上云：「未寧帖，已服丹砂一兩粒。」

是日，聞左膚言呂嘉問六事，有旨令分析聞奏。

丙戌，同呈王瞻奏到青唐圖。

再對，皇后殿内臣江有慶合轉副使寄資。故事，非殿閤使臣不得寄副使，而近例有特旨許併理磨勘，亦名異而實同爾。然太妃殿有兩人，一寄資，一併理，未知太后、太妃、皇后殿合作殿閤否？上云：「恐非殿閤，可令入内省詳定聞奏，申樞密院。」太后、太妃、皇后皆有殿，然恐非所謂殿閤也。

丁亥，同問皇子，亦未安。

章楶以修堡鋪及巡綽處稽緩，特降一官。此左轄啓之也。奏報雖遲，然未闕事〔三六〕，夔頗不平之。

戊子，秦鳳奏：疊、宕一帶部族大首領龐逋斜肆等乞納土歸順。詔令撫存接納。再對，抽還鄜延一將人馬，以歲滿也。惠卿言：「戍兵年滿不代，人情未安，兼窮邊物貴地寒，戍兵已裁襟袖絮以自給。」言極激切，蓋欲得戍兵爲代也，遂直抽歸營。上亦深以爲宜。退見三省，亦莫不笑之者。

己丑，旬休。

庚寅，同呈催河北州郡責限修城令，具合責年限聞奏。熙河奏：畫到青唐城郭、營第並僞内圖。

自甲申以後，無日不同問皇子安否。是日，宣諭風勢未定，見服丹砂之類。余再對，因言：「醫官樂珍嘗遇人得丹砂，有三種：有伏火七年者，有十年者，有十二年者。臣前所進，乃十年者，珍所有十二年藥，臣未嘗服，云更有功。乞宣召供藥，仍先令衆醫官看驗評議供應。」上欣然，朝廷即召珍供藥六丸，仍令至皇子寢所診候。珍以謂病症與藥相當，遂服之。

是日，余對三省又云：「見醫官初虞世言，皇子天人之相，社稷之福，疾不足憂。」上亦云：「鼻隆，人中長，生得極好。」夔云：「亦聞之。」虞世乃夔所薦也。

辛卯，同呈邊報。熙蘭奏：青唐僞乘輿物見管押赴闕。

再對，立吏部奉舉使臣邊任、上樞密院銓量、小可違礙聽差法。

壬辰，同呈陸師閔乞買馬司依舊兼監牧，及增公使錢。從之。

又差河北第十三將戍河東；又以河北水災，流民頗衆，於大名府等二十二州軍增置馬、步軍共五十六指揮，共二萬餘人，馬軍以廣威、步軍以保捷爲額，並依陝西蕃落保捷給例物請受；卻於舊將兵內，每指揮減一百人〔三七〕，共減一萬七千餘人。先是，久陳此議，上及三省皆以爲然，遂施行。因爲上言：「河北增兵及減舊兵額，並差戍他路，皆前人所不敢議，若非以聖斷睿明，亦不敢建此議。然人情難測，萬一小人有凶肆者鼓倡撓法，亦或所不免，惟在朝廷主張彈壓爾。京東亦嘗殺巡檢作過；先帝用兵西方，慶州亦有變。此事雖未必然，恐萬一有之，不敢不先奏知。」上亦欣納，三省亦稱善。

再對，直抽秦鳳戍兵五指揮。

癸巳，同呈熙河奏及李譓申：邈川蕃部作過，圍撓城壁，及南宗堡使臣等被殺傷，并隴朱、黑城等城攻破，青唐累日道路不通。詔遣苗履、李忠傑及差秦鳳兵將往同討定。

上諭：「皇子漸安，但微有風候爾。」

甲午，同呈熙河邊事。是日，金城關探報云：止是邈川人作過，宗哥至青唐一帶無恙，然信息未通。詔胡宗回、苗履等多募人至青唐以來偵探。

再對，重修將副押隊謁禁條。舊制，門客、醫人皆不許相見〔三八〕，上亦以爲非宜，遂以元豐七年四月朝旨修定。此旨與將敕不同故也。

乙未，同呈，詔胡宗回指揮苗履等，如蕃賊見官軍度河，雖即潰散，亦須痛行殺戮，務要翦滅作過之人浄盡，仍不得濫殺無辜之人。

又呈河東八堡寨賞功〔三九〕，王文振以下及郭時亮轉官、減年、支賜有差。

是日，上面諭二府云：「皇子已安。」喜見於色。久不御後殿，是日，對從官於延和。余再對，上又諭云：「醫官皆言不曾經如此祗應。」余云：「不獨醫官，中外孰不憂恐？今遂安寧，社稷之福。然醫藥及灼艾，皆是有功之人，當厚賞。」上亦欣然，以爲當爾。晚歸，聞宣召醫官孔元，薄暮，乃得閤門報皇子薨，輟視事三日。聞者莫不震駭，遂閤入劄子奉慰〔四〇〕。

丙申，宅引，與三省聚都堂，各再入劄子問聖體。是日，差吴靖方管勾葬事〔四一〕。中宫送皇子喪，宿開封寶梵院。

丁酉，引辰後同三省赴寶林澆奠，見都知吴靖方、御藥劉友端。友端云：「皇子自前日辰後微喘，既而臟腑通，醫官云已三日不通，得利乃順。已而利五、六次，每利愈喘，至未時六刻遂脱。」又云：「服伏火丹砂不作，皆徑下。」又以皇子真影相示，云：「極似，面團豐肥，貌甚美。」項有硃砂，杏乘被，青披衫。以二十九日午時大斂，十月十六日權攢，二十八日出殯奉先院。

戊戌，傳宣：自二日更不視事三日。

續報：懿寧公主薨。再自初五日不視事三日。與三省各入劄子奉慰。

是日，出城東致祭大名、樂昌，未刻乃歸。

十月己亥朔，赴待漏，入紫宸謝衣，遂會都堂。

是日，作聖旨，令新知河州种朴星夜赴任，計會苗履等過河討蕩作過蕃部。又苗履申：兵馬寡弱，不敢自巴挼度河，已申經略司，赴河州與姚雄等會合應援。令熙河詳履所申，指揮苗履、姚雄等遞相照應，互爲聲援，節次統制，或會合前去，具應援討蕩及解圍次第聞奏。是時，青唐、邈川信息不通已半月餘。余云：「可憂，奈何？」夔遂有「卻欲以青唐還溪巴温」之語。卞云：「此語未可輕出，如此可謂龍頭鼠尾也。」余云：「事未可知，若萬一不保，則亦不免如此。但烏合之衆，無所統一，見官軍則潰散矣。昔王韶在熙河亦如此，諸羌紛然而起，一遇王師，則奔竄而已，人負一木團牌，更不回顧。官兵追逐，盡得其首領。」衆頗以爲然。

庚子。

辛丑，宅引。

是日，赴都堂，爲三省官不見上已六日，當叩閤省問，或乞便殿召對。衆皆以爲宜，遂同入劄子乞對。夔、轄更不赴都省，二府待報至未時乃出。上遣中人黄經臣至東、西府傳宣：「以慘戚中意思不安，醫官見進藥，今日方進常膳，以此相見未得，直俟初八日垂拱相見。」遂同入劄子稱謝。

逐日入劄子問聖體，至七日止。

壬寅，熙河奏青唐、邈川解圍捷書至。鄯、湟皆被圍，王贍時出兵擊賊，斬獲四千級，盡殺大首領結𠵱齪、心牟欽氈等九人〔四二〕。有阿蘇者，乞心白旗往招撫叛衆，既而率衆攻城甚力。宗哥首領拾欽角四生擒阿蘇以獻，贍亦誅之。邈川城中兵民才二千四百餘人，城守之具未備，王愍、馬用誠力戰固守。蕃賊圍遶者萬計，又有西夏三監軍人馬助之。至二十三日，積薪草，欲登城，而姚雄兵至，賊望見塵頭，又有偵邏者還言漢兵將至，遂遁走。二十四日，雄兵與愍會，賊已潰散。愍禽西夏僞鈐轄一名，遂討蕩餘衆。是日，同三省作聖旨：將士並與特支七百，苗履等所統續度河者五百。又作帥司指揮，將佐痛戮作過部族，所得孳畜財物均給士卒，牛馬駝即買入官。

癸卯，會都堂，皆相慶曰：「朝廷已建兩郡，萬一敗事，何以示四方後世！今兹解圍，社稷之靈也。」王瞻輩不通信息幾二十日，孤軍深在賊境，其不敗事，乃幸爾。

甲辰，詔青唐、邈川力戰有功士卒作三等賜絹，十五疋、十疋、七疋〔四三〕；守禦人五疋、三疋、二疋〔四四〕。

乙巳，遣慕化李忠傑將部落子〔四五〕，及盡發秦鳳戰士赴熙河討定新邊界，令秦州勾保甲防戍。

丙午，入見上於崇政。二府合班升殿，問聖體，有旨不拜，御藥宣答訖，至御坐前分蛾眉班奉慰。兩拜訖，上諭：「皇子久病，終不救。懿寧病尤倉猝，四更二點不得出，四更夭去。醫者云：『解顱因發急風，不可治。』雖三歲，未能行，然能語言，極惺惺。」余等皆云：「皇子乃朝廷大喜慶事，不幸忽爾薨背，又繼有懿寧之戚，人情之所難堪。然此天命，無如之何，願更寬聖念。」上云：「至今飲食未復常，加之嗽。」余云：「悲慘傷氣，自須如此。乞更割愛，以宗社爲念。陛下富於春秋，子孫之慶，何可量也！」卞云：「詵詵之慶未可量，願寬聖慮。」上雖微瘦，然玉色悦澤，余不勝甚喜。

同呈邈川解圍奏，上云：「日久可憂，賴且無事。」余等皆云：「誠如聖諭。王瞻等以孤軍抗賊，能保城守，又能斬獲賊衆，功實不細。」上亦云：「極不易，皆當厚賞。王愍亦當與復管軍，姚雄功亦不少，便可推恩不？」余等皆云：「更待本路推排功狀次第，然後推賞未晚。」余云：「當趣帥司先具近上將佐狀聞奏。」上云：「甚善。」

又呈鄜延奏：西人差使、副進誓表，惠卿以爲「邊計憂窘，不可緩，當速納其來使」。上頗訝其語太過，衆亦誚之。遂降旨：令候西人回，答近以兵馬犯塞回牒，及誓表中别無不依應得回詔事理，即令惠卿一面相度收接，仍依例引伴赴闕。

再對，余復伸慰問，又謝遣中使宣諭。上云：「不欲召卿等對，恐外人妄接，特召爾。」

丁未，同呈，令胡宗回相度次第，以緊慢修完城寨；又結𠲎齪、心牟欽氈已誅〔四六〕，其家屬緣坐應死者一面處置，罪不至死並邊厮波結一行家屬等並錮，交付押伴所管押赴闕。

再對，上諭：三宫出新城，當如車駕行幸時，量添巡檢下兵馬防衛。

前一日，上又問：「二府曾一到寶林澆奠，二十八日皇子出殯，莫亦一往否？」余云：「候與三省議，及檢故事。」退語三省，三省云：「亦得此旨，更不須故事，一往爾。」退閲故事，乃當詣内東門奉慰，因至殯所。是日，以此白，上深以爲然，遂同赴延和觀。

大遼生辰禮物早出。

戊申，旬休。

己酉，同呈邊報。

再對，以太后、太妃殿祗應使臣同殿閤，皇后閤准此。

又詔：三宫出新城，本城分巡檢司權差馬、步軍五百防衛迎送。

上諭：「章惇堅以方天若爲有罪，如何？」余云：「臣不知天若與周穜往復語言，但聞衆議以天若爲凶肆可惡。」上云：「惇言天若有指斥語，卞亦云周穜多言。惇云天若方事起，兩詣卞，卞不敢見。已令兩罷之，俱與外任合入差遣。」余云：「如此處之甚善。天若固宜逐，穜亦不足惜。」上又云：「蔡京與卞果不相得。」余云：「此衆所共知。天若與京甚密，而卞不甚與之；劉拯與卞甚密，而京亦不喜拯：此可見其略。大抵因娣姒不相能，又争入政府先後，以此彌不足。」上云：「兄弟間乃如此。」初，蔡京因對，訟周穜對經筵、史院官曾稱周常，又對天若稱鄒浩，遂令穜分析，而穜止稱常，云「終是好人」，又稱浩曰「難得」。旨罷穜説書，而夔堅以謂天若亦當逐，故有是命。

是日，復蹇序辰、范鏜待制〔四七〕，除知青、揚州。是日，黄履罷政，知亳州。履是日早留身，留劄子四道在御榻上，全不敢問。次日既貶，上諭云：「劄子引朱雲、劉禹錫、唐介故事救鄒浩。當時不言，既以奉行久矣。乃如此，必爲人所使。」又云：「吕嘉問兩日前往謁履。」又問：「吴居厚可尹京否？」蓋欲逐嘉問，怡然不去而哂之。

庚戌，同呈鄜延奏宥州牒，遣使進誓表。

熙河奏，苗履過省章峽〔四八〕。又畫到青唐河南、北地圖。

涇原奏，拍立界堠了當。

辛亥，同呈，令鄯、湟般運人夫脚乘頭口等爲賊殺虜者，人支絹十疋，脚乘頭口給還價錢。

壬子，同呈熙河奏：已令苗履等管押隴摻赴熙河；又押西蕃印四十二面，有傳國銀印及唐朝所賜節度使印〔四九〕，餘大半皆蕃印也。

再對，以王殖勾當皇城司，久權故。

又進呈曹曚乞在京差遣，以母病免知憲州。上云欲與一通事舍人〔五〇〕，候批出，上許久以批除職名，至是乃決。

癸丑，下元節。

甲寅，朝謁景靈。

乙卯，歇泊。

丙辰，同呈李轂乞厚待契丹公主〔五一〕。詔令優加待遇。

時彦自陳築烏龍寨勞效，詔與復職，法當敘宣德郎，上旨令與通直郎。

上又言：「先朝嘗罷館職，不當復置。」余云：「先朝因除職事官，即罷，仍與改一官。」上云：「與改官不妨。」三省皆以爲當罷。余與夔言：「直秘閣之類當且存留，以待中師及被獎擢者〔五二〕。先朝以無此名例，便除直龍圖閣，似可惜。」夔深然之。

又呈熙河奏：王愍送到西蕃、夏賊攻圍邈川日，白岑牟等以蕃書「漢」字招誘愍等出降，云：「降必不殺，方與漢朝通和，當從正路送還漢天子，不爾即屠滅矣。」「漢」字乃南宗堡陷没使臣劉文珪書寫，文珪亦至城下呼愍等，令早出降。詔令根究文珪家屬所在拘管奏裁。

是日，夔留身甚久。余再對，上諭云：「章惇以夏人犯邈川，欲因此討伐，遂滅夏國。」余云：「不審聖意以爲如何？」上笑云：「此何可聽！」余云：「陛下聖明遠慮，此天下之福。近歲諸路進築城寨，兵民勞敝，財用、糧食俱闕乏。幸而西人款塞，遂可休息。今青唐用兵，士卒困敝日甚，若更經營誅滅夏國，如此即憂在中國，不在四夷也。兼臣在熙寧中見朝廷欲滅交趾，嘗與主將郭逵言：『交人雖海隅寸尺之地，然有國百年，興衰存亡，必亦自有天數，豈人力所能必？』既而果無功。況夏國豈交人之比也？」上深然之。退與小鳳言，亦共歎其狂妄。鳳云：「若如此舉動，是他災至也。」

丁巳，同呈鄜延奏：宥州回牒已再約束首領不得犯漢界。

熙河奏：欽波結、角蟬等邊廝波結之弟。能率部族討河南賊，乞授官，充巡檢。從之。

户部申：乞造瞎征等韉并幞頭。旨：「今後除蕃官及呈試人賜韉外，進士唱名及軍校等更不賜韉者，令如法裁造。」舊所賜韉，皆不堪著，又枉費官錢，故罷之。

再對，以正旦國信使李希道卒，改差賈裕。因進呈姚雄與姚麟書，云：「青唐去大河五百里，道路險隘，大兵還邈川，而青唐路復不通。朝廷進築城寨畢，方有休息之期，今復生此大患，如何保守？深爲朝廷憂之。青唐非數萬精兵不可守。」上亦深然之。

戊午，旬休。

己未，同呈澶州職官趙暘言：「澶州城舊臨河處無城壁，若增修則功大而土惡，不若因舊城修完，則功少而速成，爲一方屏蔽。」其言極有理。此劄子乃陳瓘封來。得旨，令安撫、轉運司同相度施行。

又言呂惠卿引伴西人赴闕。

又令胡宗回討蕩河南、北作過部族。

再對，以王亢知麟州、許良肱知保安軍。又令河北諸路安撫司指揮逐州軍多方招募災傷人充軍〔五三〕。

庚申，同呈熙河乞補邊厮波結職名〔五四〕。詔以爲諸司使。又奏：已令王贍等將不作過首領書填空名，補將校。夔以爲不當付贍等各自書填，恐參差不齊，行遣未當，須從經略司相度補授。上旨：令胡宗回放罪。

經略司及走馬并李譓各乞催王贍、王厚赴鄯、湟州。詔不得辭免，便令管勾州事。

辛酉，同呈熙蘭路奏：乞鄯、湟州及河南置將。並從之。

再對，以御批曹曚除通事舍人，令赴闕供職。

壬戌，降聖節假令。

癸亥，同呈，令東西京、江、淮、荆、浙、福建召募廂軍，赴陝西、河東耕種。

熙河奏：拍立巡綽界堠去處。

再對，復李嗣徽遥團，張宗卨與收敘，令閤門供職。初，時彦既復敘，上旨即令與二人者敘復，至是進呈。余因言：「宗卨不可復作承旨，昨既經密院取勘，上下皆不安之，兼及復不可與共處。然承旨久闕，當除人。」上云：「與三省商量。」余云：「若有卓然可除之人，即政府可議。若且於閤門選人，如王殖、曹誘可權管勾，即須出自聖意。」上令差曹誘。

是日，聞敖氏甥女訃，在式假。差蔡卞權樞。

甲子，卞與三省得旨：令保安軍牒宥州不得犯青唐界。又令涇原、環慶各選步兵三千、騎三千，赴熙河路使唤。

乙丑，越國忌。

丙寅，同三省詣奉先奠皇子越王。巳時，西閤奉慰訖，上馬。卞以致齋不赴。

丁卯，宅引。

戊辰，節假，旬休。

十一月己巳朔，得熙河奏：种朴將秦鳳兵數千，十月二十一日討一公城，攻圍賊衆，爲賊所邀截，朴重傷死。已又聞尸首不獲，偏裨程述、王舜臣而下僅免，將佐、士卒尚未見亡失之數。

庚午，冬至。同三省赴東閤拜表。遂作聖旨：令瞻引兵歸邈川，其河南、北戍守人馬，令胡宗回相度，一面從長措置就奏。

是日，卞還自郊祠，遂同僉書行下。夔聞兵敗，氣沮矣。

辛未，赴普照大名殯所致祭。

壬申，假。

癸酉，赴相國建興龍道場，會蔡京等於寶梵院，用衙前藥酒九行罷。

甲戌，上以懿寧公主出殯，不視事。二府宅引。

乙亥，朝垂拱，同呈鄯州等處事宜及种朴戰没事。上亦甚駭之，再三顧問如何處之爲是。衆皆云：「賊勢如此，若株守不改圖，即恐王瞻一行將士陷没，則於威靈愈爲不便。須至如此指揮，若保完得王瞻一行人馬歸邈川〔五五〕，則鄯州徐更措置。」上云：「溪巴温如何？」衆亦云：「王瞻朝出鄯州，即巴温暮入無疑矣。」上云：「何以處之？」余云：「次第不免如折氏府州措置，乃可速定。未知巴温肯聽命否？幸而隴拶已來，庶可與之語。昨青唐初被圍時，章惇便要如府州折氏處置。」遂得旨，令秦希甫同胡宗回相度措置。余以「种朴被殺，何可但已？兼邈川係隔絶西蕃與夏國交通之地，及河南疊、宕一帶部族見歸明〔五六〕，可因而建置洮州，以成先帝詔旨。兼慶、渭步騎萬人，可令姚雄統領前去，討擊河南作過殺种朴者。如此，則朝廷威靈稍振，而湟、洮之計亦已先定。不爾，邊臣以朝廷已棄青唐，則并湟、洮皆無經營之意矣」。衆莫敢不以爲然，上亦然之，遂依此降旨。又令王瞻因軍回，裹護三僞公主等來。又令李穀相度，如三公主已有來期，即并瞎征、隴拶一就起發〔五七〕；如公主等未有來期，即先管押隴拶等赴闕。

又得旨，差曹誘權副都承旨。

再對，因慰上以「越王、貴主相繼出殯，聖情必是更傷悼。然陛下富於春秋，多子之慶未可量，願自此更不寘聖念」。上云：「因此亦頗覺嗽不已。」余云：「更乞寬懷，善保聖躬。」因言：「青唐之變如此，政府不得無罪。臣素知人情事理不順，恐必難濟，累曾與章惇爭論，亦曾於陛下開陳。其後瞎征、隴拶皆出降〔五八〕，臣無復可以啓口。然臣知其不可爲，而不能固執所見，隨順人言，致誤國事，兼是密院職事，比之衆人，臣罪爲最多。」上亦欣納。余又云：「見章惇初與張詢、王瞻等陰構此事，後又與孫路交通，以此力主其議。臣以謂青唐國人不平瞎征父子篡殺，故欲逐之，而立董氈之姪，我乃因其擾攘，遂欲奪之，於人情事理不順，明白可知。況朝廷以四海之大，所不足者非地土，安用此荒遠之地？兼青唐管下部族，有去青唐馬行六十三日者，如何照管？兼生羌荒忽，語言未通，未易結納，安能常保其人人肯一心向漢？凡此等語，皆曾於陛下前敷陳，恐久遠必爲患，不謂不旋踵便有此變。蔡卞素不知邊事蕃情，又與惇議論多異，獨於此助惇甚力，今日卻無以處之。至於章惇，初勇於開拓，才聞青唐被圍，便以書令胡宗回如府州折氏措置。此事不降朝旨，豈可便以告邊臣？宗回有書見在。尋以進入。又才聞姚雄於邈川解圍，卻以書令宗回將作過首領家族一處拘管，先執其首領，便先從嬰孩以至少壯者一一次第淩遲訖，然後斬首領。如此豈不激怒衆心！」上深駭之，云：「此是何措置？」余云：「宗回録到惇書，一一具在。及今日种朴戰没，氣已消沮，更無處置。臣遂自條今日所陳三事示之〔五九〕，亦莫敢以爲不然。如此輕易反覆，豈不上誤國事？」上但再三駭其率易也。

丙子，同呈种朴贈防禦使，與十資恩澤，賜錢銀絹布各五百，羊酒米麪各五十，母特封郡太君。

熙河奏：隴拶已到熙州。

又差内臣犒設熙河戰守漢蕃士卒及支綢絹，慶、渭人兵未經出入，亦與特支。

再對，免李希道追納，賜銀三百兩。

丁丑，胡宗回奏：令隴㧑作書，遣蕃僧往招溪巴温，許以節度使，依舊管勾青唐部族。

又辭免寶文學士，降詔不允。

再對，以諸軍排連隔下已有條格，更不進擬，便聖旨行下。又府界第四將申：將兵替回，延安府不支盤纏，牒河中無錢支，至今未給，及虞鄉縣給與軍人口食價錢。令陝西轉運司取勘奏裁。

河東乞差河北將兵於備北州軍沿邊戍守。從之。

殿前司欲將河北揀到人衮同揀填班直。上不許，令管軍臨時斟酌揀選，不須立法，但令諭管軍而已。

戊寅，旬休。

己卯，同呈鄜延奏：西夏進誓表官稱，昨一表便蒙聽許，豈不依回詔指揮，兼別有謝恩表。得旨，差工部外郎韓跂押伴。

又令熙河路尋訪种朴尸首，獲者與銀絹各一百。

又令諸路未降誓詔以前收接兩界投來人口〔六〇〕，候降誓詔，別聽指揮。

又令熙河、秦鳳，限百日許逃亡軍人首身，與依舊收管，弓箭手仍免降配。

又以許彦圭爲熙河經略司勾當公事。彦圭沿邊事極有條理，其論營田事尤詳，昨自涇原放罷，改秦州職官，以監司多被黜，遂不得改官。其人材殊不易得，故且以此處之。上云不妨。

庚辰，同呈引見瞎征等儀注。上初令於端門排仗，又令諸軍自順天門素隊排立，且欲依冬至節與軍班等特支。余勘會得冬至例支十七萬貫，端節八萬，因爲上言：「僥倖之例不可多啓，此止祗應一日，恐止可用端午例。端午比冬至大約多減三分之一，亦有減半者，似頗酌中。」上亦然之。

又差陳敦復以勾當公事兼管勾提舉營田司公事〔六一〕。敦復以功賞當轉兩官，云任滿止四月，欲以減一年磨勘先改官，而論竟不合。

是日，三省以體量孫傑事進呈，内有差與常安民船及庇贓吏路班等罪〔六二〕，夔欲黜之，而左轄以爲復呂温卿之怨，夔亦以轄爲立黨，面相詆訐久之。而有言傑與安民親〔六三〕，而上亦嘉其能擊温卿，故止罷左史，爲太常少卿。夔留身論之甚久。既退，余再對，上以諭余，且問：「傑之罪如何？」余云：「臣悉不知所體量事，然傑擊温卿誠可激賞，若有過，以此少寬假之亦無害。」上云：「傑擊温卿兄弟誠爲可嘉，惇與温卿兄弟誠爲黨與。」余云：「此衆所知。惇既有此嫌，亦不當力乞罷傑。」上云：「須要罷黜，蔡卞實不曾稱薦傑。傑擊温卿，張商英以書稱之云：『排巨姦，破大黨。』巨姦、大黨爲誰？」余云：「大黨必是惇。商英乃惇門下士，然亦每事諂奉蔡卞，祇如近命蹇序辰詞云：『嘗助國是，豈以一眚，遂忘前功？』朝廷爲序辰復職，本無此意，此乃諂詞。」上云：「既爲惇門人，又卻如此，士人何可爾！章惇以謂可作翰林學士，還做得否？」余云：「若文采及人望，亦可爲之，然不能自立，亦誠如聖諭。」上云：「如此人終不可在朝廷，兼不可以作藩，誥命亦不甚好。」上又云：「章惇祇聽賈種民言語，如何？」余云：「亦有之，然惇、卞亦各有黨，惇所悦即曾旼、周穜之類，卞所悦即鄭居中、鄧洵武、葉棣之徒，亦皆不叶公議。」余又問：「傑作常少，何以處旼？」上云：「兩員不妨。」又云：「旼更不可向上，學問、文詞、吏能皆不易得，祇是不平穩。」余云：「陛下知人如此，天下之福，臣復何言。然左、右史久闕，今又無人。」上云：「鄧洵武可否？」余云：「洵武正如曾旼，文學亦不可得，但附卞太偏，以此爲衆所惡。」上云：「亦别無過惡。」余云：「彼方在閒地，未有所爲，若處之要路，則其資性憸險，未可量也。」余云：「從官中文采可作翰林者卻是安惇，及亡兄鞏以文章名重一時〔六四〕，稱惇文采可跂及蘇軾。」上笑云：「中丞尤難得人。」既而又言：「安惇亦祇是章惇門下人，昨舉商英自代，可見也。」余云：「安惇與商英俱是蜀人，安惇固未免觀望，然粗識深淺，非若蹇序辰之比也。」是日語多，不能悉記。

辛巳，同呈，令熙河經略司勘會苗履、姚雄、种朴下亡失使臣、士卒人數，并其他因戰鬬亡没之人，並勘會聞奏。

又令李𣪍因便犒設將士，及密切勘會陣亡人數聞奏。以李夷行言苗履在青唐獲八、九百級，亡失三千餘人，及其他人士卒喪亡者甚衆，而經略司不奏故也。

是日，左轄亦留身甚久。

余再對，上諭以「卞云不可與惇共處，待過興龍節求去」。余云：「臣昨日蒙聖諭，既退，亦聞惇、卞面相毁訾甚峻，大臣不當如此。」上云：「失體。章惇多以語言傷人。」余云：「惇性暴，率多輕發；卞則陰巧，能窺伺其所短。故卞多勝，惇多屈，必無以逃聖鑒。如孫傑事，既有温卿之嫌，自不當力争，亦無可勝之理。惇不識便宜多此類也。」上云：「惇卻言祇是説孫傑立黨，不是説卞。」余云：「此乃惇畏卞之詞。卞與惇皆有黨，而卞之黨爲多。既已言之，何必更解？」上亦哂之。余云：「惇之黨衰，卞之黨盛，故衆皆畏之。謂卞爲不立黨，尤不可也。惇、卞紛紛，固未足道，然三省、密院闕人，陛下不可不留意。宗廟社稷大計，天下安危，士民休戚，祇繫此三人者。惇、卞既睽，許將凜凜畏此兩人，不敢啓口。每有一事，惇以爲可而卞未答，卞以爲可而惇未然，則將莫敢對，直俟兩人者稍同，將乃敢應答。今兩人者又交惡，自此政事愈乖謬矣。故上下内外闕官鮮有差除，縱有差除，人必以爲不當。蓋兩人者好惡各有所偏，各有黨類，若有一人能執義理、持公論以自處，無不可勝人之理。古人云：『正己而物正。』未有枉己而能直人者也。密院獨員〔六五〕，臣來日赴景靈行事，遂廢本院職事兩日，雖密院邊防事機動繫安危，然事稍大者，必與三省同議，尚未足憂。三省政事所在，一日萬機，陛下付之此三二人，恐誤國事。臣每不欲喋喋，然致身朝廷，於國事不敢不傾盡補聖聽。」上云：「深欲補人，卿視在朝誰爲可進者？若補得兩人，方不闕事。蔣之奇亦不可得，又適有此事。」余云：「蔣之奇官是太中大夫，數月間未可進職，且移一藩亦可。」上云：「亦無事，復職亦不妨。」又云：「年歲間莫卻可用。」余云：「之奇比在朝廷，卻頗平穩自守，亦老成故爾。」上又云：「韓忠彦可用否？」余云：「方三省需人，如忠彦輩但恐不濟事，須是奈何得此兩人，乃有補。許將固恐懼，以元祐中爲執政，常恐爲惇、卞所傾。黄履雖或敢啓口，又不曉事，亦不爲兩人所畏。」上云：「履不曉事，不足道。」余云：「人君所以垂衣拱手，無爲而天下治者，以得人也。若廟堂得人，則亦不至每事煩聖聽。且如平日所進呈事，或論議未合，自不可將上，豈至於陛下前紛紛争口舌也？有骨鯁之人在位，則廟堂不正之論已消之於下矣。以至内外上下闕人，若以公議差除，豈有不可之理？但在上者得人，則事無大小，無不修舉，何至於勞聖慮也！」上深嘉納。又論其下人材：「如吴伯舉如何？」余云：「亦如曾旼、鄧洵武之徒，陛下論曾旼曲盡之矣。

此三人者，乃一體之士也。陛下必欲用洵武之徒亦不妨，然須以一正直不附麗人者兼進之，則人情亦必悦服，獨用洵武輩則不可也。洵武、劉拯輩皆在要路，則卞黨益盛，自章惇而下皆畏之，誰復敢言其短？如此不惟於士類不便，陛下聰明亦從而壅塞，每事愈費力爾。若謂卞無黨，則鄭居中乃王珪壻，何緣得進？劉摯吕大防壻，有敢引之者否？緣居中故，閭丘籲亦得差遣，初改官不作縣，自宫教除通判，皆衆人所不可得也。」上又曰：「蔡京亦不平穩。」余云：「陛下論人材性行，皆曲盡之矣。」余又言：「章惇多輕信，初力引序辰、嘉問，既而反爲仇怨。嘉問何足引？王安石力欲以爲待制，而先帝終不與，後處之以光卿而已。」上云：「安石稱道嘉問過當。」余云：「誠如聖諭。安石平生交遊多暌乖，獨與嘉問始終，故稱之太過。作嘉問母祭文：『是生賢子，經德秉哲。』此乃商周先王之德，嘉問何以當之？」上笑云：「安石性强。」余云：「安石以義理、名節、忠信自任，不肯爲非。至於性强，自是以此驕人，故時有過舉，豈他人可比。」上云：「安石誠近世之所未有。」余云：「此非可與章惇、蔡卞同日而語。其孳孳於國事，寢食不忘，士人有一善可稱，不問疏遠、識與不識，即日召用。誠近世所無也。」上又問：「惇門下有陳彦恭者何人？」余云：「此鼠輩小人，不足道。然惇多輕聽，如彦恭者，構造是非，談人短長，惇聽之，誠可笑也。以此内外官吏陳請利害，但己所喜者必行，其所不喜者，言雖有理，多斥而不取。」上笑曰：「如温卿所陳請，不問是非，無不從者。」是日語尤多，不可悉記。

壬午，赴景靈，告遷太宗神御於迎釐殿，以修大定故。

癸卯，質明行事，巳時奉遷，申時一刻奉安訖，退。

甲申，同呈十四日已作聖旨，令胡宗回休息將士，俟事力完壯、決可取勝，方得前去討擊河南等處作過蕃賊。

又立賞構捕郎阿章。

秦鳳奏：一公城使臣兵馬已棄城歸錯鑿。令胡宗回具析不奏因依。

又令李穀體量青唐、邈川河南事宜以來前後覆没兵將聞奏。

乙酉，同呈雄州奏：北界牒郭知章不肯嗟程插宴。令知章候到雄州，先次具析聞奏，以俟章報仍回牒也。

熙河奏：一公城人馬已赴錯鑿城。

再對，呈康渭劄子，言湟、鄯州害，大概以兵馬疲敝、糧道不通，恐不可固守，兼熙河一路空虚，多可憂者。上亦以其言爲是。

又許幾乞定待遇西人禮數，及應答語言繁簡，西驛以謂無可施行。上深然之，因諭云：「都貺人才不可得。」余云：「許幾所不及。」上云：「遠過之。」

是日，上又諭：「高遵惠，再檢見元祐中有章疏論罷吏禄，以爲先帝法度，不問是非，一切欲改，此大臣有私意於其間，不可不察。又規切太母云：『不可斂怨天下者。』此極不可得。」余云：「當時敢出此語，誠衆人所難。陛下累欲召遵惠還，若爾，尤不可不召。臣當與三省更議可代之者。」上云：「甚好。」又云：「賈種民亦有章，云『盡罷苛法』之語，莫不可！」余云：「此正與王存言『横斂』一般，亦可謂詆斥也。」上云：「遵惠論種民事，莫是否？」余云：「寺監無不由六曹直達都省者，遵惠爲侍郎，職所當論。」上又云：「遵惠言紊亂官制。」余云：「如此誠紊亂官制也。」上又言：「種民言罷苛法者是上書，書中云更有一策文字言十餘事，尚尋未見。」又云：「惇終不善遵惠。」余云：「人言其以遵惠擊種民，故惡之。」上云：「遵惠歸作尚書、侍郎皆可。」余云：「龍圖閣直學士恐難作侍郎，權尚書可也。」余退，但以「上云遵惠又有章疏，欲召還，莫可别議慶帥否？蔣之奇是太中大夫，自可帥」。衆云：「未可議除之奇。」余云：「上不以爲不可。」夔云：「慶不須兩省，一直閣可矣。」余云：「直閣固可帥，但未知誰可爲直閣者？」鳳、轄亦皆云「未見其人」。既而又欲以孫覽帥慶。余云：「范鏜可否？」衆默然。余云：「以鏜易覽如何？」卞云：「如此即不妨。」又語及吕仲甫，左轄云：「曉事，卻不敢爲，亦恐未可也。」

丙戌，同呈引伴西人奏語録：羌人云：「本國乞和，一表便蒙許，進誓表豈敢更不依回詔指揮。」極恭順，祖宗以來未嘗爾也。

再對，梁從政磨勘合改延福宮使或觀察使，上云：「且與宮使。」因言從政事先朝，任使頗曉事，但執滯及太絮爾。余云：「馮宗道及從政皆先帝所親信，皆讀書曉事。」上云：「宗道曉事，非從政比也。」余云：「馮世寧、藍從熙俱已作觀察。」上云：「宮使更數年，亦須磨勘作觀察也。」

又呈惠卿奏：鄜延戍兵一百一指揮，乞減五十指揮。從之。因言惠卿亦乞減將佐官吏，來日與三省進呈次。

丁亥，同呈鄜延乞減將官使臣等，及以綏德爲軍。並從之。

再對，以知保德軍趙思恭爲揚州鈐轄。因言：「近除郎官監司甚多，如韓治輩，非出聖意，豈復得召？」上笑云：「章惇言治爲劉摯門下半夜客，亦無顯狀。」余云：「陛下察言如此，天下之福。如前日宣諭欲召韓忠彥，乃知聖意一無所適莫。」上云：「忠彥何能爲，且令作吏部尚書莫不妨。」余云：「誠如聖諭，忠彥先朝擢爲尚書，心本無惡，但不能自立，多隨順人爾。在元祐中措置邊事，無非曲徇他人。及臣秉政，欲一變前日所爲，初雖略争，既而無敢不從者。若謂元祐曾作執政及隨順人，則許將亦是。陛下觀此兩人何以異？」上笑云：「正似許將，兩人恰一般。」上又問：「陸佃會做文章否？」余云：「佃所爲文章，未嘗不傳笑中外。如賀皇子表云：『桃千年而結實。』慈聖挽詞云：『玉册三回捧，珠簾一度垂。』中外以爲口實。有臣私意，以親嫌不敢啓口，今日因聖問所及敢敘陳。臣弟肇與佃同修實録，肇於未進書時已罷，佃至元祐七年書成方去，肇貶滁州不落職，佃削職，而劉拯乃卞門下人，猶云『以五十步笑百步』，故肇亦降修撰，則肇之罪輕於佃可知。況佃在元祐中嘗除學士，又除尚書，但爲言者所奪。肇初論蔡確事補外，再召入，又以論北郊事去。今乃以佃爲情實稍異，先復職移藩，中外所不曉。肇在先朝已修史，蔡京作起居注，時肇適上殿，先帝目送之至殿門乃回首，然則先帝眷待可知。不幸遭喪，未及進擢，已而先帝升遐，故元祐中方除舍人。若論爲劉摯黨，尤爲誣罔。初除舍人，王巖叟、朱光庭力攻以爲不可用。巖、庭乃摯黨，則兩人者何爲而力擊之也？」上笑云：「言是姦臣之弟。」余云：「陛下閲章疏，可見其攻之人語，可以察其是與不是摯黨。臣曾蒙宣諭，以臣稱弟肇，而衆論云與臣不同，臣初以不敢力辨，然臣稱道其他人才，未嘗不以公議，況兄弟之嫌，若懷私失實，罪不容誅。肇之文詞、學識、操行，皆非今日在朝臣可比。如近日賀中宫、皇子、青唐三表，中外無能出其右者。此衆所共見。以至在元祐中出處如此，則學識可知；素不爲執政所悦，則操行可知。肇之剛介，又非臣比，故惇、卞皆望風惡之。臣所以喋喋自陳，非敢冀望牽復升擢，但以衆論誣罔如此，兼與佃升黜不同，外議皆以爲不平，冀陛下照察。」

上首肯而已。

又言：「密院編修文字闕，欲除彭汝霖。」上云：「極好。」余云：「臣曾問三省，亦欲以監司處之。此人材不可得，若且令作監司，豈盧君佐、王汝舟等可比，卻可措置之閑地爾。」上云：「好，來日便問三省。」尋以旬休，恐上不復記，至二旬休日，首諭三省，可見欣納也。

戊子，旬休。

己丑，同呈胡宗回奏：已依二日朝廷指揮，王瞻措置鄯州事。

又李譓奏：青唐府庫金銀等物，王瞻、王厚不肯同本司勾當官檢點供數，及以銀、馬等遺運勾竇志充。詔李譓、秦希甫、胡宗回體量根究有無侵欺情弊聞奏。

又訪聞會州新城不至堅固，令胡宗回修完，及具因依聞奏。

惠卿奏：西人乞賀正旦，緣誓詔未降，未可從。又乞優加寵錫西羌，如元祐故事。夔因言：「先帝嘗欲以金帛結羌中用事者。今西使言國主悔過效順，皆嵬名正賽輔佐使然，欲使還賜以金帛，以結其歡心。若元祐加賜乾順，則不須也。」上令留候。

是日，三省得旨，令彭汝霖上殿。

庚寅，大名周祥，舉家赴普照齋祭〔六六〕。

辛卯，同呈李彀奏瞎征、隴拶一行赴闕人數。

再對，上諭：「已令汝霖上殿。」余稱謝。余又言：「臣所稱人材，不敢一言欺罔，至如稱道弟肇，實無冀望升擢之意，但以衆人誣罔，冀陛下深賜照察，則莫大之幸。」上云：「肇今在甚處？」余云：「海州。」又言：「佃初貶泰，肇貶滁，殊不類，已而得泰州、海州，皆在佃後，其厚薄可知也。」

壬辰，同呈邊報。

又熙河奏，三僞公主十四日到河州。

再對，以步軍司乞免軍人裹護降羌〔六七〕，及出城借出軍器倍備修完價錢。從之。

癸巳，同呈邊報。熙河奏：青唐三僞公主已到河州。

再對，以路分宋宣爲熙河準備將領，專切應副鄯州、湟州使喚。

甲午，同呈西驛申，西人不赴上壽。得旨，令赴上壽，及歸驛賜御宴、節衣，並如舊例。

僞公主到熙州。

又李彀奏，乞早令王瞻歸湟州，及焚毁青唐巢穴。朝廷方議欲以鄯州付董氈之後，如府州折氏處之，詔經略司不得輒有焚毁。彀奏報中多攻病胡宗回，及言青唐近來危急之狀多過當。上謂余等曰：「此輩所言，未可盡信。」衆皆以爲誠如聖諭，因言：「内臣好貨，及作氣焰，凡所悦所惡，皆毁譽過實。」上又言：「利珣喜奏事，然亦好貨財。」夔云：「珣最甚。」

再對，上又及轂等，余云：「陛下察見近習用情如此，乃中外之福。」上亦深然之。

乙未，涇原留大將王翼，乃劉奉世隨行，遣還都官，而不赴部公參，私往塞上獲級，遷借職，又舉西安州差遣。翼本吏部令史，斬首必妄冒也。得旨，追所受賞，勒還都官重難差使。

再對，呈府界保甲數及縣保丁二十六萬。昨熙寧中教事藝者七萬人，上屢督責，欲復行畿内保甲教閲法，卞贊之益急。余云：「此事固當講求，然廢罷已十五年，一旦復行，與事初無異，當以漸推行，則人不至驚擾。」上云：「故當以漸行之〔六八〕。」余云：「聖諭如此盡之矣。若便以元豐成法一切舉行，則當時保丁存者無幾，今保丁皆未教習之人，若便令上番及集教，則人情洶洶，未易安也。熙寧中施行亦有漸，臣是時方判司農，首尾本末，無非出臣措置，容臣檢尋文字，講求施行次。」退以語卞，卞殊以爲不快也，乃云：「熙寧初，人未知保甲之法如何，今耳目已習熟，自不同矣。」余不答。

丙申，同呈秦鳳權帥周綍乞不候來春，先次賑貸本路保甲一次，來春更依條振貸，以役使勞敝故。從之。

章楶不合留王翼，罰銅二十斤。

再對，以上批李彀乞隴拶赴闕，沿路官吏懈慢等，並以違制論，仍禁劾令依奏。余云：「彀所陳未成文理，已別草定文字，乞依此行下。」上從之。仍指彀寫「恩讎」字作「酬」字，上亦哂之。

因言：「中外闕官，如左、右史久闕不除，從官日少。」上云：「左、右史可除者，祇是目前三二人。」余云：「在聖意以公論去取爾。」上又問：「徐彦孚可作權帥郎否？」余云：「以人望似亦可作，臣固嘗稱其曉事也。」

上累論欲召還高遵惠，而夔終未快〔六九〕。余因言：「陛下累欲召遵惠還朝，亦曾與三省議，但以難其代者。章惇云不必兩制，直閣皆可往。衆皆云未見有可除直閣者。臣意謂蔣之奇是太中大夫，似可除慶帥，兼未須除職。」上云：「之奇亦無事，除職亦不妨〔七〇〕。」余云：「聖意如此，中外所不知。祇如前日面諭韓忠彦，豈衆論所敢及。然尚書而下，從官太闕少，若非斷自聖意，恐議論必難合。前日聖諭欲以遵惠權吏書，臣以爲太重，刑部久不得人，以遵惠爲刑部必稱職，忠彦爲吏部甚允。況韓琦定策立英廟，此功不可忘。陛下留意忠彦如此，臣退而鼓舞稱誦，此豈今日大臣所能啓發聖慮也！然忠彦、遵惠召還，皆出聖斷，及之奇亦未當除帥，若出自中批，使人知出聖意，不須政府進擬也。」上欣然云「待批出」，既而寂然，疑有閒言之入者。已而遵惠卒，遂除之奇爲代。

是日早，出赴普照，以大名叢塗祭告，未後歸。

丁酉，旬休。

十二月戊戌朔，臘假，不入。

是日，賜口脂甲煎并銀合一、三十兩。

己亥，同呈邊報。馬仲良以平夏不以時遣役兵，爲西人所殺虜者甚衆，特降兩官。

西驛申：西人乞買賣。詔如舊例。

再對，以李伾知祁州，高權知信安軍。密院進擬石澈京城東面巡檢。御批：「不差，餘依奏。」同擬差者八、九人。是日，崇政西夏進誓表人使見。因謝上以「失於奏稟，極皇恐」。上云：「小事，但恐不可作巡檢爾。」余云〔七一〕：「澈於法當再任，騏驥院差遣高，故且與巡檢。」上云：「再任卻不妨，巡檢須擇才武者。」澈乃徐王婿。上語如此，余亦釋然〔七二〕。

庚子，同呈夏國誓表，詞極恭順。令二府擬撰誓詔〔七三〕，又令依例回賜，又令十四朝辭，十五日進發。

李瑴奏〔七四〕：青唐送到契丹公主，年六十四，頗能語言，自云宗真之女、洪基之妹，願早到京師，一見北使，詢虜中動静。上云：「宗回奏亦然。」

又奏：胡宗回得十一月二日朝旨，但行下王瞻相度施行，不肯果決。余等皆云：「宗回當如此施行。若便令王贍歸湟州，若贍異日以爲可守，是今日不當棄去也。令相度可否，申取帥司指揮，若不可，待報，即一面依朝旨歸湟州駐劄，亦曲盡之矣。」上云：「李彀欲棄鄯州，但一切苗履之言爾。」夔初以爲如此。

辛丑，北使見於紫宸，退狀，赴垂拱宴，酒五行，未後乃罷。

壬寅，同呈草定夏國誓詔，送學士院依此修寫。又夏國表中犯真廟諱，令牒宥州報本國施行。

秦希甫奏：「王贍、王厚盜取邈川、青唐府庫中金銀等物，因此致變，反殺心牟欽氈等以滅口〔七五〕，及分遣走馬及將士等〔七六〕，走馬後至，所得亦不貲。」詔令希甫及胡宗回、李譓體量詣實聞奏。

是日，差陳愷勾當剩員所，劉燾編修密院文字。奏事退，赴相國罷散道場。尚書省御筵，薄暮乃罷。是日，虜使謝射弓利物，至未時，聖上不肯重行立班。

癸卯，習上壽儀。

甲辰，忌。

乙巳，興龍節。

丙午，歇泊。

丁未，旬休。出華嚴齋僧，赴樂昌周祥道場，及拜大名影堂，同周秩及長老齋罷歸。

戊申，集集英大宴，申後罷。

己酉，人使辭紫宸，茶酒，巳正罷。

庚戌，歇泊。

辛亥，呈邊奏，熙河乞立溪巴温於鄯州，及令招誘疊州首領。

又令根究熙河司户虞大猷下落處，及令講求种朴尸首。

再對，差正旦伴射等官賈巖借馬軍都使、觀察使。

是日，蔡元度留身，乞宫觀。當日晚，差蘇珪封還表，宣召。

壬子，同呈差熙州通判孫适提舉熙河弓箭手，替李夷行，以上旨令罷夷行故。夷行以書言邊事多失實也。

熙河陣亡將官魏針等贈官推恩。

秦希甫奏言：「見薛适、曹紘等言：王瞻、王厚盜取邈川、青唐府，已差紘一就前去河州體究。」因面陳：「紘乃臣姪，轉運司自不曾差，權勾當公事所言如此，而希甫便委之體量，尤不當。恐須放罪改正。」上云：「須罰金。」遂令罰希甫二十斤，運司十斤，紘遣歸任。

李彀言青唐探報危急等事，且云胡宗回避棄地之責，故不肯依朝旨，令王瞻退保湟州等事。是日草定，欲以趙懷義知鄯州，王瞻爲都護，而宗回云：「懷義幼弱不勝任，恐國人不服。」得旨，別草定，來日進呈。

再對，路昌衡乞狄諮爲定州副總管。余云：「諮與一在京宫觀足矣，不足施行。」上云：「總管自當朝廷選擢，何可乞？」王餘應年八十，乞宫觀或致仕。上云：「令致仕。」余云：「餘應亦歸明之後。藏才族王氏世守豐州，與折氏等，慶曆中爲元昊所陷没，仁宗得餘應養之宗帥，待遇與宗室等。故餘應曉音樂伎巧，與都人無異。母折氏，嘗召入内。」上云：「如此與宫觀不妨。」

是日，元度押赴都堂，再上堂，馬上表。晚，遣劉友端封還文字，宣召。又批付中書，令諸處不得收接文字。

癸丑，同呈：以隴拶爲河西節度使、知鄯州，與王瞻同爲都護；瞻依舊熙河鈐轄、隴右沿邊安撫使、都巡檢，與隴拶同管勾軍馬司；以趙懷義爲廓州團練使、同知湟州、湟州管下同都巡檢使。隴拶候朝見訖降制。候溪巴温順歸，蕃情順服，令歸。其大小首領如青歸論征、捨欽角四之類，速具聞奏，依格優於除官〔七七〕，差充地分都、同巡檢。溪巴温如能歸順，願同隴拶在青唐，同小隴拶在溪哥城居住〔七八〕，並聽從便。

是日，卞再入〔七九〕，猶別班奏事，遣人來云：「此文字莫不須忙。」余云：「青唐危急，此事不可緩。」遂得旨，令依此指揮。

郭知章奏，乞朝見。從之。上猶疑已貶不當朝見上殿，余云：「面謝泛使，有使事當面奏，不可不對。」上從之。

又詔陝西、河東經略司，夏國已進誓表，及降誓詔，令不得侵犯及收接投來人口。

卞是日押入視事如故。

甲寅，同呈郭知章分析不赴插宴。余與夔云：「恐當併計。」上云：「兩制行遣，何嘗論法？恐虜人緣此不肯嗟程插宴，害事，不可不行。」令使、副各罰銅二十斤。

再對，以郝惟幾知通遠軍，曹譜知霸州。因言：「通遠闕官累日，不敢不慎擇。惟幾官序、人才及有戰功，譜亦爲監司及曾孝廣所稱〔八〇〕，故擢之。」

乙卯，立春。朝崇政。

同呈李嗀奏青唐利害，乞立溪巴温，且言王贍一罪魁，不足惜，一行將佐何辜，乞早令還湟州等事。上猶疑昨日指揮令溪巴温從便歸鄯州，卞遂和之。余云：「向者陛下嘗云：『王贍朝出青唐，則溪巴温暮入。』此無疑矣。今縱不聽其從便，能令溪巴温不入乎？與其令彼擅入，不若聽其從便也。今日青唐之變，擾攘未定，排難解紛，固當如此。若更守株，贍等陷没，或更有不測之變，則朝廷更難處置。若朝廷必欲有鄯州，則西有湟，東有洮，鄯州亦難立矣，隴拶其能國乎？異日以漸消磨，亦必爲朝廷有，不患不如府州折氏也。今日若不如此措置，儻有人能保王贍不陷没，南北别不生變，則昨日指揮猶可追改也。」上默然不敢措一言，上遂曉然。又熙河探報：郎阿章云〔八一〕：「本無背漢意，爲人所鬭亂故如此。」令宗回更切多方招誘〔八二〕，及倍恤其家。

又新歸順結絶洛吴擊敗多羅也族，殺傷其父子，令速具洛吴切狀聞奏〔八三〕。

又詔李譓，如雇召脚乘鋃難〔八四〕，人力困敝，未可般運打繩川板築所須，即具奏聽旨。

再對，呈軍領司闕，上令差張宗卨。余因言：「青唐之事，從初始合如此處置。國人本以不平瞎征父子篡奪，故欲逐之，而立董氈之後，朝廷當助順，爲之建立君長，乃仁義之舉，反欲因其擾攘而奪其地，人情所以不服。臣自七、八月間，累與章惇争論，以謂理當如此。適會惇、卞兩人議論叶同，已而瞎征、隴拶出降，臣無以啓口。今日變故如此，已是誤朝廷舉措，若更遂非固執，萬一更有不測之變，何以處之？」上云：「已降指揮如此施行。」余云：「臣固不當更喋喋，然十六日進擬隴拶指揮，卞猶以爲未須急，兼恐更生異議，望陛下聖斷，更賜主張。自紹聖以來，經營邊事，所向無不如意，不幸於此生事，狼狽如此。今但且於已然中且多方醫治，庶稍弭邊患，兼不失鄯州之名，亦足掩覆四方觀聽爾。昔人以火喻國事云：『曲突徙薪無恩澤，焦頭爛額爲上客。』蓋曲突徙薪，言雖見聽，消患於未然，何功之有？然見聽者少，其言雖驗，亦不足爲功。及火患已成，焦頭爛額以赴救者，皆有功之人也。今日措置，已是焦頭爛額，臣從初争論，正曲突徙薪之比也。臣之所以惓惓者，今已焦頭爛額，而論者未免有惑，願聖意深察安危之幾，知言者不可輕信爾。」上云：「甚好。」

上自十四日視朝，覺倦怠不快。再對，因問聖體如何，上云：「口爲吐逆，早膳至晚必吐，飲食皆出，兼嗽，食減，又坐處腫痛。」余云：「此皆虚證，須補理將養。」上云：「服補中丸至百丸，硫黄、鍾乳藥俱喫。」余云：「脈證如此，服不妨，醫者以陛下富於春秋，初不敢進温熱藥，恐即虚陽，今進此等藥非得已也。嗽雖小疾，然不可久，春氣至，即肺更不得力，宜速治之乃便。」上云：「補肺湯之類，無日不喫。」至十五日，御紫宸，坐久，坐中令近侍益火。退赴垂拱，同三省奏事，上頤頷寒噤，語極費力，色益不快。再對，余又問聖體，上云：「吐逆、痰嗽皆未退。」余云：「醫者以謂『虚則補其母，實則瀉其子』，冷肺虚當補脾胃，實瀉其子則虚，亦不可瀉，愛養脾胃，則肺自安。此不可不留聖念。」上云：「亦如此語。」至十六、十七、十八日，皆云吐未已，嗽亦不减。自十五日隔上殿班，至十八日方引一班。余云：「十九日、二十日皆休假，必得休息。」上云：「然。」余又云：「氣虚，冒犯、呼吸風寒皆不可。」上云：「逐日直在殿中，除一到兩宫外，不曾出。」余又云：「延和北向，尤不可坐，先常於迎陽門引後殿公事。」上云：「邇英自可坐。」余云：「邇英尤温服。」上又云：「崇政亦可坐。」余云：「但行太遠爾。」

丙辰，懿德忌。

卞言：林希子林獻在真州，無所不爲。

丁巳，旬休。

戊午，改六參爲常陽，隔上殿班。

是日風寒，與三省同問候。上云：「吐逆未已，早食晚必吐，又小腹痛，下白物，得醫官陸珣木香金鈴散，頗有功。」余與卞云：「此藥極好，若用熱酒調，尤速效。」上云：「祇爲喫酒不得。」又云：「煎生姜汁下藥，吐少減。」余云：「不易喫。」上云：「若辣藥皆喫得。」

余再對，因言：「臣不識忌諱，累曾冒犯天顔。緣聖體未康和，須留意將攝。傷氣莫甚於情欲。臣等衰殘，非屏絶世事，豈能枝梧？陛下春秋鼎盛，氣血方剛，於愆和之際，稍加節慎，至稍安和，無所不可。」上云：「極自愛，居常亦自節慎。」余云：「此乃宗社之福。」余自十七、十八至此，凡三以此進諫。上但云：「甚好。」

是日，同三省呈邊報。初欲止以單子進呈，上云不妨，遂一一進呈。

再對，上諭：「張商英稱鄒浩。」余云：「不知何人有言？」上云：「對曾孝廣言：『刑房有文字，鄒浩做卻。以此大名節，豈肯要人物！』」上又云：「是甚大名節？」余云：「商英素不慎語言。」上云：「此人終不可在朝廷，與一待制，令作郡不妨。」余唯唯而已，退，同三省已取問兩人者。

己未，同呈邊報。王厚申：省章峽蕃賊作過，勢甚熾。

庚申，同呈胡宗回奏：已差使臣催王贍回湟州。

辛酉，同呈引見瞎征等畫一指揮。

自己未大風雪，虜使至畿內，人馬多凍倒及有散失者。接伴申：恐一齊入門不及。下開封府，令根尋不見人馬，尋皆得之。是日早，出洽。

壬戌，同呈邊報。

再對，呈府界按閱將兵殿最賞罰。並如所擬。

上自十四日以後愆和，至是日甚一日，輔臣無日不問聖體安否。但云吐逆或泄瀉，飲食不美，補暖藥服之甚多，未有效。醫者亦屢來告以聖體未康，脈氣虚弱。然宮禁中莫敢言者，雖兩宮亦不敢數遣人問安否。余不勝其憂。

是日，聞安豐王氏甥女喪，早出。

癸亥，式假，不入。

是日，虜使入見。聞上坐甚晚，又傳宣宰執，至午時方再坐垂拱小宴，止三刻而罷，藥節皆減損（八五）。又傳宣二十七日權不視事。遂入劄子問聖體。

甲子，會都堂，再入劄子問聖體。自是日入劄子。

乙丑，宅引。

丙寅，假。

丁卯，歲除享先。

賢妃以九月八日降制册立中宮，以二十六日習儀，二十七日發册。正言鄒浩自試院中出數日，乃以二十五日上殿論册后事不當。是日批出：除名勒停，新州羈管。仍令開封府當日差人押出門。二十六日，習儀殿廬中。三省得御批，以吕嘉問舉官不當，削一職，仍展三年磨勘。已而御史左膚論開封府遲留，浩不即日出城，又於城外稽留數日。下嘉問問服，既又送御史臺，令元差人具析有何人祖送浩者。上亦面諭云：「士大夫有易節自别門出，别勞送之者。」而所差人不識往還之人，御史臺乞展轉推究，遂悉得其姓名。有王回者，乃葉祖洽所薦，得堂除都講，與浩甚密，且有簡往來，臺中詰之，乃能誦浩所上章幾二千言，蓋嘗預議也。回除名勒停，候合敘日取旨。餘出謁者皆衝替，有贈遺者追官勒停，本人罰金。蔣之奇以簡與之，并葉祖洽、吕嘉問皆落職小郡。既而又攝浩弟治詰之，得朱紱、傳楫輩嘗贐以金者，亦皆追停。又遣鍾正甫就浩於新州，除已得罪者，更有曾餽贐者否。未報間，曾孝廣又以張商英語告〔八六〕。先是，周穜嘗稱浩同難方天若以告，蔡京以上聞，天若皆貶。又黄履言劉禹錫、唐介等事，欲徙浩内地。上以其初無所論，至日乃言，疑爲人所使，亦貶亳州。周常稱履公，終是好人，又言浩當還，貶柳州監酒。又曾誠素與浩往還，或云誠乃嘉問壻，浩本誠所薦，亦送吏部與外任差遣。傳者多失實，故書之。

元符己卯九月七日晚，宣召學士蔣之奇至内東門，既入見，上指御坐後文字以付之奇，云：「皇帝所咨近日請建中宫事，劉賢妃柔明懿淑，德冠後宫，誕育元良，爲宗廟萬世之福。今中宫將建〔八七〕，非斯人其誰可當？所宜備舉典册，以正位號。」之奇讀訖，請曰：「封建妃嬪、諸王，皆中書具熟狀付學士院，宰相則面受詔旨，學士院具熟狀追入。此不知是文字〔八八〕？」上云：「皇太后手詔也。亦不須進熟狀，祇依此批聖旨云：『九月七日，内東門面奉聖旨，賢妃劉氏可立爲皇后，以今月八日降制處分。』」遂進呈，上云：「如此是矣。但當如手詔命詞，更在卿潤色。」遂鎖院，御藥劉友端宿。翊日降制訖，遣中人賜對衣、金帶、銀五百兩於學士院。對衣唯繡裹肚一，非常日所有，并餘皆製造成者，異於常賜也。此皆得之之奇云。

校勘記

〔一〕次學士院諮報　據上下文例，此「次」字或衍。

〔二〕昨郭知章等所持國書　「等」字原脱，據永樂大典（中華書局影印本）卷一九七三五補。

〔三〕同呈熙河五狀　「熙」原作「鹽」，據永樂大典卷一九七三五改。

〔四〕遂依此降指揮　「遂」原作「逐」，據長編卷五一四元符二年八月己卯條改。

〔五〕以見今城寨等地名　「今」原作「金」，據長編卷五一四元符二年八月戊寅條改。

〔六〕久例於東偏頭村往來買賣　「村」原作「材」，據長編卷五一四元符二年八月戊寅條改。

〔七〕賜涇原減猥寨名曰定戎　「戎」原作「戒」，據宋史卷八七地理志三、宋會要輯稿（中華書局影印本）方域一八之七改。

〔八〕賴瞎征溪巴温相持未決　「瞎」原作「轄」，據永樂大典卷一九七三五、長編卷五一四元符二年八月丙戌條注引曾布日録改。

〔九〕特與復禮賓使　「復」原作「邊」，據長編卷五一四元符二年八月丁亥條改。

〔一〇〕又諸路修築城寨　「路」字原脱，據長編卷五一四元符二年八月己丑條補。

〔一一〕令奏聽朝旨　「聽」原作「然」，據長編卷五一四元符二年八月辛卯條改。

〔一二〕桂師程節亦尋常　據長編卷五〇八元符二年四月丙子條，程節時爲直祕閣、權知桂州、廣南西路都鈐轄。疑此處「師」爲「帥」字之譌。

〔一三〕大約所在之人爾　據上下文義，「之」疑爲「乏」之譌。

〔一四〕然執政不肯　長編卷五一四元符二年八月乙未條「肯」字下多一「用」字。

〔一五〕祇如陜西河東河北三路皆闕提刑陜西止有孫賁一員又以體量到三路皆冬教保甲之處　「皆闕提刑陜西止有孫賁一員又以體量到三路」十九字原闕，致文義不明，此據長編卷五一四元符二年八月乙未條補。

〔一六〕又如淮南兩轉運使俱罷　「淮南」，永樂大典卷一九七三五作「河南」。

〔一七〕想亦不至如此難得也　「如」字原闕，據永樂大典卷一九七三五補。

〔一八〕若逮事皇太妃　「妃」原作「后」，據永樂大典卷一九七三五、長編卷五一五元符二年九月辛丑條改。

〔一九〕褻不唯勞　長編卷五一五元符二年九月辛丑條「勞」字下多一「攘」字，似是。

〔二〇〕兼祕密不肯使他人與同　「同」，長編卷五一五元符二年九月辛丑條作「聞」，似是。

〔二一〕正是卞及舒亶朱服之徒建此議爾　「服」原作「復」，據本書卷七元符二年八月癸酉條及長編卷五一四元符二年八月癸酉條改。

〔二二〕差曹評北虜生辰副使　「評」原作「平」，據長編卷五一四元符二年八月戊戌條注引曾布日録改。曹評，宋史卷四六四有傳。

〔二三〕駕幸芳林園　「芳」原作「勞」，明李濂汴京遺蹟志（中華書局一九九九年版）卷八云芳林園在汴京城内，而無「勞林園」。又長編卷二〇一治平元年六月辛亥條稱時「作睦親、廣親北宅於芳林園」。則「勞」當爲「芳」字之譌，據改。

〔二四〕未嘗奏聞朝廷　「奏」字原脱，據長編卷五一五元符二年九月丁未條補。

〔二五〕彼尚有七八萬衆　「七八萬衆」原作「七分人衆」，永樂大典卷一九七三五作「七分萬衆」，長編卷五一五元符二年九月丁未條作「七八萬衆」，據改。

〔二六〕依阮易簡陳請　「阮」原作「元」，據本卷上文九月壬子條改。

〔二七〕令吴安憲體量定州奏軍城寨捕盜官爲北賊殺傷　「盜」原作「到」，案下文有「捕盜官」云云，據改。

〔二八〕又罷引訛勃囉　「勃」字原脱，據本卷上文九月丁巳條、下文閏九月丙子條補。

〔二九〕同呈東北冷牟城寨賜名新泉　「東北」下原衍一「牟」字，據本卷上文九月丁巳條及宋史卷八七地理志三删。

〔三〇〕赴東上閤門拜表　「表」原作「者」，據永樂大典卷一九七三五改。

〔三一〕韓師朴奏　「朴」原作「杯」，按長編卷五一六元符二年閏九月辛未引曾布日録作「知大名府韓忠彦奏」，韓忠彦字師朴，宋史卷三一二有傳，據改。

〔三二〕又差中使黄經臣管押嗗征一行李穀管押隴拶一行赴闕　「黄」原作「兼」，按長編卷五一六元符二年閏九月癸酉條有云「其嗗征一番，差入内供奉官黄經臣」，則「兼」當爲「黄」之譌，據改。

「彀」原作「穀」，據本卷下文十一月乙亥條、辛卯條及宋會要輯稿蕃夷六之三四改。

〔三三〕殿前馬步軍司詳定儀注及何行事件聞奏　「何行」，長編卷五一六元符二年閏九月丙子條作「合行」，疑是。

〔三四〕劉何與遠小知州　「州」原作「寨」，據永樂大典卷一九七三五、長編卷五一六元符二年閏九月辛巳條改。

〔三五〕告命四更已過門下　「下」字原闕，據長編卷五一六元符二年閏九月辛巳條補。

〔三六〕然未闕事　「闕」原作「關」，據永樂大典卷一九七三五、長編卷五一六元符二年閏九月丁亥條改。

〔三七〕卻於舊將兵内每指揮減一百人　「内每」原作「每内」，據長編卷五一六元符二年閏九月壬辰條改。

〔三八〕舊制門客醫人皆不許相見　「制」原作「到」，據永樂大典卷一九七三五改。

〔三九〕又呈河東八堡寨賞功　「八」原作「入」，據長編卷五一六元符二年閏九月乙未條引曾布日録改。

〔四〇〕遂閤入劄子奉慰　「閤」，據下文丙申條「各再入劄子問聖體」云云，疑當作「各」字。

〔四一〕差吴靖方管勾葬事　「差」原作「美」，據永樂大典卷一九七三五改。

〔四二〕盡殺大首領結吼龊心牟欽氊等九人　「龊」原作「齀」，據本卷閏九月壬申條及長編卷五一六元符二年閏九月壬辰條注引曾布日録改。

〔四三〕十五疋十疋七疋　「十疋七疋」四字原闕，據永樂大典卷一九七三五、長編卷五一七元符二年十月甲辰條補。

〔四四〕守禦人五疋三疋二疋　「二疋」二字原闕，據長編卷五一七元符二年十月甲辰條補。

〔四五〕遺慕化李忠傑將部落子　「部落」原作「部部」，據永樂大典卷一九七三五、長編卷五一七元符二年十月乙巳條改。

〔四六〕又結呃齪心牟欽氈已誅　「齪」原作「齓」，據本卷閏九月壬申條及長編卷五一七元符二年十月丁未條改。

〔四七〕復蹇序辰范鏜待制　「鏜」原作「堂」，據長編卷五一七元符二年十月己酉條改。

〔四八〕苗履過省章峽　「省」原作「信」，據長編卷五一七元符二年十月庚戌條改。

〔四九〕有傳國銀印及唐朝所賜節度使印　「有」原作「又」，據永樂大典卷一九七三五改。

〔五〇〕上云欲與一通事舍人　「人」字原闕，據本卷十月辛酉條補。

〔五一〕同呈李彀乞厚待契丹公主　「彀」原作「穀」，據本卷下文十一月乙亥條、辛卯條及長編卷五一八元符二年十一月癸酉條、乙亥條改。

〔五二〕以待中師及被獎擢者　「待」原作「侍」，據長編卷五一八元符二年十一月辛巳條改。又，「中師」，長編卷五一八元符二年十一月辛巳條作「小帥」，似是。

〔五三〕又令河北諸路安撫司指揮逐州軍多方招募災傷人充軍　「河北」，長編卷五一七元符二年十月己未條引曾布日録作「河東」。

〔五四〕同呈熙河乞補邊厮波結職名　「補」原作「捕」，「邊」原作「籩」，據長編卷五一七元符二年十月庚申條改。

〔五五〕若保完得王贍一行人馬歸邈川　「邈」字原闕，據長編卷五一八元符二年十一月乙亥條補。

〔五六〕及河南疊宕一帶部族見歸明　「及」原作「乃」，據長編卷五一八元符二年十一月乙亥條改。

〔五七〕即并瞎征隴拶一就起發　「瞎」原作「贍」，據長編卷五一八元符二年十一月乙亥條改。

〔五八〕其後瞎征隴拶皆出降　「降」原作「隆」，據永樂大典卷一九七三五、長編卷五一八元符二年十一月乙亥條改。

〔五九〕臣遂自條今日所陳三事示之　「臣」字原闕，據永樂大典卷一九七三五、長編卷五一八元符二年十一月乙亥條補。

〔六〇〕又令諸路未降誓詔以前收接兩界投來人口　「兩界」，長編卷五一八元符二年十一月己卯條作「西界」。

〔六一〕又差陳敦復以勾當公事兼管勾提舉營田司公事　「敦」原作「惇」，按本條下文作「敦復」，又長編卷五一七元符二年十月丁未條有「河東路經略司勾當公事陳敦復言」云云，作「敦」者是，據改。

〔六二〕內有差與常安民船及庇贓吏路班等罪　「常」原作「長」，據永樂大典卷一九七三五、長編卷五一八元符二年十一月庚辰條改。

〔六三〕而有言傑與安民親　「傑」原作「節」，據永樂大典卷一九七三五、長編卷五一八元符二年十一月庚辰條改。

〔六四〕及亡兄鞏以文章名重一時　「及」，長編卷五一八元符二年十一月庚辰條作「臣」。

〔六五〕密院獨員　「員」原作「負」，據上下文義改。

〔六六〕舉家赴普照齋祭　「普」字原闕，按本書上下文屢見赴普照辦理喪事文字，如本卷九月己酉條、十一月辛未條等，知此處乃脱一「普」字，據補。

〔六七〕以步軍司乞免軍人裹護降羌　「裹」原作「裏」，本卷上文十一月乙亥條下文卷九元符三年正月癸未條注皆有「裹護」云云，據改。

〔六八〕故當以漸行之　「故」，長編卷五一八元符二年十一月乙未條作「固」，似是。

〔六九〕而夔終未快　「快」，長編卷五一九元符二年十二月壬寅條作「決」，似是。

〔七〇〕除職亦不妨　「妨」原作「防」，據永樂大典卷一九七三五、長編卷五一九元符二年十二月壬寅條改。

〔七一〕余云　「云」字原脱，據永樂大典卷一九七三五、長編卷五一九元符二年十二月己亥條補。

〔七二〕再任卻不妨巡檢須擇才武者澈乃徐王婿上語如此余亦釋然　「卻不妨巡檢須擇才武者澈乃徐

王婿上語如此余亦」二十一字原脱，據永樂大典卷一九七三五補。又「亦」上，永樂大典卷一九七三五衍一「云」字。

〔七三〕令二府擬撰誓詔　「擬撰誓詔」原作「此亦余詞」，據永樂大典卷一九七三五改。又「二府」原作「三府」，按宋無「三府」之名，長編卷五一九元符二年十二月壬寅條云「答詔兩府共定」，則此「三」乃「二」之譌，據改。

〔七四〕李彀奏　「李彀」原作「擬撰誓」，據永樂大典卷一九七三五改。

〔七五〕反殺心牟欽氈等以滅口　「心牟欽氈」原作「牟心欽氈」，據長編卷五一九元符二年十二月壬寅條改。

〔七六〕及分遺走馬及將士等　「走」原作「矢」，據長編卷五一九元符二年十二月壬寅條改。

〔七七〕依格優於除官　「格」原作「烙」，據長編卷五一九元符二年十二月癸丑條改。

〔七八〕同小隴拶在溪哥城居住　「在」原作「再」，據長編卷五一九元符二年十二月癸丑條改。

〔七九〕卞再入　「再」原作「在」，不通，據上下文義改。

〔八〇〕譜亦爲監司及曾孝廣所稱　「孝」原作「存」，按宋時有曾孝廣，宋史卷三一二有傳，而未見「曾存廣」；據長編卷五一九元符二年十二月乙卯條，是時曾孝廣官工部員外郎；又本卷下文十二月戊午條、丁卯條皆云及曾孝廣，據改。

〔八一〕郎阿章云　「郎」原作「耶」，按本卷九月丁未條、十一月甲申條皆作「郎阿章」，又長編卷五二〇元符三年正月戊寅條、宋史卷三二八胡宗回傳亦作「郎阿章」，據改。

〔八二〕令宗回更切多方招誘　「宗」字原脱，按上下文知青唐事由胡宗回處置，據長編卷五二〇元符三年正月戊寅條補。

〔八三〕令速具洛吴切狀聞奏　「切狀」，據文義似當作「功狀」。

〔八四〕如雇召脚乘銀難　據上下文義，「銀」似爲「艱」字之譌。

〔八五〕藥節皆減損　「藥」，據上下文義，疑當作「樂」。

〔八六〕曾孝廣又以張商英語告　「商」原作「甫」，按長編卷五一九元符二年十二月戊午條記曾孝廣言「張商英稱鄒浩」云云，「甫」、「商」形近而譌，據改。

〔八七〕今中宫將建　「建」原作「見」，據長編卷五一五元符二年九月丙午條詔書改。

〔八八〕此不知是文字　據上下文義，此處「是」下疑脱一「何」字。

曾公遺録卷九

元符三年正月戊辰朔，拜表於東上閤門，又拜牋於内東門。

己巳，出詣普照致祭。

庚午，忌。

辛未，宅引。

是日，御藥劉友端傳宣三省、密院，罷初五日紫宸宴。

上自十二月苦痰嗽、吐逆，既早膳，至晚必吐，又嘗宣諭以腰疼，便旋中下白物。醫者孔元、耿愚深以爲憂，以謂精液不禁，又多滑泄。至是，友端亦云：「疾勢雖尚安，然未愈。」

壬申，聚都堂，同列皆以上疾爲憂。又傳宣：五、六、七日（一），權不視朝三日。

癸酉，押虜使朝辭宴於都亭驛。是日，虜使止門辭受書，巳時赴坐，未時罷，酒十二行。是日，又於都亭見友端，云：「上服金液丹，吐止，漸安。」

甲戌，宅引。

乙亥，英廟忌。自是寒慘微雪。又傳宣：十一日酌獻差宰執。十日奉安大定神御，前後一日皆不坐。

乙亥，余率三省求對，問聖體。蔡卞云：「方欲啓口。」遂同入劄子。晚，遣友端傳宣以未可相見。友端云：「自六日晚再吐，疾勢未退。」且云難言，又泣下。

丙子，宅引，早出。

巳、午間，得御藥院申：「上吐瀉未已，脈氣微弱。」仍云「因大病後失將理，積久傷氣」。即時馳白三省，約聚都堂，未時再上馬入内。又聞中批付三省，在京寺觀作祈禳道場七晝夜。夔方以大定奉安致齋，余等皆以簡招之，遂來都堂，同赴内東門，請入問聖體。御藥劉瑗、劉友端、蘇珪同傳宣云：「服藥漸安，十一日決於内東門小殿中相見。」再請對，不許，遂退。

丁丑，五鼓，同三省赴景靈，前導太宗神御赴大定，至午時奉安，退。得中批付三省、密院：「以復冒大寒，臟腑爲梗，久未痊平，令四京諸路降德音。」御藥又申：「上脈氣小弱。」余以謂上服藥久，方春發生，何惜一赦！及檢至和三年仁廟亦大赦，衆皆然之。遂至内東門求對，須臾宣召至福寧東閤中，見上著帽，背坐椅子，但云：「臟腑久不能安，服硫黄、硃砂皆未效。」衆皆勉上以灼艾，上云：「合灸即須灸。」余云：「一日不可緩，須今晚便灸。」上云：「只今便灸。」又問德音，遂言至和大赦，不若更一赦爲便。上云：「甚好。」余云：「已與三省草定進入，送學士院次。」又乞下五岳四瀆等處，遣長吏祈禱。從之。遂退。以翊日酌獻爲名，與三省俱宿禁中。

戊寅，同三省赴景靈，分詣酌獻。退，赴内東門問聖體。傳宣以夜來灼灸倦乏，未可相見。遂退聚都堂，暫歸。

是日，四御藥皆來傳宣云：「夜來達旦，灸百壯，臟腑減一次，亦累進粥。然初灸三十五壯方知痛，五十壯以後痛甚。醫者云脈氣未生，舌强微喘。」約三省至未時再上馬赴都堂，再詣内東門求對。未上馬間，御藥院又申：「即日已進硃砂七返丹，及其他補助陽氣藥不少，然自汗喘促，未得宛順。」遂促三省上馬，馳詣都堂，至内東門。須臾召對，見上於御榻上，兩老嬺扶掖。上頂白角冠，披背子，擁衾而坐。上雖瘦瘁，面微黑，然精神峻秀，真天人之表。是時喘定，汗亦止。先是，已同三省進余所服火硃砂二十粒，大理少卿周鼎七返金液丹。上云：「朱砂等皆已服，喘亦漸定，卿等但安心。」又問：「除齋醮外，有何禮數？」余云：「至和中，曾於奉宸庫支錢設大會。」上云：「甚好。」退，見醫官但云「汗喘定，乃乍静，脈氣大段虧減，藥無不供進，未有效」。遂各赴本省宿。是日，衆白上云：「臣等禮當逐日入問聖體〔二〕，至御榻前一見已幸，不煩更起坐及加冠服。」上云：「禮數不可闕。」衆云：「君臣義均父子，乞不須如此。」

五鼓，得御藥院申：「醫官四更診，脈氣愈微細，自汗不止，不宜更有增加。」遂起聚僕射廳。黎明，角門開，詣内東門求對。

己卯，至内東門，尋便宣召至會通門，見都知梁從政，云：「已不可入。」至福寧殿東階，立庭下，垂簾，都知以下云：「皇太后已坐。」再拜起居訖，升殿。太后坐簾下，微出聲發哭，宣諭云：「皇帝已棄天下，未有皇子，當如何？」衆未及對，章惇厲聲云：「依禮典、律令，簡王乃母弟之親，當立。」余愕然未及對。太后云：「申王以下，俱神宗之子，莫難更分別。申王病眼，次當立端王。兼先皇帝曾言：『端王生得有福壽。』嘗答云：『官家方偶不快，有甚事。』」余即應聲云：「章惇並不曾與衆商量，皇太后聖諭極允當。」蔡卞亦云：「在皇太后聖旨。」許將亦唯唯。夔遂默然。是時，都知、押班、御藥以下百餘人羅立簾外，莫不聞此語。議定遂退。梁從政引坐於慈德宫南廡司飾閤前幕次中。殿庭上下時有哭者，從政等呵止之，令未得發聲。余呼從政，令召管軍及五王。從政云：「五王至，當先召端王入。即位訖，乃宣諸王。」少選，引喝内侍持到問聖體榜子，云：「三王皆已來，唯端王請假。」遂諭從政令速奏皇太后，遣使宣召。久之未至，余又督從政令再奏，遣皇太后殿使臣往趣召，從之。余又再召都知以下諭之云：「雖已聞皇帝大漸，然宰執未曾親見，乞入至御榻前。」從政云：「是，是。」得旨，令引入，開御帳，見大行已冠櫛小斂訖，覆以衣衾，從政等令解開覆面白巾，見大行面如傅粉。余等皆哀泣，但不敢發聲。左右近習皆嗚咽，涕泗榻上。兩老嬭坐於左右，都知以下送余等降階。余謂從政等曰：「適來簾前奏對之語，都知以下無有不聞。」從政唯唯。余又顧押班馮世寧等，云：「揔聞得。」余又謂：「端王至，便當即位，帽子、御衣之類必已具。」從政云：「已有。」再聚幕次中，議草遺制，制詞皆二府共草定，然未敢召學士。須臾，報端王至，遂宣入至殿廷，余等皆從行。端王回顧宰執，側立，揖甚恭，又躬身揖都知以下，至殿階，引喝揖躬起居訖，簾卷升殿。余等皆同升，至寢閣簾前。皇太后坐簾下，諭端王云：「皇帝已棄天下，無子，端王當立。」王踧踖固辭，云：「申王居長，不敢當。」太后云：「申王病眼，次當立，不須辭。」余等亦云：「宗社大計，無可辭者。」都知以下卷簾，引端王至簾中，猶固辭。太后宣諭：「不可。」余等亦隔簾奏言：「國計不可辭。」聞簾中都知以下傳聲索帽子，遂退立廷下。少選，卷簾，上頂帽，被黃背子，即御坐。二府、都知以下各班草賀訖，遂發哭。再奉慰訖，退，赴會通門外幕次。都知等宿房在小殿後。召學士承旨蔡京至，相對慟哭，遂草定遺制。京親書訖，召都知進入，催閤門、御史臺退百官班。是日，未宣遺制，嗣君宮中人已來，引喝內侍云：「皇后已在內東門，候得旨宣入。」須臾，姬侍從入者四十八人，會通門猶一一點數放入。移刻，都知劉友方、梁從政至幕次中宣諭云：「皇帝有指揮事，召二府入對。」遂同入，立廷下。上御坐，宣名奏萬福訖，升殿。上密諭章惇，語聲低，同列皆不聞。余云：「臣等皆未聞聖語。」惇云：「請皇太后權同處分事。」上亦回顧余等云：「適再三告娘娘，乞同聽政。」余云：「陛下聖德謙挹，乃欲如此，然長君無此故事，不知皇太后聖意如何？」上云：「皇太后已許，適已謝了，乃敢指揮。兼遺制未降，可添入。」余等遂奉詔而已。召蔡京及呼梁從政取遺制重修寫訖，又呼從政等進入，及指示以所添一節，從政等色皆駭愕。遂呼班，班入慟哭，福寧几筵内道場之類皆已具。班定，引宰臣升殿受遺制，西向宣讀訖，降階。再拜訖，宰臣燒香、奠茶酒訖，又再拜。方宣遺制時，止哭，然上下内外慟哭聲不可遏。移班詣東序，賀皇帝即位。又奉慰訖，宰臣、親王、嗣王、執政皆升殿慟哭，上亦掩面號泣。是日，余不覺與親王同升殿，又方號哭，與三省分班東向立，退，乃見親王在側。宰執皆奏：「上以社稷大計，乞少抑聖情哀泣。」又降階慰皇太后訖，復升殿至簾前，與親王等分立。又奏皇太后：「已得聖旨，於遺制中添入『權同處分軍國事』。」太后云：「官家年長聰明，自己那裏理會得他事〔三〕。」余等云：「皇帝宣諭，云太后已許，已謝了。」太后云：「只爲官家再三要如此，只管拜。」余云：「已降遺制，願上體國計，勉徇皇帝所請。」遂退。是日，差押班馮世寧提舉造梓宫，又差世寧、閻安充山陵按行使。

是夕，鎖院，降登極赦。

先是，大行服藥，得旨：以十二日午時，宰臣詣中太一宫、集禧醴泉觀開啓祈福道場燒香。又得旨：於十二日酉時，大慶殿道場設醮，亦宰執燒香。遂議定：夔與余燒香於中太一宫，中書集禧，左轄醴泉。至十一日晚，得御藥院申，大行疾勢有加。夔遂云：「惇更不赴太一宮，只就大慶燒香。」衆相目，轄云：「若不去時，大家不去。」衆皆稱當，夔亦云：「好。」遂入奏，大慶改用午時開啓，中太一等處，遣所差燒香從官開啓。余先已語中書云：「此公多計數。」已而果然。及俱不出，其謀已沮。然未知其意，又以大行未卜疾勢如何，未敢啓口。然余竊揆之，萬一有變故，唯端王年長，當立無疑。至日早聚僕射廳〔四〕，余遂云：「天下事無大小，然理在目前，但以大公至正之心處之，無不當者。」冀同列默諭此意。及至簾前，遽有簡王之請，兼厲聲陳白，唯恐衆人不聞。及長樂宣諭，衆議稱允，渠亦更無一言，但奉行而已。余語中書云：「嘗言其多計數，果然。」但謀事疏率，初欲獨留，意已欲專此事。及倉卒，又不謀於衆，遽發此言，殊可駭。本欲贏衆人，今乃如此，所謂還著於本人也。」轄亦以爲然。余又曰：「渠之言如此，禍將奈何？」轄云：「此固不足論，但於簡王亦不安爾。」退，赴資善堂。晚，復入福寧臨，同百官自垂拱入。是夕，宿資善，通夕不能寐。廷臣哭多哀，諸王唯簡王哭甚哀，睦王未嘗有淚，左轄等皆訝之。自是日赴朝晡臨。早聚，因言：「昨日已肆赦，及添入敘用、牽復、量移等，路當須奉行。」因又言：「余嘗於上前云：『編敕刺配法中，亦分廣南及遠惡處爲兩等。今在遠惡處者縱未可徙內地，且多廣南一善郡，亦稍慰人心。』公等不可不以此奉行。」衆皆許肯。夔云：「子開、致遠等皆當復職〔五〕。」是日，傳宣取前省內臣馮說赴入內省〔六〕。乃陳貴儀閤中人，嘗抱今上，紹聖被逐，元豐中亦卷簾。十一日宣赦畢，赴内東門。余云：「赦文中不曾及責降、編管、安置人等如何。」夔、鳳皆云：「自有赦格。」余云：「外人安知赦格〔七〕？上服藥，如此欲以召歡聲和氣，何須更爾閉藏？」夔云：「非閉藏，要添入即添。」遂貼麻添入：「應合牽復、敘用、量移、移放人等〔八〕，並疾速檢舉施行。」

庚辰，赴福寧朝臨，不哭。是日，殿上垂簾，見几筵。退，遂赴文德殿，宣登極赦訖。假寢，至亭午乃飯。夔招聚廳，左轄云：「都知等來太常計會儀範許與不許之類。先閲會要，見天聖、嘉祐垂簾故事，皇太后稱『吾』，臣僚上表，答云『覽表具知，所請宜不許』、『宜許』。及五日一垂簾同聽政，臣僚起居皇太后訖，移班起居皇帝。皇帝坐西，乃皇太后之上。皆天聖故事。嘉祐末，英廟請慈聖同聽政，初同御五月，蓋英宗方服藥。内東門小殿垂簾，至七月十三日，英宗間日御前、後殿，輔臣奏事，退，詣内東門簾前覆奏皇太后。會要云：『皇太后勉徇上請同聽政，而未嘗御前殿，百司亦不奏事，唯中書、密院詣内東門小殿覆奏事而已。明年手書還政。』又故事，唯慈聖不立生辰節名，不遣使契丹。若天聖、元豐則御殿垂簾，立誕節名，遣使與北虜往還，及避家諱等。」余初問同列：「今日當如何處之？」夔以下皆云：「當具此兩次故事稟旨。」余獨曰：「不然，此事乃吾輩所當任。若稟上旨，恐難裁減；若稟長樂，亦難可否。今上長君，豈可垂簾聽政？正當從吾等請，如嘉祐故事施行，乃爲得禮。」衆皆聳服，以爲當。然左轄徐云：「卞猶疑之。天聖、元豐與今日皆遺制處分，與嘉祐末英宗請聽政不同，萬一爲他人論議，如此奈何？」余云：「不然，今日之事雖載於遺制，實出自德音，又皆長君，正與嘉祐事相似。」衆亦悦服，以爲當。轄亦云：「須如此講議，乃説到道理處。」遂同入劄子，乞晚臨訖奏事，退，詣簾前覆奏。尋得旨，依奏。此奏亦余所草定，蓋劄子中所乞奏事次第，已如治平故事矣。

晚赴晡臨，遂至東序。起居訖，升殿，上服淺黄袍紅帶，遂出嘉祐、治平故事天聖故事更不將上。進呈。上云：「恰一般。」余遂指五月同御小殿，蓋英宗方服藥，恐未嘗同坐，至七月御前、後殿，即是英宗已安，日御前、後殿，奏事，退，赴内東門覆奏。今日正當用此故事。又云：「雖遺制所載，實出自德音，正與治平事一般。」又言：「章獻時仁宗方十三，宣仁時大行方十歲，陛下豈可坐簾中？」上甚悦，云：「事體雖當，然且更稟皇太后聖旨。」余云：「陛下長年，聖德謙挹，請皇太后權同聽覽，今故事如此，固當稟皇太后，然足以見聖意謙屈，曲盡事體。」同列亦皆稱贊。余又云：「大行不幸棄天下，陛下入繼大統，唯於事兩宫當盡禮。」上云：「固當爾。」左轄云：「天下大計已定，唯是先帝法度、政事當持守。」余云：「事止有是非，若所持守於公議爲是，孰敢以爲不然？」遂退，降階，皇帝亦降坐。垂簾，太后臨門坐。余謂都知、御藥等云：「椅子當近簾，庶便於奏事。」遂引班起居訖，卻卷簾，至寢閤簾前奏事，進呈嘉祐故事如前。太后云：「相公等裁定。」夔與余皆云：「須取稟聖旨。」太后又云：「莫奏取官家指揮？」余云：「適皇帝再三令稟皇太后聖旨，兼此事是皇太后身分事，皇帝實難裁處。」夔亦云：「是太后面分事。」遂答云：「皇帝長成，本不須如此，只爲皇帝再三堅請，故且勉從。非久便當還政，只如慈聖故事甚好。」余等皆稱贊皇太后聖德謙恭，德音如此，實近世之所罕有。余云：「既得旨，不御前、後殿，唯三省、密院於內東門覆奏職事，則百司皆不奏事，臣僚不上表章，生辰不建節名，不遣使契丹，皆當如慈聖故事。」余又云：「如此便批聖旨施行。」太后云：「已知。」再三諭云：「皇帝所生陳貴儀，當追贈皇太妃。」余等愕然，方覺思慮所未及，唯唯奉詔。又云：「皇帝以申王是兄，欲優加禮數。」余等皆云：「聖意如此，甚善。」又宣諭云：「皇帝欲先次優與官封。」余等皆云：「來日便進呈，鎖院降制。」太后云：「好。」又奏：「大行皇帝皇后當別建宮殿名號，容別具奏稟，緣不可居坤寧。」太后亦云：「好。」自初奏事，垂簾不見，上只立於太后坐側，及言申王事，又於椅子後附耳語太后，故又再宣諭。退，出内東門，聚丞相廳，議追册太妃、封申王及增崇兩宮、并處中宮事。是日，差宋用臣修奉山陵。初議欲取旨，余云：「欲得人，非用臣不可，必能省費，愛惜役兵，以用臣素善使人故也。」衆皆然之，遂擬定進。

是日，宰執各賜御酒四瓶、食兩合，各以短表謝，中使各五千。知客司白親王以下皆用兩表謝。余云：「不須。」蓋已得旨也。是日，余又謂同列：「今日奏事次第如此，遂爲定式矣。先奏皇帝，次覆奏太后，已如今日所得指揮。」衆皆欣服。

辛巳，早赴臨訖，退，同觀梓宫，皆舉哭。梓宫長九尺餘，高五尺餘，裏明闊四尺餘，皆巨材，唯底板側貼數寸，已布漆訖，但未施丹爾。梓宫中别設一板曰「卧龍板」，亦丹漆，用錦通裹，大斂則先置神御於此板上，左右各十二環，以綵索舉之，奉入梓宫。

皇太后手詔付中書省與同降御寶批同。云：「皇帝踐祚之初，勉從勤請，非久便當退歸房闥，除不御前、後殿已指揮外，如迴避家諱之類，並勿施行。」又二府已議定贈陳太妃、申王加官進封、及元符皇后等事，遂入劄子。晚臨訖，乞依昨日次第奏事。仍云：「今後有合奏事，乞計會入内省取旨，依此引對。」得旨依。晡臨訖，起居升殿奏事，如庚辰儀。尋進呈太后手詔，因言：「陛下謙挹，請太后同聽政，而太后德音如此，實古今所未有。」上亦稱歎云：「更取皇太后聖旨。」余又言：「手詔文詞甚美，雖外廷詞臣亦不能彷彿。」上云：「皇太后聰明，自神宗時已與聞政事。」余云：「臣等雖方得侍清光，然兩日聞皇帝、皇太后德音，相與稱頌不能已。」上云：「若依太后聖旨施行，當降詔。」

又進呈：昨日得皇太后聖旨，貴儀陳氏追號皇太妃，仍令有司擇日備禮奉册。得旨依。

又進呈：皇太后合增崇禮數，令禮部、太常疾速詳定聞奏。

又進呈：申王加太傅，進大國，賜贊拜不名，以十六日降制。

又進呈：大行皇帝皇后宫殿並以「元符」爲名，稱元符皇后。並依擬定。因言：「興國中，待孝章皇后禮數未至，當務從優厚。」上云：「太后亦知此事。」上又云：「皇太后只有宗回、宗良二弟，當優與推恩。」下云：「與節度使。」余云：「觀察使覃恩，恐只合移鎮，如此是轉兩官兼節鉞，非轉官可比。然紹聖初，大行初親政，太后、太妃家亦各轉官。」上曰：「如此更以上有何恩數？」下云：「使相。」余云：「此尤不可輕授。」上亦默然。余又言：「朱伯材、任瑜恐亦當遷，紹聖初遷兩官。」上云：「不同，且近後。」三省又言：「太后更有一二妹壻，亦合與推恩。」上云：「好。」余云：「臣有所聞，不敢不奏。太后一妹壻是李許之子，許因緣陳衍得閤門使，餘人不得援例，大行每切齒，屢欲削籍，竟隱忍而止。又嘗諭密院云：『今任滿更與一外任，勿令來。』恐陛下欲知。」夔亦云：「然。」遂退。

起居訖，簾前覆奏，首出手詔，因稱頌「聖德如此，實前代所未有」。太后云：「内臣黄臣乞改名，黄名經臣，正避向王諱也。若今天下人皆改名，乃爲萬世笑端。」又奏云：「皇帝今取太后聖旨。」答云：「但依此施行。」遂奏云：「適已得皇帝旨，令降詔。」又進呈陳太妃及申王文字，上旨，令十六日降太妃制，次日申王制。答云：「大好。」

進呈增崇禮數。

又呈元符宫殿，余云：「當以皇儀殿處之。」衆皆云：「興國中孝章故事不可用。」太后云：「神宗嘗以孝章事爲未安，曾云：『若使二哥爲之，謂岐王顥。便是你樣子。』」言訖，泣下。夔云：「神宗亦嘗謂輔臣，云處之太薄。」又奏：「上旨令與宗回、宗良建節。」太后云：「不可。外人將謂才聽政，便以濫恩及私家，決不可！」余云：「皇帝聖旨甚堅，再三云太后親弟唯有兩人。」太后云：「是如此，然必未可。若皇帝意欲爾，亦須且緩，俟禫除後别議。」太后又云：「上聰明，莘王以下皆不及〔九〕。」又云：「上性仁慈，見打人亦怕。」夔退云：「瑶華時，有宫妾被拷掠者，至死於鞭捶。上聞之，至爲之泣下。」余云：「大行雖不幸早棄天下，然今上嗣立，皆神宗之子，亦近世所罕有。」夔云：「神宗留意政事，更張法度，爲萬世之利，此福報也。」下云：「臣等皆神宗拔擢，唯謹守神宗法度，所以報德。皇太后必盡知神宗政事本末。」夔又云：「神宗政事如此，中間遭變亂，可爲切齒。」太后亦歎息。余云：「臣首被神宗識拔，於政事、法度無所不與，所擢人材，今日用之者皆是。」太后云：「相公等皆神宗舊臣，且更與輔佐官家。」余云：「臣在熙寧中，聞神宗省覽文字嘗至深夜，左右未嘗有婦人，其厲精憂勤如此。」太后云：「官家性勤篤，必似得神宗。」余云：「此宗社天下之福。」退，遂同入劄子，以太后旨未許行宗回、宗良恩命，令且緩，未審當以甚日降制。上旨：令與申王同日降制〔一〇〕。尋得御批云：「且依例推恩，其節度使指揮未可施行。」

晚，又得御批付三省、侍從官、禮官，議興國二年服是何服紀，令疾速指定聞奏。夔遣堂吏來白，答以批付三省，恐密院不得與，夔遂已。是日，仍奏上以兩日撿尋文字，皆晚方乞對。上云：「不妨。」卞云：「恐屬不恭，不敢不奏知。」

壬午，黎明，詣夔論集議事，云：「密院不與，有三不可。太后手詔付三省，并陳太妃追册，申王加恩，宗回進官，皆非密院職事，而密院皆同得旨、同奉行，而此獨不與，一不可也。侍從官皆與議，而獨密院不與，二不可也。三省若同上，密院不可先退，須别班奏事，恐於體未安，三不可也。」夔矍然曰：「是不可不與。」鳳、轄後至，亦云當同議。余云：「此事若爲私謀，則不須與。以國事言之，則不敢辭。」衆皆然之。早赴臨訖，退。

再觀梓宫，見近習畫東宫圖，云若干見在，若干入内省御藥院展入，若干見在空閒。然不知何用。左轄亦深疑之。退，召從官、禮官合議興國服紀。蔡京云：「三年喪無疑。緣兩宫及群臣皆行三年喪，若舉樂，誰與同聽者？兼今上嘗北面於大行，自是君臣無疑。」余問從官、禮官云：「蔡承旨之言是否？」衆皆云是，夔遂詬太常云：「既是合行三年喪，因何卻言舉樂自不相妨？」曾旼者頗飾非喋喋，夔聲色益厲。余云：「不須爾，此是國初草創，有司講求未至，若云不相妨是不當。」衆皆云不是，旼亦屈，仍云：「昨日十數次來催文字，若不如此，必更怒。」余云：「此尤不可。禮官當執典禮，豈可言怒？况何以知有怒意？」夔又厲聲詬之云：「亂道！」旼怒甚，云：「亦不是失職！」余云：「太常所定顯是不當，須如此聲説。」衆官等皆云：「當如此。」徐鐸、黄裳默然，余與左轄問之，亦皆云是，遂令退草奏狀。

晚得所奏，遂具劄子繳進，云「合行三年之喪」。御寶批依。

晚，禮直官張子諒來言：「劉瑗問：『皇帝未成服間，合系紅帶否？』子諒答以『群臣皆黑帶，恐不可御紅帶』。瑗云：『何故？』子諒云：『皇帝於大行稱臣否？』瑗云：『是，是。』」先是，余已爲同列言，服紅帶未當。次日，見上止服黄背子。不系帶。

是日早，宣陳太妃制訖，拜第一表，請皇帝聽政。

癸未，早赴福寧臨訖，欲赴聽批答，而批答未出，遂退。

夔獨赴文德，宣申王制。

晚赴哺臨，議欲以翊日請對奏事。至垂拱，引喝内臣前迎，云：「有旨召對。」臨訖，遂赴東序，起居升殿。上云：「皇太后有指揮事。」余等唯唯。

是日，中批付密院，内侍省押班及帶御器械皆闕官，令慎選曾經邊任有戰功、無過犯私罪徒情重、資考深三五人，具名進入。蓋是日已宣押前省押班宋用臣充入内副都知，惟閻安一名，又與馮世寧同充按行山陵使、副，前省全闕人故。余以著令，兩省押班乃三省同除，遂白三省云：「此事當同奏。」皆然之。余遂云：「適准御批，令選内臣、大使臣充押班、帶御器械，已下吏部取索，臣不能悉記姓名。然有戰功如全惟幾之類，恐不可充此選。臣嘗聞神宗宣諭云：『兩省都知、押班，非性行温良者不可爲之。』蓋其間多麄疏不平穩。以至帶御器械亦須次補押班，亦不可不慎擇。」上云：「不平穩人固不可用，但具名進入，當更與執政商量。」余又言：「朝廷自近歲以來，經營邊事，無不如意。今西夏已進誓表，朝廷已降誓詔，邊事遂且休息。昨爲青唐董氈爲阿里骨篡位，阿里骨死，其子瞎征又嗣立，國人不服，故迎董氈之姪溪巴温，欲復其國姓。既而國中紛亂，首領多欲歸溪巴温，瞎征不能自立，遂亦出降。而溪巴温之子隴拶，遂入青唐稱王子。邊臣欲因而有其地，遂渡河據邈川，以重兵臨之，故隴拶亦出降。朝廷遂以青唐爲鄯州，邈川爲湟州。既而部族多反叛，覆軍殺將，見今事宜未息，見又引兵圍錯鑿城，城中亦有將佐士卒，尚未聞勝負。」上云：「此等事須卿等與措置。」余云：「臣等固不敢不盡力，然蕃情未安，未敢保其無事。近已降詔旨，以隴拶爲河西節度使，令如府州折氏，世世承襲知鄯州，庶蕃情順服。事已如此，但且隨宜營救，維持而已。」上云：「甚好。」此論皆先與三省議，以謂當如此奏陳，及敷陳於上前，皆余也，三省和之而已。

又與三省同進呈，乞訪求故皇太妃親屬。劄子留中。亦余發之也。遂退，以起居訖，至簾前，太后宣諭云：「陳太妃塋域當如何？」夔遽云：「臣等曾議，當以即塋爲園。」余遽止云：「當自有典禮，須下有司同議。」衆皆以謂當如此。余云：「塋在奉先？」太后曰：「然。」余云：「當改卜否？」太后云：「地好，恐不須改。」遂以選押班及青唐事奏，太后德音一如上所諭。退，遂與三省召禮官，諭以欲崇奉故太妃塋域等事，令檢尋典故。又同具劄子奏：「故皇太妃塋域合行崇奉，及將來奉册應干典禮，令禮部、太常寺檢詳典故講議。」同奏貼黄云：「雖已奉皇太后聖旨，緣未曾奏稟皇帝，須至聞奏。」御寶批：「依皇太后聖旨。」又同入劄子奏：「已奏乞崇奉故太妃塋域及應干典禮，欲先以下所屬，差使臣、兵員守護。」批「依奏」。是日，又言李穀押隴拶等赴闕，已止住，且令在西京聽旨。緣引見須在聽政後、除服前〔一一〕，兵衛難以贏衰裹護〔一二〕，欲令九日到闕，十日赴殿，定日引見。又言：「大行本欲御樓，但於後殿引見可也。以至諸軍素隊排立，樓前仗衛，皆當罷。」上及太后皆深然之。又奏：熙河欲得隴拶早來，以撫定番情，恐上問便可引見。上亦許之。

是日，上及太母遺二中使，賜章惇金重三百兩、小龍茶一斤，餘執政皆二百兩、小龍茶一斤。尋具短表謝。此特恩，非故事也。

甲申，早赴福寧臨，二府同乞對。升殿，曲謝昨日曲賜，兩拜。次見太母，亦如之。又奏：「紹聖元年，張舜臣奉使，北虜問大行聖壽，答以二十四、五。時年十九。舜臣奏云：『戎孫以少長排行，故問。』大行嘗云：『此不争，當以實告。』今告哀使至，虜中恐亦問及聖壽，未敢指揮。」上云：「以實告不妨。」余云：「聖壽臣等亦未審知。」上云：「壬戌生，十九歲。」余云：「戎孫卯生，故虜人問云：『興龍節是辰生？』使者謬云：『以漢室興龍之意名，非爲辰生也。』又稱戎孫爲皇子，使者亦折之。若以孫爲子，則亂昭穆之序，若我以實告，責之以實，則兄弟行也，但争長爾。故大行云以實告，不争。」上云：「甚好。」尋以此覆奏太母，太母又云：「陳太后家恐有人作班行，然恐已不在，俟更詢問。」是日晚，引揖使者：「臣宣召觀梓宮，中器玩有金筆硯匣，珊瑚筆架，及他琉璃具、玉器不可勝記，内有真珠結於玉輅狀，後載兩旗，不知何物？」

是日，得御批，令二府十九日各歸本廳治事，更不宿。故事，成服後更不宿，當十八日晚便歸。太常呈成服，奉慰皇帝訖〔一三〕，詣内東門進名，慰皇太后、皇太妃、皇后。余疑百官初慰皇太后，今何以進名？太常云「奏得旨」。蓋太后以不御殿故，不肯受百官慰。余謂同列云：「太母聖德如此，舉措無不中節，此近世所未有也。」

是日，又同觀梓宮，漆飾皆已具。

乙酉，赴福寧臨。退，又同觀梓宮，皆已備具，已徙置門北庭下。俟時入福寧，權措丙地。至巳時五刻，赴垂拱，俟大斂。斂以午時一刻，至未時乃畢。殿上卷簾，簾以白緑，欲轉簾次，云太妃燒香未畢，又少選，卷簾。入福寧哭奠，移班慰皇帝訖，詣内東門進名，慰皇太妃、皇太后、皇后。至申時六刻赴垂拱，八刻成服訖，入福寧庭下舉哭，皇帝行禮訖。上燒香，宰臣進酒，給事中讀祝頌，上及群臣皆再拜〔一四〕。梓宫前有黄屏几筵，亦不甚廣，以地步有限爾。簾垂，移班詣東序，慰皇帝，群臣皆哭慟，上亦掩面號泣。退，赴内東門，進名如前。百官出，已昏暮。密院據開封狀，乞燒粈盆奏。從之。仍下皇城司、步軍司、開封府，令嚴切點檢照管軍，事畢晝時撲滅訖，申密院。

是日，批出除張承鑑内侍省押班，麥文昞帶御器械〔一五〕。先是，令具三五多進入，密院取索，唯此兩人可與選，外有梁安禮、全惟幾、高偉、李元嗣〔一六〕，雖經邊任有戰功，慮人材性行難以與選。既而中批止用所選兩人。

是日，中使押賜大行遺留，宰臣金百兩、珠子七萬、犀帶貳、細衣著百疋，執政金四百兩、珠子五萬餘，同上犀帶一、黑犀作子一、班犀已釘者有龍環襻衣著錦二十疋，緊絲綾羅絹各二十疋，内錦綾緊絲共七十疋，有龍，多北虜禮幣中物。中使贈兩笏，相三笏。

丙戌，早晚赴福寧臨，退，進名起居。垂拱殿門外。

是日，中批付三省，以尚書及從官闕，令與樞密院參議，具前執政等十人、餘可充從官者二十人具名進入。晚聚僕射廳議，以四修撰陸佃、子開、龔原、郭知章。及蔣之奇、葉祖洽、邢恕等名聞奏。又云：「葉濤亦當與選。」夔云：「如此，則王古、范純粹亦當具。」余云：「不然，濤非以元祐親黨得罪，與兩人者不同。」左轄初亦難之，既而云：「濤亦不妨，但須并朱服不可遺爾。」

是夕，還家。故事，成服後便歸。御批令十九日各歸本廳治事，更不止宿。

丁亥，赴早臨，遂乞奏事，以前執政及從官等姓名面奏，吕惠卿居首。上遽指之曰：「且令在邊。」次至韓忠彦，上云：「此當召。」又次至李清臣，余云：「以婦人狂言故罷政，本無事。」上云：「馬上共見。」是日，親王、宰執皆扈從。轄云：「更别因一事削職。」余云：「只爲不進呈明氏狀，更無事。」及黄履，上云：「此三人皆可召。」余又指安燾云：「陛下知此人否？元豐末舊人皆去，唯燾至元祐四年丁憂乃罷。」上頷之。至林希，無所可否。次及蔣之奇，上亦云：「當召，復兼學士見闕。」又及葉祖洽，余云：「在朝無所附麗，亦可用。」上許之。至吕嘉問、蹇序辰輩，余亦云：「陛下必已知此人。」上云：「知。」次及葉濤，余云：「嘗爲中書舍人，有氣節，敢言，可用。」次邢恕并朱服三人，上亦知其反覆。夔獨指濤云：「唯此人可用。」又陸佃、子開、郭知章、龔原，上亦云：「皆可擢。」衆皆云：「肇在神考時已作館職。」余云：「兩曾修史，昨以修實録得罪，然實非元祐之黨。」上然之。次覆奏於簾前，所陳如上。太母云：「元豐末衆人皆去，惟安燾不去，是不正當。并上所取捨，皆合公議。」余因云：「皇帝、皇太后洞照人材如此，臣等更無可言者。」晚赴臨，至二十二日乃罷。是日，禮官來白故太妃崇奉事，欲即圜丘廟加謚號等，又云禮部議殊非允。左轄亦云：「用元德、章懿事皆不可行。」

戊子，赴早晚臨。

中批：令具曾任管軍人具名進入。

又降故皇太妃親屬姓名并宗枝圖付中書省。

皇城司申：傳宣八廂探事，紹聖以後添差十六人並放罷。先是，已罷延春閣、後苑宮門親從官四十餘人，並遣還元差來處。後苑門乃月臺所在，大行遊宴之所，聞悉已鎖閉，故罷差人。

己丑，早臨訖，乞對，遂進呈：管軍止闕三人，有王愍者曾管軍，因邊事得罪罷黜，恐當用赦敘復。上深然之。

又呈劉安、張存、折可適等皆邊人，不可用；姚雄、姚古皆麟之親姪。至苗履，上遽云：「此可作管軍。」衆皆云：「然。」夙、轄又云：「大行亦累欲進擢。」余初謂唯履一人可與選，以與緼生親嫌，不敢啓口，而上遽已及之，餘稱善而已。又進之故太妃親屬，長兄奉職永成崇班承制、閤門祗候，次永清供奉官、看班，餘自親姪甥、及堂兄、并姪甥之子、及姪甥女之夫、又一人隨母女之夫，皆得侍禁、殿直、借奉職。上初云：「恐不可在閤門。」余云：「日久自習熟，初自當免祗應不妨。李用和例極高，此止用仙遊夫人弟任澤除供奉官例除之。」上乃許。

又呈聽政日，云：「故事止三表，本欲擇二十二日，今三表不允，日官謂唯二月一日、二日可用，前後皆無吉日，朔日恐不可視朝，二日亦三七日，然於禮文無害，恐可用。」上云：「五表當允，二日甚好。」次覆奏於簾前，悉如上所陳。太母云：「三日聽政差遲，亦不妨。」余云：「祖宗皆逾旬便聽政。」

庚寅，早臨，退，乞對。

同呈隨龍人治平例，有官者各遷一官，直省官得左侍禁，殿侍得借、奉職，小侍得差使。上旨：太管勾劉瑗遷三官，宣政使、遥防。餘皆兩官，親事官、諸軍各兩資，故事，一資。小殿侍借職，餘如故事。又長宿車子及登位日恭承翊衛内臣四人，張琳、張祐各兩官，餘一官，皆太后殿中人，在藩邸祗應日久。太后云：「此四人不須推恩，只爲官家再三須要與恩澤。」三省行首、内知客、醫官等亦皆轉兩資〔一七〕。故事，止一資。有一軍將者，上旨令與奉職，云：「近有劄子陳乞與轉資，至今未有指揮，故優與之。」

又呈故太妃贈三代條格，當得三少；用聖瑞例，當得東宫三師，夫人封次國。而聖瑞昨以嗣父崔傑未贈官，初贈太尉，母封大國。余云：「當用此例，緣故太妃曾祖乃正任防禦使，父遥郡，不可卑於未有官者。曾祖母而下皆當封大國。」上以爲然。左轄猶再稟云：「父贈太尉，祖及曾祖贈三太，或便贈三師。」衆云：「如此恐不倫。」遂贈太保、太傅。又呈太后、聖瑞、元符三代皆如故事。及覆奏於簾前，太后亦云：「崔傑初贈太高，然今日不可不用此例。」

隨龍人中有因元祐事實降者，梁知新藤州羈管，曾燾萬州監稅。上旨：令並罷，例轉官。又云：「本以元祐親黨被黜，然亦無事，内臣皆能言之，梁知新只是曾在宣仁殿中管勾文字。」是日，又批云：「内侍省闕官，應見責降在外監當者，已經大赦，並放還，令赴省供職。」責降者本入内省人，因無責降充前省，今已悉召還。又批：「閻守懃元豐中内東門司，久在藩邸管勾事，令寄資、添差，勾當御藥院。」

辛卯，小祥，赴福寧，皇帝行禮如成服日。捲簾，舉哭訖，移班奉慰。又詣内東門，進名慰三宮訖，易常服，赴東閤門，聽第五批答，允聽政。凡聽批答、拜表，皆易吉服，唯黑帶。退，赴都堂，去杖絰，易縗服訖，歸府。布幞頭，上領麄縗，腰絰，戴白布席帽，白鞍傘。

壬辰，赴福寧臨訖，求對。同呈青唐邊事，以秦希甫論鄯州難守，而胡宗回怪怒，乞迴避。并前後臣僚論鄯州棄守利害不同，備録下宗回、希甫，公共叶心體度邊情，具果決指定可守可棄事狀聞奏。如有可守之理而輕議廢棄，或不可强守而妄稱可守者，致誤措置，當重行典憲。如挾私避事，故相違戾，亦當根究理曲之人竄黜。仍令宗回同計置搬運糧草。因言：「青唐本以國人不平阿里骨父子篡位，故逐瞎征而立隴拶，邊人因而欲有其地。

臣自事初，累曾力争以謂不可，爲及瞎征、隴拶相繼出降，宰臣率百官稱賀，建置鄯州，臣不復敢啓口。然西番尋復反叛，亦累於大行前敷陳，以謂此事本不可以爲。業已建置州郡，頒告天下，百官四方上章稱慶，一旦棄之，豈不取笑中外？今於不得已中，但當儘力醫治拯救，若鄯州不可守，猶當西守湟州，東建洮州，以相維持，且以成先帝謂神宗〔一八〕。以熙河洮岷爲一路詔旨。其後，賊愈猖獗，至覆軍殺將，遂降旨以隴拶爲河西節度使、知鄯州，與王贍同爲隴右都護，同管勾軍馬司公事。然議者尚以謂隴拶父子恐未肯聽命。亦累下胡宗回、秦希甫，令具鄯州合棄守利害聞奏，合更責以果決指定棄守事狀。」上云：「如此行遣，亦已盡矣。」余又云：「自紹聖以來，經營邊事，進築城寨五十餘所，無不如意，臨了作此一事，至今狼狽，了當不得，無如之何。」是日，退赴都堂，召禮官督增崇皇太后禮數。

是日，上又督增崇皇太后禮數事，云：「當乘大安輦。」余等皆云：「禮官已檢尋文字詳定。」上云：「且先了當皇太后文字，皇太妃更節次三、五日或旬日不妨〔一九〕。」余等唯唯。至簾前覆奏如上所陳，皇太后諭云：「先朝妃嬪當進封。」又云：「大行乳母竇氏并本殿中伴人，久在大行左右，自年歲來，大行飲食不進，至有全不進晚膳，時一切掩覆，並不曾來道，直至疾勢已深，尚不肯言。理當削髮屏逐，然不忍如此，且須降黜。又韓才人者不是房院，宫中呼嬪御郡君、才人以上爲房院〔二〇〕。大行服藥，猶使性氣，不會事，亦當削髮，且與一紅霞帔名目，令往守陵。」因慟哭，余等亦哭。又宣諭云：「大行病已深，尚未盡知。一日，忽使來人云：『今年上元上樓不得，珠子衣服亦著不得，須且罷觀燈。』方驚駭。去歲，太后爲不安，不曾上樓。大行每云：『孃孃不上樓來，殊冷淡。』今年且上樓來，卻忽見來如此傳語，元來病勢已重，尚未詳知。」又慟哭不已。宮中嬪御職次及所宣諭姓名，外庭皆不知。太后云：「待便批云。」是日，中批以苗德妃、邢淑妃爲貴妃，宗賢妃爲德妃，餘皆遞遷。竇氏降郡夫人，本大國夫人。韓氏追才人、郡君兩資。是夕，鎖院。

是日，又同除王府官徐勣、何執中寶文閣待制，兼侍講、侍讀。

癸巳。

甲午，赴垂簾進名訖，退歸逐廳視事。自癸巳不赴臨，未後二刻出院，如平時。

乙未，垂拱進名起居訖，求對，自内東門入。以罷臨後，垂拱門不開故。起居訖，升福寧東序。

同呈皇太后增崇儀數，大約皆如宣仁故事，比之慈聖有加，唯不鳴鞭、不用馬隊及茶酒班殿侍。蓋臣僚不從故。唯此與宣仁不同。奏薦及紫衣、度牒等不限人數，臨時取旨。及覆奏簾前，皇太后云：「本不須同聽政，只爲官家堅請，禮數皆過當。」衆云：「慈聖作后時，曹佾已作節度使。」太后云：「只有二弟，然皆不近道理。」余云：「曹佾人材亦至尋常。」太后云：

「宗回怎生得似他？」左轄云：「宗良亦簡静。」太后云：「卻是傳範不可得，今有三叔父，皆未曾沾恩。」

是日，上旨又及尚書、從官闕人，余云：「姓名已進入。」上云：「只是韓忠彦、李清臣、黄履三人，安燾不堪，其次從官如何？」余云：「四修撰及葉濤等恐可除。」上云：「蔣之奇？」余云：「葉祖洽亦是。」上云：「待批出。」余又云：「不唯從官，執政亦闕，本是八員，今止有其半。」夔云：「三省、密院各只一人。」上亦云：「少一半。」左轄遽云：「此尤不可不審。」至簾前，余又云：「上旨又及尚書、從官闕，臣等奏云：姓名已進入，在聖斷裁處。」同言前執政只三人〔二〕。夔遽云：「元祐措置邊事皆韓忠彦，昨至紹聖二年，西人分畫地界，捉過説話指揮使去〔三〕。曾布欲一變邊事，忠彦猶云：『待捉了高永能後商量。』永能乃本路鈐轄，亦商量地界官。曾布云：『恁時無面見天下人。』方屈服。安燾尤甚，以謂汝遮先帝不敢築，今何可議！其後進築乃在汝遮二百五十里外。」余云：「忠彦誠有此言，然亦柔順易屈服。安燾誠拗强，難與議事。」夔云：「忠彦若在朝廷，亦做邊事不得。」遂退。先是，上又嘗語及人材，余云：「陛下踐祚之初，中外觀望，凡號令政事、進退人材，不可不慎。」及至簾前，又以此奏。左轄云：「只是恐有人援引詆毀先帝之人，望皇太后主張照察。」余云：「同是臣子，古人有言：『見無禮於其君者，如鷹鸇之逐鳥雀。』亦必無此理。」左轄退云：「公之言甚好。然外人已傳召梁惟簡歸也，不可不慮。」余云：「公但安心，蘇軾、轍輩必未便歸也，其他則未可知。」

是日，又呈劉安民狀，云：「元符皇后家，乞依三后家入内。」上云：「后妃家自當入。」許將云：「他不止欲入臨，卻云生辰、上壽及非時進奉、慶賀，皆欲依三后家入内。」上云：「后妃家自當如此。」將默然。安民此狀投已久，累日前欲將將上，而左轄止之，將亦縮。余嘗與夔密論其舉措如此，可歎。及聞德音，皆有愧色。余則不然，入國首命朱孝孫，告諭首差劉安民、安澤。卞最爲大行眷顧，一旦遽爾，殊可歎也。又一日，上語及差宋用臣修城，云：「此本用臣職事，近頗隳壞，用臣必有措置。」夔云：「城多生草權兑，曾布數出城，亦見其如此。」上云：「醴泉觀左右亦自可見。」余云：「神宗修城，至於樓櫓笓籬之類無不備具，今多已壞，得用臣葺之，必漸可整葺。用臣善役使人，人樂爲之用，蓋能照管存恤，故臣昨差用臣修護山陵，亦以謂山陵之役正在盛夏，非得此等人存恤役兵，必多損失人命。」上深以爲然。又言：「臣在大行時，凡十數次曾言宋用臣當領修城事，以至城用木植，今多已充他用。」上云：「只爲修造處多。」左轄云：「興國院是英宗、神宗所生之地，神宗瞻積下材植，准備修建，今亦總使了。」余竊歎而已。退，見王涣之云：外議皆言三省以日前多歸咎大行，唯每見予未嘗不追誦大行德音。余云：「大行聖質過人，朝廷政事有過當者，皆一二人之罪，若更歸咎，尤可處也。」

是日，又呈前執政不帶職者，及張敦禮等責降人，恐合依例支登極支賜。大行遺賜，密院已得指支給。上及太母皆以爲合支。

三省又言〔二三〕：「張敦禮草疏詆毁神宗政事云：『始於王安石，成於蔡確。』是神宗朝無一事是也。」太母云：「自家戚里，不合管他朝廷事。然當時行遣時，他亦太重。」

是日，遂批出：韓忠彦除吏書，李清臣禮書，黄履資政、侍讀，夔嘗云：「前執政有例作經筵。」陸佃吏侍，郭知章工侍，肇中書舍人，龔原祕書監、侍讀。

尋又批出：令契勘尚書、侍郎等合帶「行」、「守」、「試」字。當日降告詞，以劄子召赴闕。是日，余謂三省云：「昨御批差除，本令密院參議進入姓名，今乃不得見御批，莫不是否？」又呼堂吏來，云：「是依官制格，不敢鹵莽。」余云：「御批是違官制也？」

是日，又批付三省、密院云〔二四〕：「秦希甫等奏鄜、湟州利害不同，已劄下希甫，令般運糧草等應副，及令於經略司及提舉司常平等應不許支借錢物内〔二五〕，借支三十萬去訖。令三省、密院更詳議脚乘等合應副事件〔二六〕，疾速施行。」又令城寨未得倉猝興工，別聽處分。

丙申，進名起居，又自内東門求對。因擬定：「希甫所乞調發陝西一路人夫保甲難議施行外，已盡許顧秦州車乘頭口，及通遠軍等處亦有可顧召，如不足，更以差去廂軍相兼般運。候有備，於春夏以來，漸次先後進築鄯、湟一帶堡寨。如鄯州不可守，亦須極力營辦，爲固守湟州之計。餘依御前劄子指揮施行。」上深然之。余又云：「此乃不得已也。如前所奏，醫治拯救而已。」上云：「未棄舍間，須極力應副。」夔云：「聖諭如此，曲盡事情矣。」

丁酉，旬休。是日，同呈：斬草破地用四月四日，折攢七月十一日，興靈七月二十日，大葬八月八日。從之。山陵制度並依元豐八年例。

二月戊戌朔，赴福寧臨，移班奉慰。次詣內東門，進名。退，歸府。

己亥，三七，赴臨、奉慰、進名如前〔二七〕，遂與百官至軍校同赴迎陽聽政。作一班，四拜，起居訖，余升殿承旨，宰臣出班致詞，請聽，余宣答「制可」。宰臣以下再拜訖，宰執、親王作一班升殿，面慰，御藥宣答，再拜。次宗室、從官、管軍升慰，訖，三省密院同奏事。上自初坐慟哭涕泗，至奏事時哭未已，余等進對以「宗社大計，願少抑聖情」。上復哭。

遂同呈陝西運判秦希甫奏：鄯、湟州事宜急切，糧運不繼，胡宗回論議不同。詔宗回等依二十五日、二十七、二十九日指揮，速具果決棄守事狀聞奏。

再對，張承鑑替宋用臣前省所領職事，又差麥文昞勾當軍頭司〔二八〕。

余以海州召還曲謝，因言：「陛下踐阼之初，號令政事，無不深合人望。及韓忠彥等除命一出，中外翕然稱誦聖德。凡此等人皆久當收召，但以三省所不悦，故未得還。若非陛下特降詔旨，令密院參議，此等人姓名無由上達。」上問：「肇何在？何時可到？」余云：「在海州，已得旨乘驛，不逾月可到闕。」又問韓忠彦等，余云：「忠彦等皆神宗所擢，雖在元祐秉政，不免隨衆變亂邊事，然亦無他。」上云：「無事。」余云：「韓琦定策立英宗，此功豈可忘？若謂元祐曾秉政，則許將亦是，大行亦嘗宣諭云：『與許將何異？』清臣之出，陛下所知。」上云：「黄履何故？」余云：「止爲救鄒浩。」上云：「浩何以敗？所言何事？」余云：「外廷不許知，然所論者止元符皇后爾。」上頷之。余云：「黄履所陳，若大家同心肯相率開陳，則大行無不聽納之理，履不敢與衆議，故率爾直前，遂取又怒。若大臣肯同開陳，人主雖怒，豈可盡逐？」上亦頷之，因言：「執政太闕人。」余云：「陛下視在廷之人，有可進擢者否？捨此三人，誰可過之者？又皆已試用之人，必勝於輕進未用者。」上亦首肯。余又云：「尚書、從官員已粗足，今日所先務，唯言官亦太闕少。誠使言事官得人，中外臣僚不敢爲姦欺，則陛下可優游無爲而治矣。其次，如左、右司郎中及其他闕員甚多。臣常以謂朝廷政事，外人所未能詳知，唯進退人材當否，最繫中外觀望。陛下臨政之初，此最爲先務，況近經大沛，責降敘復人不少，處之不可失當。元豐末差除，亦嘗令密院同取旨。」上云：「只恐是三省職事。」余云：「臣非欲與事，但恐三省有所蒙蔽，誤朝廷舉措。臣孤愚拙直，不敢顧惜人情，萬一恐有以少裨聖聽爾。」遂退，同三省赴内東門。夔遽呼尚書省禮房出劄子，云：「内東門覆奏事，須同奏。」乃太常寺所定，三省、密院同得旨依。余初失於詳閲，今乃覺其爲姦，蓋恐余獨於簾前奏事爾。余因云：「三省、密院同奏職事，有此故事否？」夔云：「乾興、天聖中，丁謂欲獨班奏事，衆以爲不可，乃故事。」余云：「此事體大，豈太常寺所可定？既不曾與同列商量，又不曾稟旨，便如此行，莫未安否？」夔云：「太常寺曾稟白。」余云：「不曾見。」左轄亦云：「不曾見。」余云：「此亦不争。密院獨班於簾前奏事，誠未安，然豈可不商量後便如此定？」左轄云：「須檢故事須是。」尋催班，遂同赴簾前，先同呈二府文字訖，又同呈三省文字。是日，三省差知舉官，鎖院。次同呈密院文字訖，退。

皇太后初見二府，亦慟哭，因云：「先帝病已久，但爲竇氏等掩而不言，既已不安，猶進紅生及海水團，昨雖責降，他也自知罪大責輕。至初六日，尚送慈雲寺供具來。爲作慈雲寺，慈雲乃太后爲延禧公主所建。聒擾他官家已多，所送供具極奇巧直錢，亦令人去辭免。先帝云：『恨無好物與孃孃寺中供養。』及相見，又言：『臣今次上元出不得，只待略到集禧燒香，更不作樂便歸。不知孃孃莫不到慈雲否？』尋答以慈雲未了，亦且依歸年到集禧、醴泉燒香。不唯疾勢日甚。」夔云：「見醫官言，初四日猶親帖上元駕出圖子。」太后云：「是。」又云：至十日著灸，初不知痛，至五十壯後痛甚，呼太后及太妃云：「孃孃、姐姐，痛忍不得也！」遂令往問醫官，欲只灸五十壯止，卻回奏云：「兩府言三百壯亦不爲多。」遂灸至百壯，然瘡不高，亦是惡候。又云：先帝性極孝，事太后過於太妃，但於樂不可勸勉，才説著，便不喜，亦常從容委曲婉順勸他，亦便不喜。言訖復哭。遂奏事訖，退。

太后又言：「皇帝聖聰，本不須同聽政，只爲勤請，不得已從之。相公等必知此意，只恐天下人不知，必須罵不會事及取笑，須降手詔，欲令中外知本心非欲與政事也。」余云：「近降手詔，文理粲然，中外稱頌。」太后云：「瞎字也不識，怎生理會得他天下事？近因看邊奏，見瞎征名，方識『瞎』字。」夔云：「太后聖明，但裁處事有理，何必識字？六祖亦不識字。」余云：「太后謙挹，豈有不識字之理？」

既退，余謂夔云：「三省、密院各有職事，無同奏之理。布自以謂獨班簾前奏事未安，若先商量不妨，豈有私竊論太常寺，令如此定朝廷大事，既不與同列商量，又不稟旨？自初喪已來，日日奏事，何故獨此事不奏稟？朝廷之上，處事當以大公至正如青天白日，何可如此用小數，卻被人看破，後莫惡模樣否？」余又顧左轄云：「太常寺何敢如此，必有陰諭風旨者。」夔聞余云，俛默而已，間有所言，皆無理趣，及聞此言，乃云：「張子諒總曾將去呈執政來。」余云：「張子諒是太常官長否？此事置獄，便知風旨所自。」夔云：「是曾説理當如此。」余云：「余所言皆道理，豈可以强勝？」夔又云：「三省事亦同呈，是無所蔽藏。」

余云：「密院欲蔽藏，是作過否？」夔云：「大行已升遐，更不能説。」余云：「大行言密院作過？恐必無此。若言三省，卻恐有之。」又云：「鄧文約已死，無照證，亦不能説得。」余云：「文約云河渠，雖已死，章疏具在。鄧嘗擊惇，未嘗及余也。余内省無他，若他人罪惡，不必鄧綰，天下人所共知，人人皆是照證。」夔默然，二府胥吏輩莫不聞余言也。

庚子，迎陽起居，日參官并軍校并二府、親王、宗室等同作一班，再拜訖，退。宰執升殿，同呈秦希甫與夔書，言邊事多與宗回不同。令宗回分析，及速具果決棄守狀聞奏。又隴拶、瞎征等到日，更不御樓，只後殿引見，樓前仗衛及諸軍素隊並罷。再對，呈閤守懃差遣〔二九〕、新除御藥。曹誘宫觀。上因言：「慈聖家當優異。」余云：「仁宗付英宗以天下，神宗、大行於慈聖家恩禮無不曲盡。」上極忻納。余又言：「臣獨當密院日久，而都副承旨亦久不除人。承旨乃陛下左右親信任使之人，願出自聖斷，擇可用者除之。神宗以李評、張誠一爲之，擢誠一至觀察使。」上云：「神宗待誠一極親信。」余云：「然亦或以兩制爲之。」

退，詣内東門，同三省簾前覆奏如初。

是日，三省呈親王、嗣王、吕惠卿、高公繪、姚麟移鎮，宗絳、仲御、仲損、仲賜及錢景臻等自留後除節旄，宰執皆遷官，以登極赦也。

是夕，鎖院降制。

辛丑，迎陽起居、奏事如前。

同呈孫路措置青唐事失當，削職知興國軍〔三〇〕；胡宗回奏孫路行遣鹵莽，罰三十斤；使臣馬政勒停。

又詔改正隴拶序位在瞎征之上。

再對，除李嗣徽權皇城司，全惟幾同提點孳生監。余因爲上言：「青唐之事，本已過舉，今急迫如此，可憂。此事全是章惇力主此議，紹聖以來，措置邊事，無不如意，臨了作此事，至今狼狽，了當不得。惇前日亦翻然以謂須用軍令戒王贍，令退歸湟州。當時臣子力争，及瞎征、隴拶出降，王贍入據青唐，惇更不與三省、密院議，即日入劄子，乞率百官稱賀。御批依奏，遂建鄯、湟州，臣更無繇啓。」上云：「盡見此文字，以當時曾差告廟。」余云：「初欲重其事，不肯遣他宗室，故煩陛下親行。後來一种建中上殿，大行以青唐詢之，建中云：『不知子細，但建州郡太早爾。』大行深然其言，亦深以此舉爲悔。」上云：「從初外議皆知錯。」余云：「惇無他，但每事欲争先，故多錯。」上微哂。退，詣簾前覆奏如初。

是日，三省呈管軍、宗室、戚里觀察使而下皆遷官故事：正任遇覃恩止移鎮，唯宗室乃遷官。元豐中，又立宗室官止法。至神宗升遐，蔡確、張璪在中書，特與李珣、李端慤遷官，遂并其他戚里、宗室皆遷轉，人以謂確等作過，故爾今遂用例，無不遷者。衆頗以爲濫也。

上自二日覺面及唇頰皆腫赤，諭云：「極痛，兼頭疼。」至是，服黍黏子、荆芥之類，方小愈。太母云：「初宣召時被驚，因心疼，服蘇合香元兩服，遂覺熱。」余云：「此乃氣盛故如此。」又語及宗回等，太后云：「官家急欲與遷官，然豈可與陳王同遷改，豈不取笑中外？但且緩之。」

壬寅，宅引。巳正一刻，殿攢，至午、未方畢。未初，入臨，上酌獻訖，移班奉慰。退，詣内東門，進名訖，易服，赴文德聽批答。拜第二表訖，赴都堂同上馬。

是日，太母手書付三省云：「決以祔廟後還政，可令中外聞知。」文詞尤精詳，非詞臣可及。

癸卯，大祥，赴福寧，上酌獻訖，移班奉慰。退，詣内東門進名，遂易禫服。斬脚素紗幞，淡紫公服，墨帶，皂鞍韉，皂傘。鞍、傘太常親定，故事用布。夔初云：「須裹白頭巾。」左轄以爲不然，争甚久，夔云：「鞍、傘已改舊制，乃用元度之論。」轄大忿云：「西極亦嘗云，何獨卞？」夔云：「喪與其易也，寧戚！」轄怒云：「是卞欲易喪制也？」余云：「當召禮直官詢之。」禮直官云：「當用皂巾。」夔遂屈，轄令太常供狀易皂巾。又易常服，赴東閤門聽第二批答，拜第三表，遂同赴都堂，易服歸。

甲辰，迎陽起居。閤門傳中使語，以上服動利藥，今減文字。同呈皇太后手書，上云：「皆出太后聖意，甚堅確。」得旨，令頒降施行。

再對，奏事畢，因言：「皇太后兩降手詔，不唯德意甚美，兼文詞粲然，非外廷詞臣所能及，中外莫不稱誦。」上又云：「皇太后聖意堅確如此，亦無人啓迪，皆出聖意。」余云：「此甚盛德，近古所無有也。」

是日，上服垂脚素紗幞頭，藍鐵帶，淡黄袍。

上自初踐祚，面微腫，額及唇有瘡，至是雖稍減，然未愈。且宣諭云：「以初召入時被驚，後苦瘡腫，服涼藥多，覺泄滯，昨夕又動利。」衆皆云：「涼藥不可過，但當解利爾。」退，詣内東門覆奏。

是日，三省呈中宫王氏以九日鎖院，十日降制。中宫三月當就館。

初，同呈手詔，太后云：「皇帝盛年聖聰，本不須同聽政，但以再三，不得已從降請。比俟殿攢，便欲退處，今至祔廟，亦黽勉也。先丞相最被遇真皇，先一年薨，不及策立仁宗，相公等皆知先丞相事業。舊嘗見父言〔三一〕：謂經也。『慈聖盛德，然還政亦差遲。』至今記得此語，以此不自遑安，如此，庶幾不違父教，不辱先相門風。又俗諺云：『被殺不如自殺。』

不成更待他時，教他人有言語後還政？何如先自處置爲善。」衆皆稱頌皇太后盛德，前世所無。余云：「自古母后臨政常患遷延，不肯復辟。慈聖盛德如此，猶須韓琦陳請，乃降手書還政。皇太后聽政，未逾月間兩降手書，又決以祔廟後便還政，此誠自古所無。以至手書文采，外廷詞臣莫可彷彿，臣等不勝歎誦而已。」三省云：「已得皇帝聖旨，須降施行。」答云：「甚好。」

是日〔三二〕，内批：「王恩昨除馬軍都虞候，起躐在王崇極之上，慮别有意義，可速具緣由進入。」余尋入劄子云：「王恩差除用燕達、劉永年例，超轉在王崇極、張璨之上，所有恩依係三日同進呈，降指揮見檢尋文字，候奏事日面陳次。」尋以文字三省候奏事日同呈，三省稱善。

前一日，又批：「李許令罷涇州，便赴闕，仍令管勾山陵事務〔三三〕，靈駕行日，分布四面巡檢。」許元祐中以附會陳衍，特除閤門使，餘人不得援例，大行頗切齒，屢欲罷黜，以長樂故隱忍而已。後又乞歸，長樂嘗爲干祈，而大行不聽。余亦曾特許奏旨，大行云：「不獨今未可歸，任滿更與在外一郡，不可令還此。」

乙巳，禫服，赴福寧，上行酌獻禮訖，移班奉慰，皆舉哭。上見群臣，亦掩面發哭。退，詣内東門，進名訖，歸府。是日，以御殿有日，自東華門入，繇内東門赴福寧，自此皆然。

丙午，四七，福寧臨訖，奉慰、進名如前。

丁未，旬休。

戊申，御崇政。上素紗帽、白袍、角帶，凡起居、奏事、上殿班及引後殿公事，悉如常儀，唯應見謝者，十舞蹈、四拜起居而已。

同呈青唐邊報。

又呈王恩躐遷在崇極及張璨之上。是時，河東方收復葭蘆寨，張構、王舜臣等引兵度河，而崇極不出〔三四〕。諸路副帥於進築討蕩之際，未有不統制軍馬出寨者，大行以崇極管軍副帥，而邊事之際，乃不與驅策，遂罷知代州。及管軍遞遷，遂擢王恩於其上，兼每以元祐末除崇極、張璨爲管軍不當〔三五〕。上再三云：「張璨作管軍尤可怪〔三六〕，今在否？」余云：「已作宫觀。」

又呈增崇故太妃塋寢事。太常欲即塋爲園，即園立廟，并作木主及作寢殿，又追謚，以謚號爲園名；及禮部乞一切用元德、章懿故事。余云：「此事難言。若改爲園陵，即與温成同；立别廟，即與章惠同；若追謚，尤不可，異日必須改卜，無不祔陵寢之理。廟必升附，廟殿必在景靈乃爲得禮，然恐皆未可議。禮部便欲用章懿故事，尤爲不可。」上云：「會得，會得。此皆不可行。」余云：「元德皇后初已追尊，然歲時薦饗止設幄殿，命内臣行禮，唯此故事可用。」上深然之。三省亦皆以爲當如此。余又言：「太常欲增高墳冢，此尤不便。私家已葬，一毫不敢輕動，況終須改卜，何用增廣？」上亦深以爲然。余因言：「近歲於裕陵補治溝井，用工數百萬，不唯震驚陵寢，兼今日已無效矣，以至埋玉獸以求繼嗣，亦已無驗。」上云：「用數萬杵畚築，豈不震動玉獸，尤不正。此乃邪法，不知何人建此議？」三省云：「只是陰陽家之説，乃日官所陳。」上歎息再三，三省亦紛然以爲非便。又言：「張商英言龔聽之説，則陵寢震動可知。」

再對，余因言：「溝井事皆三省奉行，當時一無所陳，今乃亦以爲非便。」上云：「青唐事亦然也。事之舉措，當慎之於初。」余云：「聖諭盡之矣。」

先是，議故太妃崇奉，禮官既率意妄作，並不檢詳典故，三省亦無所可否，余獨於真宗實録中檢元德故事，令書吏録送三省。及是，上獨以此爲可行。夔云：「内侍行禮太輕，乞以從官行事。」余云：「此亦不妨。」上遂許之。宰執初以崇奉於母后有嫌，然難於開陳，及進呈，上涣然洞曉。

次日，左轄以忌日失於申陳，遂再稟，欲前、後殿不坐。上已難之，云：「莫可坐後殿？」衆云：「臣僚私忌猶給假，恐不可視事。」上從之。及命已下，再批出云：「故皇妃忌日，止坐崇政殿。」遂追改前命。上意欲隆太后，猶以此爲有嫌，故不欲再稟。

余及許、蔡授覃恩告，尋告免、宣答、宣坐、賜茶如常儀。升降皆不拜。

是日，除林子中爲魏帥，郭知章太原，葉祖洽真定。余初稟上，以祖洽所坐與蔣之奇同，之奇已還禁林，而祖洽獨未牽復何也？上云：「只爲無闕。」余云：「知章則工部有闕。」上云：「甚好。」夔遽云：「三省見進呈。」又欲除嘉問作鎮帥，余云：「祖洽召還則已，若未召，則真定當與祖洽。」上亦云：「好。」既而三省遂除嘉問青州，召范鏜爲給事，以趙挺之爲工侍。命出之日，外議喧然以爲不當。

己酉，同呈邊報。

又呈賈嵓修奉山陵，特支公使錢二千貫，及借二年公使。

又呈中批：戊申日晚批出。以曹誦爲步帥，王崇極殿虞，賈嵓步虞，王愍捧日四廂，苗履龍神衛四廂。余遂言：「王崇極已在王恩之下，王恩在涇原累出塞，及守平夏有功，見欲置之邊要；崇極在代州乃閒地，今卻超遷，是貶恩也，恐未安。」上云：「卻忘了王恩，便可改正。」又云：「昨日編排管軍文字，頗勞動，卻覺不快。」余等又云〔三七〕：「苗履已除管軍，慶帥見闕，欲差知慶州，兼履見任邊防，合除團練使。王愍即止除刺史。」上皆從之。

再對，余以先定三省、密院同奏事於皇太后，與故事不同，遂令本房以貼子貼三省。門下云：「不知元改因依。」尚書省但檢坐故事回報。中書云：「請問太常寺。」遂下太常，答云：「蒙門下相公指揮，爲故事不明，即令内中簾前同奏事，謂福寧請對時也。合依見奏事爲定，遂改『覆』字作『同』字。」再問之云：「若謂簾前同奏事，緣皇帝前亦係同奏事，豈可便以爲定？」答云：「禮部兩次退狀令改，非敢輒行更改。」遂問禮部，云：「都省批退。」都省初批退，乃以用帝后同坐故事，故退。是日，遂具以取索到文字進呈。上云：「三省亦呈來。」夔見密院取索甚急，故先進呈。余云：「臣獨當密院，於簾前獨班奏事，固自以未安。然於皇太后禮數有所貶損〔三八〕，兼不曾與同列商量，又不曾面奏取旨，只暗地諭太常改『覆奏事』作『同奏事』，以此不敢不理會〔三九〕，不知當理會否？」上云：「稟皇太后，必有聖旨。」聞禁中亦已知改故事矣。余云：「以有條約，不敢獨稟皇太后。」上云：「留身不妨。兼此事已是自家理會得，是與三省同稟亦不妨。」余云：「臣非不知此，然欲先稟陛下及皇太后，如合理會，方敢與三省同呈。」上云：「但留身。」余云：「臣弟肇比蒙收用於迎陽聽政之日，臣已曾曲謝，及至簾前，不敢留身，以此未曾謝皇太后。今得旨留身，即欲因而致謝。」上云：「甚好。」至簾前同奏事訖，余遂留身。因陳：「弟肇蒙恩收用，臣於聽政之日，即曲謝皇帝，及至簾前，卻以三省立條令同奏事，不敢留身，適得旨許留，方敢陳敘。臣弟肇流落日久，特蒙收召，實出異意。」再拜訖，遂進呈改覆奏文字，具言太常云得門下相公指揮。余云：「臣獨當密院，非敢於簾前獨班奏事，但故事如此。下不與同列議，上不稟旨，使陰諭有司改此一字〔四〇〕。在臣不敢計較，然於皇太后禮數有所貶損，不敢不陳。適得聖旨云：『但留身，必有聖旨。』」太母云：「他怎生敢將上來？怕這裏捉下。」余云：「章惇怕臣於簾前獨對，不知何意？況惇於定策之際已是失言，不知恐懼，又於皇太后禮數上輒行更改，一無所畏憚，太大膽。」太母云：「先帝養成他大膽，只是疲賴。當時曾於簾前議立先帝，以此一向大膽，無所畏懼。他初作相時，是藍從熙去宣召，從熙是聖瑞閤中人，説與惇云：『此命皇太妃之力爲多，將來何以報答？』昨先帝病危，聖瑞曾云：『只十二哥是姐姐肚皮裏出來，你立取十二哥即穩便。』先帝自此氣不復語。」余云：「此語惇何以得知？」太母云：「必是從熙。」余云：「若如此，罪尤不可勝誅。」太母云：「誅戮有餘。事在裏。」太母語聲甚低，余附耳於簾前，然不曉，凡所記者才半爾，兼多再稟乃詳曉。余云：「皇帝踐祚，内外皆有異意之人。上識慮高遠，以此堅請太后同聽政，不然，誰冀與爲助者？」太母云：「誠如此，非皇太后誰助之者？上拜卻無數，至淚下，以至勉從他所請。」余云：「皇太后勉同聽覽，然未一月間兩降手書，遂決以祔廟後還政，頒告中外，此自古所無。臣非敢面諛，自昔母后臨朝，常悉遷延，不肯還政，誠未有此比。皇太后甚盛之德，中外之所歎誦。」余又云：「適所進呈文字，取聖旨。」太母云：「這裏也不争，卻是他朝廷事體，既合改正須改正。」余遂退，三省於内東門伺候久之。

是日，宣九公主麻。

上是日又問子開云：「他只是爲人所嫌忌，故久在外。」余云：「臣兄弟立朝粗有本末，不敢自敘，然肇昨以修實録得罪，然未進書時已去，故初得修撰。陸佃書成乃去，又在元祐中除學士、尚書，卻云『情實稍異』，先復職移藩，中外深以爲不平。臣亦嘗陳於先帝，亦有憫憐之意。今既被收用，陛下自可察之，其用心如何？」

庚戌，同呈隴拶等引見儀注。

又聖瑞增崇儀數，除六龍輿依舊，只進龍鳳輿外，並依太常寺所定。

又惠卿放罪，當上表謝，而用劄子。已經大赦，劄與惠卿知。

又同呈改「覆奏事於皇太后」爲「同奏事」，太常云：「門下相公指揮，及不當以福寧奏事爲例。」余云：「未論事理是非，然改故事，豈可不稟陛下及皇太后旨？」上顧余云：「皇太后聖旨云何？」余云：「太后云：『這裏也不争，然事干朝廷體，合改正須改正。』」上云：「須依故事。」余云：「三省、密院各有職事，未聞三省同呈密院文字，密院同呈三省文字。然此事臣等本不與議，又不曾奏稟，臣等皆罪人。」小鳳云：「失於點檢，只作熟事押過。」左轄亦云：「實失於詳覽。」夔云：「曾簽書否？」余云：「適已奏失於點檢，皆是有罪之人。」左轄云：「章惇豈止此事不商量，於定宗廟社稷大計，亦不與衆人商量便啓口。」衆莫敢對。

上云：「依故事改正。」

再對，上問：「今日便獨奏事？」余云：「雖已得旨，而文字未下，恐且須同奏。」是日，除王恩知鎮戎軍，姚古知會州。因言：「軍班有條，不得知州軍，然祖宗以來例甚多，如狄青、和斌輩皆是。」上許之。

余因言：「陛下踐祚以來，收用韓忠彦等，中外翕然慰悦。及三省除范鏜作給事中，趙挺之爲工侍，外議皆以爲不平。自官制以來，中書舍人、給事中皆耳目之地，差除號令一有不當，皆得以繳駁，其事任不在言事官之下。今以鏜處之，實未允衆論。然天子者一日萬幾，陛下深居九重之中，小大之務何緣一一親省，但耳目之地得人，則上下官司孰敢爲奸欺者？今日先務，莫如言事官最爲切要。臣録到臺諫官闕，臺官六員闕四員，諫官六員闕五員。」上矍然，令留下。余因言：「董敦逸、陳次升、孫諤、龔夬皆嘗爲言事官，可取用。」上云：「鄒浩亦是。」又云：「言事官豈可置之死地？新州乃必死之所。」余云：「不獨浩，次升得南安，亦死地，近瘴癘，一軍官吏死者大半。」上又歎息云：「豈可置之死地！」余云：「敦逸敢言氣節，昨録問瑶華獄，先帝欲貶斥。臣以謂獄出於掖庭，以侍御史録問，欲以取信天下後世，今乃貶，何以取信？」上云：「瑶華獄本亦無事。」余又云：「葉濤乃臣甥壻，然在朝廷擊章惇無所假借，與蔡卞友壻，然排擊卞尤甚。臣雖親，可以無嫌，況曾作舍人，與敦逸皆可在諫議大夫之選。其他士論所稱，如陳瓘、王涣之、張庭堅之徒，皆可用，恐未可遽，則已試之人，不可不收召。」上云：「安惇作中丞。」蓋言其不稱職。余云：「凡今日言官皆可見，非獨惇也。」上云：「昨日諫官王祖道上殿，所陳殊無倫理，又掉下笏，取得一劄子，卻掉下圖子。山野可怪！」余云：「非獨山野，其不稱職皆此類也。」

前一日批付中書：向氏三叔各遷一官，三妹封國夫人，白身二十一人與恩澤，宗回、宗良建節。遂同呈，以是夕鎖院。

再對覆奏事，余更不欲喋喋，但略陳改正而已。左轄云：「元不曾商量。」簾中默然。是日，再對，上云：「蔡卞便如此說。」蓋言其斥惇定策事。余云：「臣本不敢言，卞本與惇爲死黨，今相失，故訐揚如此。」上云：「惇全無顔色。」上及太母呼余，但云「樞密院」。以上及卞所言，遂具陳昨日簾前堅請同聽政之語，上亦然之。

辛亥，聚都堂，差湟州職官、曹官畢。

夔赴文德，宣二白麻。

壬子〔四一〕，月望，福寧臨慰、進名如常儀。

癸丑，五七，臨慰、進名如儀。退，御紫宸殿，朔參官皆赴，餘并垂拱班，並如儀。退，赴啓聖院起道場，三省相國寺。

甲寅，寒食節，臨慰、進名如前。是日，師朴、安中亦入乞。

乙卯，詣普照蕆所致祭。食罷，至余氏女舟中，日昃乃歸〔四二〕。

丙辰，永定忌，西閤進名。退，赴熙文行香。

丁巳，旬休。

戊午，朝垂拱，百官四拜起居。

同呈胡宗回奏鄯州利害。詔令王贍以心白首領分治青唐訖，引兵歸湟州。隴拶今依舊主管青唐，當議與河西留後。又令相度遣王愍、姚雄往鄯州同共措置，令王贍受王愍節制，依軍法施行。

韓粹彦等奏：使回至白溝，聞國哀，易衣乘、從人，過界舉哀成服，不曾與送伴相別。不戴幞頭，衩衣，披毛衫，從便門出。特罰銅二十斤。

再對，皇太后殿使臣及諸色人推恩，並依宣仁例，各轉一資。上云：「太母極不欲，然故事當爾，故批出。」余云：「皇太后每事謙挹，誠盛德也。」

余又言：「陛下踐阼以來，收用人材，以至號令政事深合人望，中外無不欣悦。然臣嘗論今日先務，莫如言路闕人，若此地得人，則耳目寖廣，何所不聞，中外大小之吏不敢爲奸欺，則可以垂拱無爲而治矣。願更留聖意。兼登極大赦，非常赦之比，竄謫之人延頸以望生還，方春夏瘴癘之時，早得遷徙，爲賜實大。聖諭以謂鄒浩豈以置之死地，如浩者，萬一不得生還，於朝亦非美事。」上云：「浩擊惇甚力，章疏具在。浩之貶，惇或與聞，度惇必未肯便與移敘。」余曰：「聖諭如此，臣復何言。如此即不容批付三省，不必指名，但以大赦，應牽復、移敘之人速具姓名取旨，則必不敢緩也。」上深欣納。簾前具以陳，亦再三稱善。因云：「元祐之人雖不可收用，豈可不與量移？」上云：「亦自有輕重。」余因言：「大行聖質睿明，臣與韓忠彥紹聖初每聞德音，未嘗不稱頌歎息〔四三〕。惇以范純粹議棄地爲可誅，大行答以『豈可以一言廢人』。其後浸潤聽受，寖不可解。惇每議論〔四四〕，不問士大夫以至民兵，但云『鍒了』、『斫了』。」上云：「大行在禁中亦每有此語，乃不知惇言如此。」余云：「誤朝廷舉措非一事，多此類。如貶竄元祐人過當，雖以詆訾神宗政事爲言，其實多報私怨。以至王珪於定策之際云『上自有子』，無不正之語，但以遲疑爲懷異意，自宰相師臣降爲司户參軍，豈不太過？」上云：「惇今日之語如何？蔡卞便面斥其語。」余云：「惇若稍知義理，何顔復見陛下！非聖德仁厚，何以涵容至今？惇但欲陽爲不采，以掩覆其事。然當日簾前厲聲，唯恐衆人不聞，左右閹侍百餘人，無不聞者，故即日喧傳中外。」上云：「此事固當密稟皇太后。」余云：「惇非獨與臣等争先，乃欲與皇太后争先，以爲己功也。」上云：「渠下馬處曾有人説話，有人見。」又問：「是時在禁中宿？」余云：「自九日宿省中。」上云：「果是。」又云：「知其爲人否？」余云：「惇固所深知。」上云：「不然。」余云：「簡王，臣等未嘗敢詢宫邸中事，然有一人嘗使令，云多與使臣輩聚飲。」上云：「殿侍之類皆同坐飲酒，并酷刑，有性氣。」余云：「臣亦嘗聞皇太后宣諭，云有交通語言者。誠如此，罪亦大。」上云：「大行但以當日簾前定策事爲功，故聽任如此。」余云：「有功固不可不録，然豈可供以國事？臣亦累於大行前開陳，以謂千金之家擇一主幹財物人，亦不可不慎，況天下重器，宗社安危，大計所在，豈可付與人作撻？兼祖宗以來，以一相當國者有幾人？」上云：「終不置右僕射何也？」余云：「臣以地勢有嫌，固不敢及此，然每見朝廷政事未厭物議，亦不能自已，未嘗不反復開陳，大行亦無所不優容，亦深知惇等欺罔，但一切涵容爾。」上又問：「今日須分班覆奏事？」余云：「已降指揮，自當爾。」上云：「故事當如此。」

是日，韓忠彦、黄履對。當日晚批出，除執政。

己未，同呈邊報。

又令秦希甫更不同共相度鄯州事宜。

呂惠卿奏言：「已與西人誓約，恐落蕃歸漢人亦不當收接。」惇云：「此事恐須從他所奏。」許將助之。余云：「將士陷蕃，能拔身歸漢，亦大不易，豈可不收接，卻送與西人令殺戮？此不近人情。」惇、將云：「如此一項，須别作一行遣，令於偏僻處收接。」余云：「無可行遣。誓表但云：『不得理索、不得收接逃背人。』此非理索，又非逃背，何可不收接？於誓表亦無違。」上深然之，左轄亦以余言爲是。

再對，上遽云：「落蕃人豈可不收接？許亦如此亂道，殊可怪。」余唯唯而已。因言：「三省已除忠彥等，密院闕人，乞早差人。」上笑而已。簾中云：「見擬議。」余又言：「臺諫官闕人，不可緩。」太母云：「祖宗設言事官不錯，何可闕人如此？亦住不得，見商量。」

庚申，六七，赴臨、奉慰、進名如儀。

是日，聞劉拯駁忠彥告。

辛酉，同呈嵬名阿埋、昧勒都逋與率、渭州都監〔四五〕。兩人者自餘獲，章楶累乞於邊上使喚〔四六〕，大行深不然之，手詔詰責，楶極恐懼，二府亦屢陳當責付楶，亦不聽，故遷延迄今。而都下廩給糜費，又占官兵使臣頗多，至是乃遣行。夔欲與小將，余以大行意不欲，故止除率。

再指揮熙帥，令王贍盡以兵馬交付王愍。

再對，呈御藥院以下内臣覃恩遷官。

北使展限，遺留番二十九日，登位番三月六日。

上諭云：「禁中修造，華飾太過，牆宇梁柱塗金翠毛，一如首飾。又作玉虚，華侈尤甚。」又云：「仁宗作一寶座，議者以爲華麗，遂致之相國寺。今非其比，外人何以知鄒浩亦嘗論列？」余云：「禁中地窄，玉虚誠不須作。其他亦多不知，但曾從駕至北郊，宣入賜茶。次日，大行諭云：『昨日盡見北郊宫殿，只是綵繪比之他處精好，外面人言使了多少金也。』」上云：「不然。賜茶處是寢殿，前、後殿有流杯曲水及亭榭，無非金翠，亦與首飾一般。鄒浩敢言，無所不論，須召還乃是。」余但再稱贊。因言：「劉拯駁韓忠彦告，何敢爾？英廟除王疇樞密副使，錢公輔繳詞頭，貶團練副使。拯何可容？」上云：「不識拯，亦不知其爲何人。」余云：「蔡卞門下士。臣嘗争論范純粹罷帥無罪，不可不與鄧州，卞力争。既而即日拯有文字，言『大臣陰與爲地』，大行怒，數詰卞云：『拯何以知？』令分析，衆救之，遂已。」上云：「亦不知是卞門下人。然拯但云『忠彦戚里，未敢行下』，尋批出，便行，奏云：『謹已依旨行下訖。』」余云：「此尤不可，乃是嘗試陛下之意爾。若可論，當力争，豈可便行？如此乃是姦憸，尤可黜。況拯與忠彦同省，豈可共處？兼韓治昨日來見臣，云拯方駁奏，次日卻來賀忠彦，其舉措可知其不正也。」上云：「須是一外任。」簾中之言亦然。乃云：「尀耐。」又云：「一面駁奏，一面廝看，好讀書人！」余云：「臣亦曾於皇帝前力言給事中乃耳目之地，以拯處之已不可，近又除一范鏜，乃惇門下士。」太母驚曰：「又是他面上人？」余云：「見議除出外。」

壬戌，同呈熙河追停降官人不用敘法，已經大赦，聽依常法收敘。又令陝西、河東依熙河路，歲支錢作分水陸追薦漢蕃陣亡人，元祐中減錢指揮不行。夔、轄因言：「司馬光聚集不樂神宗之人，毁廢法度，此事僅存，但減錢爾，其他廢壞者不一。」太母亦云：「神宗政事，豈可專欲毁廢？」

再對，又論拯，上云：「拯自有文字乞出，見商量。」又云：「拯與鍠必逐。」又問：「何以處鍠？」余云：「已議高陽帥，俟忠彦等供職」

同進呈次，簾中亦云：「拯遲不得。」余云不可遲故。

上又云：「雕印文字果有之？」余云：「臣何敢欺誕。」先是，余陳云：「陛下昨除忠彦等八人，市人雕印出賣，謂之『快活差除』。以此觀之〔四七〕，則士論與人情可見矣。」上諭云：「惇等猶言肇等未當收用。」余云：「臣不敢喋喋，願更博采公議。」上又問：「肇何可到？」余云：「恐辭免未敢乘驛，然亦不出旬日必到。」

上又言：「狂婦罵惇云：『你也是宰相，莫是司馬相公否？』又云『來做孝』，聞之否？」余云：「亦聞之。此事極怪，似有物使之。」因言：「先朝每深懲指斥者，然殺之不能禁。陛下罷武德偵邏，然亦不聞有狂言者。中外皆知聖德仁厚，自士大夫下至閭閻僕隸輩，人人鼓舞稱頌而已。」

癸亥，章懿忌。

是日，批出求内臣可任帶御器械者，以樂士宣對，從之。

甲子，同呈邊報鄯州事宜，益急詔促宗回追還王贍。

是日，李邦直見。

再對，上顧庭下云：「清臣亦未老。」余云：「極强健。然稍聰重，非老年故，自元豐作執政時已如此。恐顧問之際，有所未審，不敢不奏知。」因問隨、友端所以逐，上云：「但自乞宫觀。」因言營造過當〔四八〕。

安師文知涇州，罷提舉弓箭手司，從章楶所請〔四九〕。

再對，上諭：「安惇昨日對，言鄒浩不可用，恐形迹先朝，非孝也。朕答云：『先朝言事官未嘗論事，朝廷大事，御史中丞猶且不言，而浩敢言，莫用不妨。』惇無以對，面發赤色而退。」惇造朝如故。上又云：「王祖道言，不當差官區磨後苑作等處官物，亦以爲形迹先帝。朕答云：『主掌人出入官物不明，理須究治，何預先帝事？』」余云：「陛下初政，小人不悦者多，此等語更望深察，不足信。」上云：「不足信，不足信。」

是日，早出。

三月丙子〔五〇〕，同呈邊報。

又令都水相度黄河下尾可疏導之處，無令塘泊之患。

再對，王涣之、張庭堅得旨召對。因言：「此等人材爲三省所抑，衆所共知，若非公論所與，忠彦等亦豈可共薦？」又言：「庭堅止坐以簡與鄒浩敘别，遂衝替。陛下嘗宣諭云：『厮看又防甚事？』况致簡者乎！」上深然之。至簾前具以此陳，因言：「朝廷之上，唯是邪正是非分明，則君子小人各得其所。涣之等高科，二十餘年沉屈，但以不附執政，故多方排抑。」太母咨嗟久之，云：「惇等誤先帝處多。」又云：「神宗聖明，豈近世人主可比，只是晚年不免錯用邻人，不免致天下論議。」余云：「神宗英睿，非其他人主可比。其所用人材，亦皆極一時之選，然拔十得五，古人之所不免，其間固不能無錯，聖諭盡之矣。先帝聰明亦極過人，但少年輔導，不可不得人爾。臣初在政府，所聞德音多可稱頌，其後爲衆論所咻，不能無惑，昨因彗星肆赦，寅畏恐懼見詞色。」太母云：「亦畏懼。」余云：「一日一赴文德道場燒香，極祗畏恭敬，及對二府云：『星變如此，卿等當爲朕進賢退不肖，以答天戒。』臣以謂陛下德音如此，二帝三王何以加？然大臣當修省奉行，以稱聖意。今所進者，内則吴居厚、蹇序辰輩，外則賈青、吕孝廉、王子京之徒，其他勁正自守之士在下者不以，三省但與臣論辨，終不奉行。」太母又歎息云：「誤他處多。」余云：「只好言宣仁及大臣有傾摇廢立之意，以此激怒先帝，恐無以取信，遂云：『神宗非宣仁所生。』」太母云：「宣仁是慈聖養女，嫁與英宗，當時是甚事勢，又宣仁實妒忌，方十六、七歲，豈容有他人所生之子？廢立事以寃他人，孃孃豈有此意！如此教他先帝怎生不惡？」余云：「先帝所以切齒元祐之人，正爲此事爾。莫如皇太后知其虚實。」太母云：「無此事。楚王希望，意不可知。」余云：「楚王乃狂妄，大臣果有此謀否？」太母云：「當時不聞，誰敢説及此事？他只説人駡神宗，又説出此一事，怎生教他不惡？」余云：「外人皆言，惇既誣罔元祐人以廢立事，又深貶王珪，以定策之際持觀望之意。今日惇簾前出不正之語，人皆以爲報應。」太母云：「是報應也。」

丁丑，旬休。

戊寅，同呈石璘乞添招塘堤役兵千人，從之。

又呈鄜延田氏家流等處討蕩賞功。

是日，早出，迓子開於普照。

己卯，元德忌。

庚辰，同呈邊報。

再對，差燕澤、趙思行接伴虜使。是日，差馮世寧詣斬草破地所指定皇堂中心〔五一〕。

是日，韓跂來言：禁中以再差山陵使爲大忌，故涵容惇至山陵畢乃逐。

師朴、安中議欲先逐卞，則國是自定矣。

辛巳，同呈邊報，及閤門定到隴揩以下引見班次。

再對，上語及梁從政於大行彌留之際，便遷聖瑞椅子之類於福寧寢閤前。又云：「聖瑞見大行疾革，據榻屢云：『不分曉本末？』至大漸，以政事鬱塞，至升遐，不復語。」余云：「從政何敢爾，如此豈可置之左右？今外則宰相，内則都知，皆在衆人之上，又皆異意之人，朝夕親近，豈得穩便？」上云：「惇且優容至山陵後，從政可更白皇太后。」至簾前，具以此語敷陳，太母云：「從政是神宗任使之人。昨見大行疾已不可，遂呼他問云：『官家如此，奈何？』從政云：『但問章惇。』尋便疑之，卻問他云：『惇若説得未是時，如何？』從政云：『他是宰相，須是。』從政見他言語不是當，便云：『且奈辛苦。』遂去。及見惇所陳，似相表裏，極可驚怪。」上亦諭云：「從政安排聖瑞椅子在寢閤前，太后驚，不覺身旋轉，良久乃定。」余又云：「適見上云，惇下馬處，曾有人見送一金盒，乃是曾國主家來。」太母云：「此事未可知虛實。上云安排椅子事，亦不是椅子。大行疾既不可，從政盡取聖瑞從物妝具之類，置福寧寢閤前。見他如此後便驚，不覺旋轉數遭。」余云：「從政如此，是便作熟成事處之。」太母云：「是將做熟成事。」余云：「今日事既不成，惇與從政皆懷家族之憂，惇爲首相，從政握親兵，内懷反側，但無可爲爾。」太母云：「如今待做甚！」余云：「朝廷事勢固不可妄作，然防微亦何可忽？臣以職位正次章惇，不敢極陳，然今日所聞如此，乃朝廷大計，不敢避小嫌，故不能自已。」太母云：「更待商量。」

是日，上既諭以惇俟山陵，余遂以師朴之言對，欲先且逐卞。上云：「此極不難，只批出便可罷。」余云：「進退大臣自有體。新除言事官必不久來，來必有言，若有所陳，但降出文字，則彼自不能安位，且以均勞苦去之不妨。卞既去，惇亦不能害政矣。」上云：「甚善。」

亦白太母以逐卞之説，亦深然之，卻問京如何，余云：「尤不可。」次日白上，上云：「太母已知其詳，不可用，但試問卿爾。」

是日，上又諭：「安惇上殿，云欲率臺中擊章惇，且云俟祔廟後。朕答云：『當擊則擊，何稟之有！此豈是奏稟事？』惇更無語，亦唯喏，面赤而去。」余云：「陛下答云固已盡義理，然至山陵後，乃陛下意，豈安惇等所可議？此尤可罪，必是聞禁中有此議爾。」

壬午，忌，先赴福寧、内東門臨慰訖，詣西閤進名，景靈行香。

癸未，同呈擬定隴拶、瞎征至大小首領等除官，及契丹公主以下除國夫人至郡縣君，并措置住坐處及羈縻約束事。

再對，呈左膚言，乞令密院指名奏差走馬事。因言：「先朝更選走馬法最爲詳盡，若令密院差，則非公選也。」

上又言膚等無狀。余亦云：「國事無大於惇，而此輩無一言，如此則大臣更爲姦惡，何所賴於言者！」上又諭云：「昨日所陳從政事，皇太后已理會得，只候覆按迴便行。」是時，從政已往覆按永泰陵也。及至簾前，太母亦云：「從政便可逐。」又云：「樞密忠孝，別人不肯如此開陳。」又云：「先丞相在相位，孜孜以國事爲意，兼不敢恃朝廷威權禍福他人，常云：『不敢作不公平事，免殃及子孫。』」余云：「先丞相陰德如此，今日門閥盛大，乃積慶之所及也。」太母云：「樞密於國家事用心公正，福報亦豈可量。」余遜謝而已。又云：「先大王與樞密最有舊。」余云：「先大王熙寧初以皇太后明堂恩，當遷觀察使，神宗諭宰執，以其歷典州郡，有政事，可勿以恩例遷除。臣適當制，嘗命詞云：『内無請謁之私，外有營職之實。』以此爲遷官之意。先大王得告命極喜，以此與臣往還甚熟。臣近見宗回、宗良來謝建節，亦嘗語之，兄弟同時建節，近世所未有，然先大王蚤世，卻不及授節鉞。」太母云：「神宗亦許以管軍，不幸未到，聞已薨背。」太母云：「見他兩人來謝，亦不覺涕泣。先大王自青州抱病，神宗急遣醫官去，已不及。亦數許遷拜，然不謂便薨背。宗回、宗良不曉事，樞密且更與教招。」余云：「宗回、宗良慎靜修飾，宗回比來亦務補過，不似日前。」太母云：「亦知，且更與教招照管。」余唯唯。是日，子開供職。上問：「何以未對？」余云：「未有班次，恐十九日可對。」云：「如此甚善。」思慮初不及也。

甲申，同呈環慶蕃官孟直、慕俊、莫怪各任皇城使，有邊功，合改九官至七官，皆當回授親屬〔五二〕，而無可回授者，覃恩並已改遥刺，各以六官改遥防，餘依舊回授。

再對，廣西奏：宜州蠻人作過，乞禁貢奉，又發兵討蕩。皆不許，但令備禦、驅逐、掩殺而已。

郭知章帥河東，有邊事，乞上殿。從之。

是日，三省以張商英爲河北都漕，令專管勾河事。乃師朴輩奉行上旨也。

師朴遺跋來議，欲留知章，以蔡京帥河東，云：「安中意亦然。」許之，余仍令跋。

乙酉，同呈熙帥奏：乞以湟州爲都護府。從之。遂以王贍爲都護、知湟州、隴右都巡檢使，王厚爲同都巡檢使。都護職事如沿邊安撫司例施行，事初措置，仍委經略司常切點檢覺察，無令違越。

是日，引見，隴拶爲一班，契丹公主爲一班，夏國、回鶻公主少退立，瞎征爲一班，同起居家屬首領各從其長，邊厮波結一頭領附瞎征班〔五三〕，次引僧尼，皆蕃服。契丹公主以下皆禮拜，各賜冠服，退就邇英閣前易服，乞依前立班謝訖，退就横門幕次茶酒。宰執、從政官、宗室、戚里正任以上皆侍立。上諭宰執，令就殿門呼隴拶等，試與之語。既而李彀等引隴拶來，諭以已除節度使，依漢官給俸，自來無此恩例。瞎征但給茶綵而已。拶稱謝甚恭。又問：「何以招致溪巴温？」拶云：「譬如一乳牛，繫卻子即母須來，繫卻母即子須來。」又云：「溪巴温先遣他出漢，亦欲續後來，既而爲郎阿章所制，故未果來。朝廷若與阿章放罪，并阿章招來，必更易爲力。」尋答：「已有放罪及招換指揮。」拶云：「如此，到岷州當便遣人往説諭，若不從，當以兵馬去，斫取阿章頭來獻官家。」尋答以「但且招誘得來好，不須殺他」。蓋虞其不誠也。又問拶何以欲居岷州，云：「欲包順及趙懷義家部族相依爾。」次引瞎征來，其言殊誕妄，無倫理。又至上馬處，見契丹公主，亦諭以朝廷待遇恩禮甚厚，再三稱感恩而已。

是日，傳宣：内東門小殿不覆奏事，邇英垂簾。意長樂在簾下，蓋易服處適在閤前也。

丙戌，同呈邊報。

又呈：河東久闕正官，催郭知章上殿訖，疾速發赴新任。師朴云：「知章初作帥，豈可付以河東？河東須事體重〔五四〕、曾作帥知邊事人，乃可往。」余云：「非不知此，但無人可差，故且以知章充選。」左轄亦云：「自來亦須用曾經河北作帥人。」余云：「舊例往往用故相及前兩府，今近上從官如吴厚安、安惇皆不曾作帥，蔣之奇新自邊上召還。」朴云：「如此只有蔡京。」上云：「如何？」余云：「若令京去，須優與職名。」夔云：「承旨自當除端明。」余云：「兼兩學士不妨。」左轄云：「之奇累經邊帥，莫亦可去。」許將云：「朝廷闕人，莫且教知章去。」又云：「除兩學士無例。」余云：「有蘇軾例。」將云：「是元祐例。」余云：「官制後雖不曾除兩學士，不知有條否？若條即祖宗以來兼三學士、兩學士例不一。」上云：「且教去。」將又云：「且教知章去。」余云：「不知聖旨是宜教知章去〔五五〕，是教京去？」上云：「蔡京。」余云：「如此，即批聖旨：蔡京除端明殿學士兼龍圖閣學士、知太原府。」遂定。卞云：「臣兄不敢辭行，然論事累與時宰違戾，人但云爲宰相所逐。」上不答。

再對，上諭云：「蔡京、張商英、范鏜皆已去，只有安惇、劉拯、王祖道未去。」余云：「言者稍舉職，則此輩亦何可安也？」簾中亦深以爲然。

中官梁知新以元祐黨羈管藤州，而嘗在藩邸，有旨與還兩官。刑部云：「須放逐便後，再期乃得敘，敘後乃得還官。」得旨，令不俟期滿便與敘〔五六〕。上及太母亦皆言其無過，只是曾在宣仁殿中。余嘗見曹誦云：「知新頗氣直曉事。」因以此白太母，太母云：「誠是氣直，不可得。」

李𣪘劄子奏：沿路及到驛得隴拶、瞎征、三公主等送到土物，未敢收。得旨，詣收受皆許。收受皆珠玉、犀、牛黄之類。

令乞引喝使臣轉出文字，於内東門外付人吏。從之。此先是内東門覆奏同呈文字訖，待班再上，以已呈文字記内侍傳出，因來白云，得一朝旨乃便，遂爲之陳請。

丁亥，旬休。是日，蔡京以急速公事乞不對，令赴後殿。尋有二日，俟别日，是夕又鎖院降隴拶等制，至二十三日乃得對。

戊子，同呈邊報。

上對二府諭云：「日食正陽，當避殿、損膳及曲赦四京，已是後時，便可施行。」又令下詔求直言，三省云：「只德音中帶下。」余云：「不可，須別作文字。」上云：「作兩箇文字。」

再對，上諭云：「三省並不檢舉。」又云：「踐祚之初，又有天變，當求直言。」余再三稱贊。退見三省猶欲只以德音中帶出，余云：「聖旨作兩箇文字，適又再諭以『踐祚之初，兼有天變，故求直言』，何可與德音帶下？」卞云：「將謂只爲日食，如此即別降詔。」三省遂以此意召舍人至都堂草詔。

安中又以簡見諭云：「熙寧、元豐德音皆及諸路，今不當止四京。」欲共陳之，晚遂入劄子，然已暮矣。上翊日諭云：「得文字時已昏晚，已鎖院，又以數赦，故且已。」

是日，內批：接伴趙思行令別差人替。因問所以，上云：「無他，只是皇太后惡人干請爾。」思行，太后之妹婿也。遂以差劉交。至簾前，太母亦云：「思行亦幹得事，但恐於使事了不得，若山陵之類差遣皆可差。向繹奉使猶且不了，卻恐他不了。」余云：「接伴亦無事，任瑜、朱孫之徒皆入國伴接，但皇太后謙慎太過爾。」

己丑，同呈姚雄已統制人馬赴鄯州。

再對，向綜入國，至邢州輿疾歸，乞别差官改赴。差知永寧軍鄭薦代之。

庚寅，同呈鄜延奏：西夏陳慰使、副十三日過界。

再對，差高公繪山陵行宫使，又差曹誦充山陵總管。

鄜延走馬黄彦言：沿邊新堡寨多不如法，乞增修；又乞移道路巡檢於中路堡子。並下鄜延令相度施行。

又差李轂裁定山陵車馬人從食錢等。

辛卯，同呈邊報。

再對，又呈黄彦乞那將兵於新城寨戍守，又乞舉行諸軍務閲。並從之。

真定走馬江洙乞修磁州南北城。亦從之。

壬辰，同呈邊報，令夏國進奉人使於七月十五日以前到京。

再對，國信所申：郭知章等入國，泛送物色，係以官物及私覿物送押宴回送到，除送到馬依蹇序辰例不支，序辰收受其餘物色，不曾申請。得旨，賜與知章等。

熙河效用張庚等謀叛入夏國。張庚雖大赦，合處死，王輝、蕭誠合原。得旨，庚依斷，輝、誠送江南編管。

癸巳，同呈熙河奏：姚雄已起離鄯州。又令隴拶先以朝辭起發。又黄彦言：鄜延排門差括人户牛具及令自備種，耕種新地。令經略司分析，係是何官司行遣，仍立便放散，及令轉運司體量詣實聞奏。

再對，呈御史石豫劄子，云：「中國有夷狄，如陽之有陰，可相有，而不可以相無。」又言：「相交爲君臣，相與爲賓客，乞闊略細故，以天地之範圍一切庇覆。」其言殊無倫理，不可曉。因言：「御史如此，可謂辱國。陛下比所擢言事官皆深稱人望，非此輩可比。」上云：「渠更乞留中，朕以其不成文字，故令降出。」

是日晚，師朴報中批，上官均、孫諤令除臺諫官，且云翊日受誓不入，恐爲人所動摇，又均與安中親嫌。答以「何可摇也，更當諭安中不須固避」。安中亦有簡，云：「須至敷聞，以俟聖擇。」翊日，遂除均秘書少監，諤右司諫。

甲午，同呈熙河奏：王瞻申回鶻部落蕃人萬餘口不肯留青唐，已隨軍赴湟州。

又呈於江南、荆湖、福建五路招换揀廣西兵四千人。

再對，太僕申少卿趙屼身亡，乞存恤。得旨，依例支絹百匹。

上諭：「均、諤已除職，均以履陳親嫌故，除少蓬。」又云：「卞言均元祐中詆毁神宗政事不一，亦不曾答。渠但所不喜，即以詆毁神宗爲言。」余云：「陛下洞照如此，臣復何言。」

至簾前亦及之，太母云：「此兩人除得好否？」余云：「如此等人，天下望以爲言官久矣。皇太后、皇帝睿明，所收用皆天下公議，中外士人孰不鼓舞稱頌。」太母云：「似他人元符中一切爲人屏逐，甚道理？」余云：「凡所不喜，即云詆毁神宗。緣臣僚論事，若以朝廷政事爲是，即無可論者。即有所論，即必以朝廷所行爲未是，才説不是，便以爲詆毁，如此誰敢啓口？上官均在神宗朝廷作御史，亦曾議論朝廷政事不當，豈可亦以爲詆毁？」太母云：「君有争臣，父有争子，怎生少得！」余云：「聖諭如此，天下士民之福。人主盛德，莫大於開廣言路，容受諫争。如此則人人敢言，朝廷雖有闕失，無不知者矣。」太母深然之。安中遣人來云：「卞言均乃曾布所知，大行時累累稱薦，欲成就之，而大行不聽。」上答云：「不獨布，衆人稱薦者甚多，此乃公論所稱也。」夔并謂亦詆毁，以爲狂妄，卞亦助之，上沓不答。

乙未，休務。自二十七日開宫觀三日。

丙申，大忌，赴景靈三殿行香。

是日，奏對之語甚多，然多不能記録，大抵稱引善類、區别邪正而已。自初除師朴、安中，余即白上及簾中云：「三省員已多，唯密院獨員〔五七〕，職事不少。臣獨當密院歲久，望早除人，庶免瘝曠。」上但笑，太母云：「非久不獨也。」外議皆云以此待蔣之奇來，故有此語。

余又嘗言：「李清臣到闕已久，未進擢，外議皆疑與忠彦等不同。」太母云：「住不得，必不久有指揮。」蓋内廷議論已定矣。

章惇初議大行陵名曰「永崇」，中批以未至嘉美，令與三省、密院同議改定。尋以「永章」、「永慶」、「永泰」等名進呈，上及簾中皆云「『永慶』甚好」。遂再上表，以「永慶」爲名。陵名乃惇奉敕撰。既而又以北虜聖宗陵名永慶，再進呈，遂改「永泰」。凡三上表乃定。

四月丁酉朔，日蝕，百官守職。太史局申：自辰初四刻虧，稍向西北蝕四分止，巳時五刻復。是日，時有陰雲往來，然不能掩。午初，上馬。

戊戌，同呈熙河奏：鄯州兵將已到湟州，姚雄四戰，獲二千餘級，傷折已失只三十八人。又敘姚雄去秋解鄯、湟州圍未賞，并今來功狀，待除正任防禦使，升鈐轄、洮西安撫使。又令拈諭郎阿章、溪巴溫等早令歸順〔五八〕。上及簾中甚悦，自此且靜寧矣。

山陵修奉所申賈嵓卒。詔王崇拯管勾馬軍司，充修奉，仍乘驛徑赴山陵所勾當，俟事畢赴闕供職。

再對，呈新知成都府路昌衡乞赴闕奏邊事，令實封聞奏。

上諭：「太母疑蔡京不當出，欲且留修史，恐陸佃等以修史得罪，不可用。」余力陳「京、卞懷姦害政，羽翼黨援布滿中外，善類義不與之並立，若京留，臣等必不可安位。此必有姦人造作語言，熒惑聖聽」。上慰諭云：「無他，皇太后但且欲令了史事，以神宗史經元祐毀壞，今更難於易人爾。」余云：「臣等以陛下踐祚以來，政事號令，以至拔擢人材，無非深合人望，故雖衰朽，亦欲自竭一二〔五九〕，裨補聖政。中外善人君子鬱塞已久，自聞初政，人人欣歡鼓舞，若事變如此，善類皆解體矣。朝廷政事亦無可言者。」上云：「但更於簾前説。」余又云：「若以謂陸佃及肇不可修史，則臣僚中豈無可修史者，何必須京？」上論蔡京云：「肇又理會章惇改制詞，理會得是，無道理如此改，若今次理會了，今後必不敢更改。」余云：「臣弟自以爲失職，不敢不理會，蒙陛下照察如此事，士類之幸。」上云：「待指揮令後不得如此改。」余稱謝而已。及至簾前，具以京事開陳，簾中毅然不可奪。余云：「如此，則臣決不可安位。」太母云：「干樞密甚事？」余云：「君子小人不可同處。」太母云：「先帝時亦同在此。」余云：「此臣所難言。臣在先朝，嘗有去意，今日以皇太后聽政，皇帝踐祚以來，政事皆合人心，臣以此亦欲勉强自竭。今事既一變，臣何可安？」太母云：「不變。只是教他做翰林學士，了卻神宗國史，干樞密甚事？」余力陳未已，太母云：「且奈辛苦。」乃遣之之語也。每日奏事退，太母必云「且奈辛苦」。余云：「臣爲朝廷分別邪正，欲君子小人各得其所，此事於朝廷所繫不細。」既而報辰正牌，太母云：「日色已晚。」余遂退。子開草孔仲詞，爲惇、卞所改，不肯僉書，故論奏。

是日，又批：御藥李偁勾當內東門五年以上，於法滿七年乃得改一官，所少一年以上，乞用減年磨勘比折轉官。引馮世寧勾當七年止少三十三日，除御藥，用減一年磨勘，乞比折改官，先帝以隨龍故許之。余以謂：「偁所少一年以上，與世寧不同，若啓此例，則今後少三年、二年亦須援例陳乞，此例恐不可否。」上云：「如此無可施行。」及至簾前，太母云：「偁奉事先帝有可稱者〔六〇〕，與改官不妨。」余云：「若如此，卻以皇太后宣諭事特旨與改一官不妨，免啓此例。」亦毅然不許。余云：「如此須來日再奏稟。」因云：「臣外則與執政立敵，內則裁抑近習，讒毀中傷不易當也。」太母云：「無此，他豈敢如此！」余云：「近御藥劉瑗乞磨勘，臣以橫行無磨勘法，欲寄資，又無寄觀察使例，遂罷之。既而三省卻以修五王外第恩，與遷觀察使。如此則此輩安得不怒？」太母默然。瑗乃今上隨龍，偁方寵用於長樂，然所不恤也。是日晚，批出：蔡京依舊在職，范純粹復舊職、知太原府。

己亥，同呈熙河奏：王瞻燒毀青唐。令體量諸實聞奏。又降朝旨，令招諭溪巴温。

再對，以狄諮知代州，李偁特改一官，餘人不得援例。仍云：「奉事先帝頗勤勞。」余云：「外庭無緣知禁中事。」上云：「親王亦何由知？」余云：「外人皆云偁本元祐人，以在賢妃閤中故保全。」太母云：「雖是元祐人，然與衆人別。自先帝幼小，已在左右，極有補。」上云：「只是道多勸諫先帝決責人。」余云：「蔡京已留，臣所以惓惓者，但以爲朝廷分別邪正爾。

竊料姦言必以謂京乃章惇所思〔六一〕，京實與惇仇怨，然臣等豈是奉順章惇之人？其次必以謂陸佃及臣弟肇欲作史官，然實無此意。臣兄弟立朝，粗知義理，臣弟以修史得罪，便差作史官，亦必固辭，不敢就職。昨日皇太后宣諭累言不干臣事〔六二〕。若以臣私計言之，即干臣何事？京之去留，於臣有何利害？若爲朝廷計，則臣備位近輔，志在分别邪正，肅清朝廷，則臣不敢不任責。兼議令京出，乃韓忠彦、黄履先爲此意，及以告臣，臣以其用心向正，臣實欣然助之，則臣實無他意。但乞以此詢忠彦，忠彦必不敢隱。」上但如昨日慰諭而已。至簾前，具以此白太母，太母但云：「樞密著甚來由？不干樞密事。」余云：「臣論事無狀，無以取信，理當罷黜。比欲待罪，又恐紛紛，上煩聖聽。臣衰老疾病，只俟山陵後便乞致仕。」太母云：「那裏泊老怎生得？」余云：「方在國恤多事中，臣未敢喋喋。」遂退。

又嘗問上云：「臣昨日喋喋，深忤皇太后聖意，必甚怒。」上云：「也無，只是爲史事，不欲更别差人。」上又諭子開事云：「三省欲加罪，朕云他無可罪。曾諭云凡撰詞但平直，不須分别紹聖、元祐。卻云撰鍾傳等詞不同〔六三〕。」既退，聞有旨放罪。是日，韓師朴致齋，黄安中在假，故惇、卞力欲逐開，賴上力主之，故免，然猶放罪。

是日，對卞道及劉摯等送蔡確往新州，摯亦死於新州，報應可懼，他語甚多。卞極忿云：「蹇序辰所爲，非卞所知。人皆言序辰所爲皆出於卞，實可怪。」余言「甥斿罷權權貨物事」故也〔六四〕。是日，聞惇、卞初欲以奏事不實坐子開，不許；又引宋次道罷知制誥例，又引子固撰持國告罰金，皆不許。

是日，上又諭：「王涣之昨日上殿極惶惶，莫曾見説，已許他臺察。」余云：「臣亦聞之。」上云：「亦聞他與黄履親嫌，亦不妨，待今日便批出，與監察御史，并陳次升與御史。」至晚竟未見批出。

庚子，同呈邊報。又與照管隴拶赴闕李彀以下轉官、減磨勘有差，並賜縑。

再對，因言：「密院當修時政記，正月十二日有定策，恐未記録事聖語及臣等奏對語言不真，欲修寫進入，乞改定。」仍云：「是日倉卒之際，賴皇太后聖意先定，神器有歸，臣等但奉行而已。蓋此意盡皇太后聖旨，當歸功太母。」上云：「甚善。」因語及上固辭之語，至簾中猶固辭，上云：「何以知？」余云：「臣等在簾前聞索帽子方退。」上笑云：「是日不敢脱袍笏，被宫人和幞頭、公服都擆了，不得已方披背子即位。」至簾前，亦具以乞改定時政記奏稟，太母亦許之。是日，有短封付將、卞，問十二日奏對語言，令子細記憶録奏。余乞更加詢訪，故有是命，乃五日也。是日，子開以放罪，奏乞罷黜。

是日晚，修寫，淩晨進入。

辛丑，同呈熙河奏：姚雄追還王贍已下兵將歸到河州，及附帶到青唐物數；又支三僞公主以下粧粉錢〔六五〕；特支秦鳳龐逋撒孝贈。逋撒乃洮州首領。

再對，上諭：「已見時政記，甚好。皇太后云總是。」及至簾前，太母卻云「未曾看」。

是日，山陵都大管勾所申：藍從熙、吴靖方。舊例，管勾宫中那一員兼管皇后行宫一行事，今來元符皇后乞差官。上云：「差從熙何如〔六六〕？」余云：「狀中言吴靖方已别兼差遣，蓋從熙意欲隨從。今從熙已作永泰陵副使，恐難更從元符歸。」上方悟云：「只差靖方。」簾前亦略陳此意，太母云：「先帝只爲此隨龍數人所誤，如郝隨、劉友端、朱孝友皆是。」余云：「皇太后睿明，固已洞察。然内則爲隨等所誤，外則爲惇、卞所誤。如行遣元祐人過當，失天下之人心，皆惇、卞之罪。」太母云：「是。」

壬寅，同呈熙河奏：王贍擅赴河州，已取勘。令疾速取勘聞奏。上諭：「隴拶已建節，當賜姓名。」遂擬賜姓趙，名懷德。從之。

又詔：諸路賞功，有大轉官資，許舉覺改正，人吏仍支賞錢。上宣諭云：「卿所記録盡是，非兩人者比。」又云：「精絶！精絶！」

是日，内降許將、蔡卞録奏正月十二日宣諭奏對語，并余所奏三封並降付余云：「與將、卞同共考實參定修時政記。所奏尤謬妄。」

癸卯，同呈邊奏。

再對，令編修國信條例所重修西驛條。

因呈所奏修時政記并將、卞文字，云：「所陳不同，恐難共議。」上諭以「三省、密院各自修定，即無可争者」。已而至簾前，白太母云：「若所修不同，將來何以取信？須是同議。」太母云：「但婉順説與兩人，必是記憶差誤。」余以理不可奪，遂白云：「如此必亦不肯伏，但只以衆所不聞者皆削去，即可矣。」太母然之。太母云：「樞密所奏雖是，然出於一人之言，恐毋以取信，須令他同修定乃便。」余既遂以白卞，卞云：「二公所奏皆已降出，令同修定，當封呈次。」夔見余與二君密語，極驚駭。

是日，聽第三表批答，允御殿、復膳。立幕次中，夔幾不能語。

是日，早出，以子開在假故。晚會飲，以聞鎖院，夔遂在告。孫俶來云：「潁叔坐中見數人宣召上馬。」

甲辰，朝崇政。同呈罷王瞻、王厚，令推究盜青唐府庫物，取伏罪狀聞奏。

以姚雄知湟州。

又呈吕惠卿劄子：乞不收接落蕃人。檢到慶曆中范仲淹奏，當收接。令依已降及慶曆指揮施行。

再對，令崇政殿親從官揀中班直人依條引見，以去年十一月傳宣，便令收管，遂升壓在轉班人之上。又令曹誦依例權管勾步軍都指揮使公事。

是日，同呈。退，聞制出，師朴相。夔在告。遂與將、卞同呈時政記事。余云：「此事非陛下所聞，當一一質正於皇太后。」上云：「蔡卞言：章惇降階，猶云：『召五王來看。』問得内侍張琳等云『是有此語』。」既至簾前，出余所録文字，太母云：「總是，只是不曾道『如何』字。」余云：「已删去。」上先已諭云：「太母言：總是，只是不曾道『如何』。」太母云：「若道『如何』，卻去與惇量也。」卞亦云：「曾聞『如何』之語。」太母云：「不曾。」次呈將文字，從首至尾，太母云：「不聞。」蓋將云「乞宣入端王」，又云「上不受奠服，將進云『披著』」，又云「有傳言者云『著了』」。皆衆人所不聞。將是日早忿怒，云余劄子云「將等皆唯唯」，是不曾道一句言語，須炒鬧。余云：「但炒不妨。」既進呈，太母皆以爲不聞，將但愧怍而已。既又呈卞文字，堅云：「臣曾言『令依皇太后聖旨』。」太母亦黽勉從之。至言「章惇降階語云，臣卞面折惇云：『太后聖旨已定，更有何擬議！』」太母云：「不聞。」余云：「適皇帝宣諭，云内侍亦有聞者。」太母堅云：「不聞。」卞遂云：「如此，乞削去。」是日，以子開奏乞罷紬文字不出，因面陳，乞降付三省，以既乞罷，不敢赴省供職故。晚，師朴報云：「已批出，令赴省供職。」朴勉以如旨，開亦不敢復請。是日，晚批：李邦直門侍，蔣永叔同樞。初批答書中書，再書遂令依林希例。

是日，本約將、卞留身同進呈，而夔適不入，遂與師朴同呈稟訖，約將、卞會議修定次。余嘗先以卞語白太母，太母云：「不曾聞。」余云：「卞但欲著其面折惇之語，如此則惇之罪益重矣。」太母云：「不當。」亦嘗以此語陳於上前。

乙巳，同呈邊奏。

再對，差劉言接伴北朝賀登位使。

是日，惇、朴皆不入，卞至簾前留身，然亦不甚久。

丙午，旬休。

丁未，同呈邊奏。

再對，以陳安止爲河東同安撫，徐鎮安肅軍。

是日，宣押朴供職。東閤門拜表，上天寧節名。朴欲以范純禮爲都承旨，夔、鳳皆欣然從之。

戊申〔六七〕，同呈以范純禮爲樞密都承旨，仍復待制。余與朴皆稱其純厚篤實，宜在左右，因言：「純粹當日猶以棄地得罪，純禮無他，但緣坐爾。然純粹以棄地削職，不候除喪，降爲直閣、帥延州，既而又易熙帥，已復待制，無故罷，知鄧州。初議移鄧，蔡卞猶堅以爲不可，臣力爭，乃得不奪。當日晚，諫官劉拯言：『大臣陰與爲地。』次日進呈，先帝屢顧卞，問：『拯何以便知？因何只拯言？』蓋必知其爲卞所使，卞但云：『根究也不妨。』先帝欲令分析，衆欲且已，遂從之。」上云：「拯附麗如此，只如昨駁韓忠彦告，才令行下，卻奏云『謹已依聖旨行下訖』，殊可怪。」余云：「臣累聞聖諭，但以非職事，不敢陳。今三省悉已聞德音，莫住不得。」上云：「便行遣，與一小郡。」三省皆唯唯。余又云：「蔡卞門下士布滿中外，皆此類，如拯及蹇序辰、吕嘉問之徒，皆其上客，氣焰不可嚮邇。陛下踐阼以來，所收用人材，無非叶天下公議，四方鼓舞稱頌。若問卞，即必無一人爲可用者。豈有天下所是，而卞獨以爲非；天下所非，卞獨以爲是而可信者？若用卞之言，則序辰、嘉問輩皆在侍從，善人君子一切屏斥，如此何名朝廷？今卞以謂陳瓘、上官均等皆臣等所親厚，不可用，奈天下公議何？緣君子以小人爲邪，小人亦以君子爲邪，聽察之際，在人主旌别爾。天下公議，必不可比一人之私言也。臣居常論議於陛下前，似未足信，今日對三省所陳如此，更乞詢之衆論，可見是非。」朴等皆倡和，惇亦欣然以爲是，將云「無非公論」，上極欣納。至簾前亦具以此陳，太母云：「蔡左丞卻如此。」

及再對，又云：「蔡卞如此，先貶黜不妨。」上亦云：「實封言事者，只是罵章惇、蔡卞。」余又言：「給議〔六八〕。」余云：「王古亦可在諫列。」朴云：「且以侍郎處之。」上皆欣處之。是日，宣押李邦直、蔣永叔供職，相見於後廳，又同至都堂。

再對，余又言：「聖諭欲以王涣之爲御史，緣與黄履親嫌，終難安，不若且除一郎官。」

上許之。上自涣之初對，即欲批出「合作御史」，而涣之、安中皆以親嫌不可安，余亦爲陳之，邦直欲以爲史官，涣之亦以不可與京共處，遂止，遂乞郎官。仍令諭忠彦。上又欲以敦逸、次升爲御史，余屢贊之，因言：「敦逸當以爲侍御史，次升且以殿中處之不妨。」上亦稱善。余又言：「敦逸論瑶華事極激切，云：『后廢之日，天爲之陰翳，是天不欲廢之；人爲之流涕，是人不欲廢之。況事有所因，以劉賢妃首於景靈起争端也。云不過懼失愛於陛下爾。』」上極稱善，令諭忠彦，於中書檢所上章密進入，尋諭朴。是日晚，遂進入。

己酉，同呈差劉何計置應副涇原進築打繩川。

上諭：「劉拯當放謝辭〔六九〕。」衆云：「方欲取禀落職與不？」或云：「既放謝辭，即須落職。」上令「落職」。朴云：「亳州是小郡否？」夔欲與亳，衆皆云非，惇云：「與濠州。」余又言：「王涣之已上殿，未得指揮。」上令「與差遣」，將云：「與館職。」余云：「渠不願，只乞除一郎官。」朴云：「當以清曹處之。」上云：「甚好。」

再對，上諭：「安惇近愈亂道，有文字云卿與忠彦、清臣、之奇皆黨與，又言之奇不可進，又言新除言事官皆卿等黨人。更有一人亦如此道。」余請云：「何人？」上云：「吴居厚。」又言：「實封但攻章惇、蔡卞，不及他人也。」

是日，又以吕惠卿知杭州，陸師閔秦帥。

再對，上諭云：「惠卿罷帥。又去何一人。」先是，惇不入，上已嘗諭二府云：「惠卿乞宮觀及致仕，何不從其請？」以至黜劉拯、用葉濤等皆判然不惑，又知惇、卞姦慝之狀，誠宗社士民之福也。

丁未十一日，獨對。余以子開被旨供職出自中批稱謝。子開對，上諭：「已說與樞密，必已知之。」又云：「黃履亦與聞。」改詞章亦嘗以諭余，然聞德音不審詳也。上云：「章惇力欲責降，堅立不肯去，朕諭以『無罪，豈可責降！』」余謝云：「臣兄弟孤立，非聖意主張，何以保全。臣以衰朽疾病，久有歸老之意，内外怨忌者多，望主張保全，使得至山陵後乞骸骨，善還山林，乃莫大之賜。」上笑云：「卿何言！」余云：「臣自先朝與惇、卞論議無一事同者，豈得已也，但恐上誤朝廷政事爾。然小人怨望，殆不可當。」上云：「封事已百餘軸，盡言章惇。惇於定策之際，罪惡固不待言；蔡卞陰狡害政，紹聖以來，傷害人物多出於卞，其罪更大於惇。」余云：「陛下睿明洞照，臣無可言者，至於分別邪正如此，則臣雖退歸山林，死亦瞑目。」至簾前，亦具以此陳之。十三日午正，中宮生元子。是日，同三省稱賀，至簾前亦然。後一日，上云：「言惇、卞者已二、三百軸。」

庚戌，同呈李㲉奏：三公主乞青唐舊使令人切手下。

三省同呈天寧節試經撥放，依例施行。

又以韓治爲太僕少卿，以王涣之爲吏部員外郎，而安中亦辭，亦有嫌，遂別議升擢。

再對，以曾誠編修密院文字。因道誠因鄒浩事送吏部，而無顯狀，吏部皆莫知所坐。蔣亦云「誠是時方歸潁昌，未嘗與浩相見」。太母咨嗟久之。

是日，上問蔣之奇元符事，令取所受皇太后手書進入，蔣遂留身。然上對余詢問無所隱，余以其欲留，遂先退。及至簾前，蔣具道其事：「太母云當時所除文字乃劉友端所書，太母未嘗見。如紹聖初增崇聖瑞禮數，乃本殿人書寫，此書未嘗見也。是時，先帝來殿中云：『章惇等乞立中宮。』答云：『此事官家更子細。』先帝云：『宰臣等議已定，欲以初七日降制。若如此，如何了得？』太母云：『且更相度。』自後文字皆不曾見。劉友端、郝隨等誤先帝處多。」蔣云：「當時降制用手詔，謂皆是得旨，卻不知皇太后不知。太母云從初廢瑶華時亦來商量，亦答他云：『此大事，不可不慎。』先帝云：『避不得，然已恕。』」蔣云：「從初所受文字，並已於上前納下。太母云：『已見。當時實不曾見，並不知。』」余云：「如此，誠可駭也。臣於紹聖初議聖瑞建宮，安燾云：『除是更教皇太后降一手詔。』先帝正色折之云：『皇太后怎生教？太后手詔皆本殿中人書寫，如何教得？』臣聞德音，稱歎不已。今日所聞，則異於此。是爲友端等所誤。内外之人誤先帝如此，誠可罪也。」是日，元子生，大赦。是日，同三省曲謝密賜，簾前亦然。是日，以徐鐸爲待制、知永興，黄裳吏侍，陳軒兵侍。上問鐸，余云：「在朝不立，凡給事中不肯書請文字，皆命鐸權書。」

辛亥，月望，奉慰如常儀。修奉山陵都護宋用臣，十五日申時卒。辛亥日，中使王紱密賜金二百兩，傳宣云：「以亮陰中。」

壬子，章穆忌。

癸丑〔七〇〕，同呈差梁從政充山陵修奉鈐轄。

又恤賈嵓家常賻，別賜縑七百，借官舍三十間，差軍馬司通引官管勾葬事，及量令州縣應副皆如例。

諫官祖道乞末減陝西戍兵及賜錢鈔百萬。上云：「論事多此類。」衆皆以足施行。

再對，廣西奏：宜州安化蠻人作過，殺都巡檢儂奉宣，乞差黄忱將河南兵準備策應，及借官馬五十疋。皆從之。

甲寅，以請謚南郊，宿齋於尚書省，聚於左僕射廳，晚與邦直、沖元、穎叔兩相聚。自卞十四日喪女不入，迄今在告。

乙卯，四鼓聚左揆廳，上馬赴郊丘請謚，黎明乃歸。招子開家相聚，晚方散。白兑日大風雷，暑氣頓解，至是尚涼。

丙辰，旬休。

丁巳，同呈：令涇原止以役兵官脚乘運到打繩川板築所須，不得於民間調夫反顧脚乘，候麥熟可以進築，依正月已降指揮奏聽朝旨。此乃邦直欲緩其役，然已有正月指揮，余但爲約束，令不得擾民而已。

再對，以王瞻乞尋醫，令經略司指揮留巡州供答文字。又趙懷德及夏國金山公主有物寄瞻處，而不以聞，令取問所寄物色件聞奏。

告登位國信副使鄭薦卒，以知霸州曹譜代之。

戊午，大行百日，奏慰如常儀。丁巳夕，師朴報：御批董敦逸、陳次升、張舜民皆除臺諫。問何以處此三人，尋報之。

己未，同呈北朝祭奠弔慰使、副如已到白溝，先接伴過界。以雄州奏元豐故事，祭弔使過界，在本朝遺留登位人使之後故也。

夔以林子中令畫工邱立畫到大行御容，乞進入。因言：「臣等昨見御藥院所傳，殊未似。」上云：「蔡京進一本來，亦不似。若及得五六分，亦且得。」余等皆云：「林希所傳亦及五六分。」上云：「甚好。」至簾前，亦云：「京所進直不似，但進來甚好。」余云：「塑像以此爲准的，不可太失真。」太母云：「只爲塑像須依此爲之，故不可不似。」

是日，三省得旨：安惇爲待制、知潭州。諫官陳瓘擊惇章已出，惇亦自請去，故有是命。

以豐稷爲御史中丞，董敦逸左諫議大夫，舜民爲右，次升爲侍御史。

再對，余因言：「自蔡京復留，中外人情無不惶惑，及黜劉拯，收用葉濤、范純禮、王古輩，人情方少安。陛下今日又黜安惇，進敦逸、次升等，人情無不釋然。正人端士布滿要路，此天下士民之福。如蔡京者，臣等何爲欲屏遠之？誠於臣私計無所利害，但欲爲朝廷分别君子小人爾，故敦逸、次升、孫諤等，陛下今日所用，力斥逐之人，其人可知矣。」上極欣納。又宣諭云：「劉拯詞好。」稱歎再三，喜見於色。

余又言：「先帝聞沈銖講南山有臺詩，論得賢立太平之基，先帝大悦，即日擢銖爲中書舍人。其後銖繳吴居厚爲權尚書詞，命蹇序辰攻之，遂降敕榜，然銖終保不能動摇。」上云：「銖安在？」余云：「惜乎！已死矣。」余因言：「敕榜可收，昨敦逸只爲收敕榜，遂黜逐。」余云：「榜朝堂已數年不收之。」余云：「但令臺中更不張挂可也。」上云：「待契勘。」又問：「黄庭堅何如人？」余云：「亦有文采，初與蘇軾厚善，既而亦不足，徐收用之，亦無不可。」是日，吴居厚參假，上指之云：「此何如？」余云：「亦正論所不容，然未有因依，當且容之。」上云：「何人可知府？」余云：「近多所拔擢，何患無人？」是日，白三省，以杭欲得京東西，又言程之元可作漕，盧君佐、曾孝藴輕儇貪污，可罷去。

庚申，以謚議敕下，前、後殿不坐，宰臣以下詣西閤門及内東門進名奉慰。大行謚欽文睿武昭孝皇帝，廟曰哲宗。

辛酉，同呈同敘復熙、秦兩路冒賞將佐，於法合追官及例降兩官外，並與敘復，路分已上降一官差遣。

又罷秦希甫，送吏部。

又以王覿爲龍圖閣待制、知永興，徐鐸知青州。

初，邦直以鐸爲不稱職，乃欲以宇文昌齡代之，韓師朴又欲用王欽臣，乃大防門下士，用事害政，衆所共知，公素所不與，何爲欲進之？昨除集撰、潁昌，衆以爲未允，況更遷乎？又欲用吕嘉問，余皆以爲不可。朴云：「欽臣是侍郎，故須漸牽復。」余云：「覿乃寶文閣直學士，何爲在欽臣之後？」朴云：「只爲當時謫重，在腔窠中未可進。」余云：「當以人材爲先，腔窠何可拘礙。」朴等皆云：「如此固好。」夔、轄亦默然，見論欽臣，但云：「於此時此語不易出。」卞更不敢啓口。余云：「但以理論人材，何所憚？前亦嘗爲邦直等言，元祐人當慎擇，不可輕進，恐傷手不便。」沖元極相稱贊。轄云：「如此何善如之。」既至上前，皆以鐸爲不勝任，然莫肯啓口。余獨云：「適議以王覿知永興。」上云：「王覿極好。」再三稱善。余云：「此正與陛下用范純粹一般，純粹帥河東，天下皆以爲得人，今以覿爲永興，誰敢以爲不然者？」上云：「甚善。」

上又諭：「禁中有放火者，乃一私身，年十五，止因争養娘，遂置火於椽下，未然，又以紙燈然之，煙起方覺。乃聖瑞殿中人。太后甚訝之。」余云：「宫禁中火禁固不可不嚴，然小人無知作過，聖瑞必所不容，唯更當慰安之，使不至憂恐，乃爲善也。」至簾前，太母宣諭亦甚詳，語多不曉，然大意不過如此。又言友端、郝隨等極不堪。又言：「昨先帝時，内人因遺燈爐燒及梭條篣，以溼氈掩之，即時滅，劉友端等以要轉官，便張大其事，遺火者遂處斬。今此人雖放火，但令伏法，不欲令分解。」謂非殊死也。余云：「此雖淩遲不爲重。宫中此禁何可不嚴？」蔣屢云明道中延及宫殿，余甚駭之。太母又云：「宫中私身多，聖瑞宫中有七百餘人，每一有職事人手下須五、三人故也。昨因先帝竇國婆等供侍無狀，欲降黜，遂禱祝殿中，一使令者及上左右一人皆受金及珠子，詰問有實，並與剃了頭。皇帝性寬，昨放火者被人告，欲只決杖配嫁車營務，尋告以不可不行法。又有娘子者，知而不以告，亦決杖逐之。」其他語多不曉。

是日，再對，余因言：「王覿收用，實慰公議。陛下踐祚以來，所用人材無不合人望，中外無不欣悦。」至簾前，亦以此陳之，又言：「董敦逸、陳次升、孫諤皆京、卞所逐。」太母咨嗟久之。蔣穎叔亦和之云：「敦逸等皆無罪，但爲京等所文致。」余又言：「管軍中自來須除一軍班中人在内祗應，近日資序合入人至少，有徐和者，爲大名都監，帶遥團，當稍遷作鈐轄，漸可准備進用。又有邊寧者，亦行門，然人材差不及和。曹誦曾與和同官，亦稱曉事。」上云：「甚好。」且更於簾前開陳，太母亦深然之。

上是日又問李邦直罷政事，蔣云：「臣在開封勘合田嗣宗者，云真明出現。」上問：「嗣宗何人？」余云：「清臣姑之養子。」因言：「朝廷多取信刑獄，然獄詞難信，捶楚之下，何求不得？清臣繳嗣宗簡〔七一〕，云不曾相見，而詞亦以非其筆迹。臣以人情度之，清臣爲大臣，豈敢詐爲此簡？然嗣宗既不承服，清臣亦無以自明。」蔣云：「先帝亦言：此事本於清臣無害，但不合忙著文字太多，故不免失實。」上云：「嗣宗亦淩遲〔七二〕？」蔣曰：「然。」上又云：「又有張天悦者，止於詆毁章惇，遂伏法。若更有言及上，何以處之？」余云：「黄履曾有文字救天悦，然疏上差遲，天悦已伏法矣。」上哂之。又徐鐸狀見之編類蹇序辰所編姦臣事迹，尋得旨進入。是日，韓忠彦、李清臣、蔣之奇等正謝，遂赴景靈，二府皆早出。是日，韓忠彦留身曲謝，至簾前不留〔七三〕，疑忘誤也。蔣之奇上前、簾前皆留曲謝。

是日，秦希甫送吏部。又以元子慶誕，隨龍人並推恩，御藥劉瑗遂寄延福宫使、晉州觀察使，乃前所未有；閻守懃遥刺，李穀遥團，餘諸司使副以下十餘人，皆中批也。瑗等各更減二年半磨勘。

熙河將官劉釗陣亡，有壻大將軍仲皖，乃宗室，乞改一官，當除遥刺；又乞一堂妹夫推恩。皆未有前比，以死事特從之。是日，旋除京東，而君佐徙江西，三省處之似未允也。

壬戌，同呈瞎征蕃字，乞金字牌印，不行。夏人乞遣使賜誓詔，熙寧五年誓詔亦止付來使，不曾遣官，令延安以故事牒報宥州。又以天寧節名令雄州牒報北界。

再對，取入内侍省以本省額百員，而管止三十員也，兼熙寧有此例。

又密院編類到章疏浄册，并録送三省者及草副本，並進納入内。上嘗諭云：「三省所進編類章疏，悉已於福寧燒錢鑪中焚之矣。」唯密院未進，故亦進納，因言：「三省所進但浄册爾，雖已焚之，而元本及副本皆在三省。」上令諭韓忠彦，今不須商量，但因奏事面陳便可指揮。以忠彦云「初欲盡進，而同列議未合」故也。

癸亥，同呈河州修安鄉城橋，開廂禁軍等並五百特支。

再對，免陝西、河東今年保甲冬教一次〔七四〕，恐流冗未肯歸業故也。

又以李琉知代州，狄諮卒。陳安止河北沿邊安撫副使，王復河東同安撫。琉比奏對頗爲上稱，兼嘗爲益鈐，與代州等路一般也。

甲子，孝章忌。

乙丑，同呈蘭州修把掺度橋，開軍兵並五百特支。亦通湟州度也。

又環慶走馬言：探使人入西夏，探到降羌趙懷明郤遣人結約西界，欲逃歸，及破新城寨爲内應。御批令三省、密院速參議聞奏。

是日，韓忠彦、李清臣、蔣之奇如謝，許將受北郊誓，黄履在告，唯余及惇、卞同對。因言：「先朝已曾有言懷明欲叛歸，蓋西人用反間欲害之。懷明歸漢，官爵賜予待遇優厚，自謂西夏國主所不及，必無反叛之理。兼慶帥苗履亦有奏云：『西人用間，稱其欲叛，有圖害之意。然近因築新邊，移第四將李浦於定邊城駐劄，卻乞移歸懷安鎮，令照管懷明一行部族。』密院已依奏施行，訖此無可疑者，但當令苗履待以恩信，令知朝廷及帥臣待遇不疑之意，及多方安存照管，勿令生疑貳足矣。」上及簾中然之。晚，遂與忠彦等同作聖旨，依此行下。

丙寅，旬休。

乙丑日獨對，因言：「近歲執政、侍從、臺諫例多闕員〔七五〕，自陛下踐祚以來，收用人材，今皆充足。臣衰殘疾病，於此時可以乞身歸老山林。」上云：「卿極强健，何可言去？」余云：「臣待罪政府已七年，方陛下踐祚之初，預定大議，在臣遭遇，可謂千載一時，非不懷戀聖世，然臣立朝粗知義理，於此當知進退義。若不知進退如章惇輩，强顔苟安於此，豈唯於臣義分未安，陛下亦安用此無恥之人置之左右？」上但云：「卿預定策，兼朝廷倚賴，何可去？」余云：「臣今日亦未敢啓口，俟山陵升祔後，乃敢有請，然不敢不預奏陳。臣於簾前亦不敢敷奏，但略陳於陛下前，望陛下照察。」遂退。

五月丁卯朔，入臨奉慰如常儀。是日，韓忠彦再留，至簾前亦留身。

戊辰，同呈貶王瞻諸衛將軍，房州安置，王瞻之貶，上以爲輕，而太母亦云：「自爾必寧静矣〔七六〕。」王厚率、監隨州酒。以雷秀權湟州，姚雄、康謂皆如故。以先有旨罷瞻、厚差遣，而熙河乞留〔七七〕，又姚雄免湟州，故有是命。且以瞻、厚盜取青唐府庫，及誅首領九人而財産皆不見事，卞、將更不推治，姑薄責而已，仍告諭將士原委。

又鄜延走馬言：排門抄劄人户牛具，令自備種子耕新田。惠卿以爲邊糴闕絶，不得不爾，然與元奏請、「不得抑勒及經略司舉劾」指揮皆違戾。惠卿放罪，將副各罰二十斤，提舉弓箭手石丕放罷。

涇原奏有西人乙山投來。令放回，仍約束將佐今後不得收接。

再對，以徐和、邊寧權發遣鈐轄，以備除管軍也。又令張庭堅乘遞馬赴闕。

章惇初言青唐事是密院從初行遣之語。余云：「青唐莫是孫路以私書與公往來經營？密院降旨，令不得過有所圖，公以書告胡宗回云：『不得過有所圖，乃子宣之意爾。』余尋答宗回以『私書不可信，須依朝旨乃便』。故宗回僅得保全，不爾，幾爲張絢、孫路矣。余當時力陳，以謂天下四海之富，安用乘其擾攘，奪有此荒遠之地將何用？與公回相折者數矣。黄安中亦曾論云：『休與他争，儘教他建州郡。』蓋安中聞公等於先朝前有語爾。」卞云：「當時公實有此語。」余云：「當時三省有一人見助者，亦應不至此。」師朴云：「公議論如此，何不遂貶瞻、厚？」議遂定。既而檢視張絢初奏：王瞻約結青唐、邈川部族，謀誅瞎征。朝廷罷絢帥，令於秦州聽旨，以孫路代之，仍約束路如未得青唐頭目的確要領，不得舉動，若别開邊隙，猝不可了，或别致敗事，並重行無憲。密院行遣無所誤，路不遵朝旨，以私書與惇，謀逼逐溪巴温，據青唐，西蕃尋便作亂，所在聚集，邊患至今不了，又數敗事，皆惇、路違朝旨所致。衆乃釋然。余云：「不斬張絢，不足以謝一方。」是日，李清臣留身曲謝。

己巳，章懷忌。

庚午，同呈胡宗回辭寶文閣學士及對賜。得旨：以宗回昨到本路，排日移文催促王瞻入據青唐，顯屬不當，特依所乞。以五表乞罷恩命也。再對，以密院前後了諸路賞功九十餘人，今未了者止十三處。以之奇曲謝，上令催賞功文字，云住滯頗多，仍令勿言上旨也，故以此進呈。

辛未，重午，假。

壬申，夏至，假。

癸酉，同呈河東人奪西界馬已斃。從初不曾申報，令具職位、姓名申院施行訖，牒報宥州。以宥州移文理索故。

再對，差李許、曹誘館伴弔祭副使。

又降府界第五將軍都指揮使，不伏將官決，率衆捊赴提點司，降都虞候，下名、節級、長行爲首皆降配，副將王嗣祖對移第七將。

是日，同三省批旨，令同議復瑶華位號。先是，師朴遣跂來，云因曲謝，上諭以欲復瑶華，令與余等議，若余以爲可，既白邦直，俟再留稟，乃白三省，且云：「恐有異議者。」答之云：「此事固無前比。上亦嘗問及，余但答以『故事止有追册，未有生復位號者，況有元符，恐難並處。今聖意如此，自我作古，亦無可違之理』。若於元符無所議，即但有將順而已。三省自來凡有德音及御批，未聞有逆鱗者，此無足慮，但白邦直不妨。」跂云：「若此中議定，即須更於上前及簾前再稟定，乃敢宣言。」至四日〔七八〕，再留，不易前議。師朴遂以白三省，因相率至都堂。行次，師朴云惇言：「從初議瑶華法時，公欲就重，法官不敢違。」及至都堂，惇又云：「當初是做厭魅法，斷不得，雖造雷公式等，皆不如法，自是未成。」余云：「公既知如此，當初何以不言，今卻如此論議？當時議法論罪，莫須是宰相否？余當時曾議，依郭后故事，且以淨妃處之。三省有人於上前猶以爲不須如此。其後又欲貶董敦逸，余獨力争，得不貶，此事莫皆不虚否？　今日公卻以謂議法不當，是誰之罪？」惇默然。余云：「此事且置之。　今日上及簾中欲復瑶華，正以元符建立不正。　元符之立，用皇太后手詔。　近見有旨，令蔣穎叔進入所降手詔，乃云是劉友端書。　外面有人進文字，皇太后並不知，亦不曾見，是如何？」惇遽云：「是惇進入。　先帝云已得兩宫旨，令撰此手詔大意進入〔七九〕。」余云：「手詔云『非此人其誰可當』，皆公之語，莫不止大意否？」惇云：「是。」衆莫不駭之。　卞云：「且不知有此也。」余云：「穎叔以爲皇太后手詔中語，故著之麻詞，乃不知出自公。」穎叔亦云：「當時只道是太后語，故不敢不著。　今進入文字，卻照驗得劉友端書，皇太后誠未嘗見也。」惇頑然無怍色，衆皆駭歎。

是日，余又言：「此事只是師朴親聞，余等皆未嘗面稟，來日當共稟知，聖意無易，即當擬定一聖旨進呈。」遂令師朴草定云：「瑶華廢后，近經登極大赦及累降赦宥，其位號禮數，令三省、密院同詳議聞奏。」遂退。　晚，見師朴等，皆云：「一勘便招，可怪！　可怪！」五日，余出城東。　六日，遂以簡白師朴云：「前日所批旨未安，當如今日所改定進擬。」師朴答云：「甚善。」然尚猶預。　七日，余云：「所擬批旨未安，有再改定文字在師朴處。」師朴出之，衆皆稱善。　今所降旨，乃余所改定也。　是日，上面諭簾中欲廢元符而復瑶華，余力陳以爲不可：「如此則彰先帝之短，而陛下以叔廢嫂，恐未順。」上亦深然之，令於簾前且堅執此議。上又欲先宣召元祐。衆謂兩存之爲便，上又丁寧，令固執。卞云：「韓忠彦乃簾中所信，須令忠彦開陳，必聽納。」忠彦默然。及至簾前，果云：「自古帝王一帝一后，此事繫萬世論議，相公以下讀書不淺，須論議得穩當乃可行，兼是垂簾時事，不敢不審慎。」語甚多，不一一記省，衆皆無以奪。惇卻云：「臣思之，亦是未穩當。」衆皆目之。師朴遂出所擬批旨進呈，云：「且乞依此降指揮，容臣等更講議同奏。」許之，然殊未有定論。

再對，余遂云：「適議瑶華事，聖諭以謂一帝一后，此乃常理，固無可議。臣亦具曉聖意，蓋以元符建立未正，故有所疑。然此事出於無可奈何，須兩存之乃便。章惇誤曉皇太后意旨，卻以復瑶華爲未穩當。此事本末，誤先帝者，皆惇也。前者，皇太后諭蔣之奇以立元符之手詔，皇太后不知，亦不曾見進入，乃是劉友端書寫。臣兩日前對衆語惇云：『昨以皇太后手詔立元符爲后，皇太后云不知，亦不曾見，及令蔣之奇進入，乃是友端所書，莫是外面有人撰進此文字否？』惇遽云：『是惇進。先帝云已得兩宫許可，遂令草定大意。』手詔云『非斯人其誰可當』，乃公語也。之奇亦云：『當時將謂是太后語，故著之制詞。』惇云：『是惇語。』衆皆駭之。惇定策之罪固已大，此事亦不小，然不可暴揚者，正爲先帝爾。今若以此廢元符固有因，然上則彰先帝之短，次則在主上以叔廢嫂未順。故臣等議，皆以兩存之爲便，如此雖未盡典禮，然無可奈何，須如此。」太母遂云：「是無可奈何。兼他元符目下又别無罪過，如此甚便。」余云：「望皇太后更堅持此論，若稍動著元符，則於理未便。」亦答云：「只可如此。」上又嘗諭密院云：欲於瑶華未復位號前，先宣召入禁中，卻當日或次日降制，免張皇，令以此諭三省。衆亦稱善。余云：「如此極便。若已復位號，即須用皇后儀衛召入，誠似張皇。」上仍戒云：「執元符之議及如此宣召，只作卿等意，勿云出自朕語。」及至簾前，三省以中語未定，亦不記陳此一節，余遂與潁叔陳之，太母亦稱善。退以諭三省云：「適敷陳如此，論已定矣。」遂赴都堂，同草定奏議，乃余與元度所同草定。師朴先以邦直草定示衆人，衆皆以爲詞繁，不可用，遂已。師朴先封以示余，余答云：「瑶華之廢，豈可云『主上不知其端，太母不知其詳』，又下比於盜臣墨卒皆被恩，恐皆未安爾。」是日，有内侍省高品白謂詣殿廬中納副封，云有奏言，乞皇太后不候升祔還政。余云：「此事當與三省商量。」衆議云：「不須進呈。」謂云：「御藥李偁見差監管，不許朝參。」

是日，太母聞惇自認造手詔事，乃歎云：「當初時謂友端稍知文字，恐端所爲，卻又是他做。」余云：「皇太后知古今，自古曾有此宰相否？」潁叔亦云：「惇更不成人，無可議者。」是日，太母諭向綍卒。

甲戌，同呈西安州天都、安羌寨賞功。范純禮辭恩命，不允。

瑶華議上，諭令劄子與内東門，令以九日宣召瑶華入内。遂同赴都堂書奏議，即事進入，又劄下内東門，令不得張皇漏泄。尋批奏議送三省，依奏。

再對，上問奏議何人所草，余對以實，又以昨日簾前奏對之語奏知，上稱善。是日，略以白謂所陳白上，仍云：「更不敢進呈。」

乙亥，同呈奏議：以十日鎖院降制，復爲元祐皇后。

又呈孫咸寧、張若訥與依常法敘官。

再對，以張永鑑、李嗣徽勾當皇城司。

穎叔退，余留身言：「累蒙宣諭，以章惇且欲隱忍至山陵後，固已具曉聖意，然思慮所及，不敢不陳。惇於定策之初，宣言不當，今從靈駕西行，往返幾一月，而諸王亦皆從，及從政、熙輩又亦俱行，惇麤疏暴率，語言舉措動或非理，其他雖未敢有所妄作，萬一於王府有一言交通，爲朝廷所知，恐不可掩覆。若稍施行，則於陛下兄弟之間，未免傷恩，此不可不慮。」上矍然云：「太后亦慮及此，近差一二承受内臣往從政處，皆親信之人，亦欲察其所爲也。」余云：「陛下嘗宣諭：『陳瓘累累煎迫。』此非獨瓘之言如此，蓋衆議皆然。瓘嘗乞以親王爲山陵，亦實有秦王、雍王故事。」上云：「亦知有故事，然衛王字亦不識，卻恐做不得。兄弟間事，不欲盡言。蔡王尤不循理，亦頗有污穢事，太母深病之。作親王卻多在殿侍房中出入，以此亦深憂之。」余云：「惇於定策之際失言，今日陛下於蔡邸尤當留意防檢，使不陷於有過之地，終始保全無他，乃爲盛德之事。然則西行何可不慮？」上云：「當更遣人防察爾。」余云：「事既如此，無可奈何。恐近下内臣無補，内東門御藥有可輟者，得一二人偕行甚便。」上云：「且更簾前開陳。」余又言白謂乞還辟事，余云：「以太母故，薄責可也。然施行不可過。」上然之。余又言：「此亦非獨白謂之言，外議有云，陛下已生子，皇太后弄孫，無可垂簾之理。」臣下亦頗有愧於謂。上云：「此事本非他所欲，是自家堅請他同聽政，他又已有手詔，於升祔後還政，亦止一兩月事。」余云：「事理固然，手詔又已頒告天下，何可改？然事亦有可慮者，宣仁聖德方嚴，非貪戀政事者，然終身不能復辟，蓋爲左右所奪耳。今日垂簾，太后殿中近習氣焰有過於陛下左右之人者，一旦還政，豈不冷落？萬一此輩妄生意見，太母有一言，則陛下難處，須預防之。」上云：「此理固有之。然太母不信此輩語言，必不至此。」余云：「雖然，不可不察也。」上然之。余云：「臣更有一事，不敢不盡愚忠。升祔後既還政，則便須分畫分明，若事須與聞，則恐未便，須事初便畫斷乃可。」上云：「既還政，自不當更與聞外事。」余云：「雖然，須事初便畫定，若語及外事，則於從事之際未免掣肘，若以漸疏殺，則於恩意間不足，不若一切畫斷，則事定矣。」上云：「固須如此。除親王、公主間事或有可商量，餘外事豈可更白？」余云：「聖慮如此先定，甚善。然須事初便如此分明，處之乃便。」上深然之。余又言：「臣於陛下踐祚之初預聞大議，在臣遭遇，可謂千載一時，臣所以區區傾吐肺肝，裨助聖慮。然臣已不爲近習所悦，若此語一漏，臣無措身之地矣。」上云：「此何可漏？前日事已是如此。」上此語余不敢再請，然察其語，乃昨命相之事也。余云：「君不密則失臣，臣不密則失身。願陛下更賜垂意，此語稍漏露，臣實無所措身矣。」上云：「會得，會得。此豈可漏也。」及至簾前，亦留身，具以惇及王府事開陳，太母云：「樞密思慮及此，何以處之？」余具以上前語敷陳，太母云：「内臣畏都知、押班，誰敢檢察他？恐不濟事。若不令蔡邸從靈駕西行如何？」余云：「聖慮高明，非臣所及。如此，何善如之。然獨不令蔡邸行，恐有迹。定王更年小，若兩人者皆免行，則無迹矣。」太母云：「甚善。兼他兩人皆未出居外第，但以此爲言可也。」余稱善而已。潁叔疑獨留，亦略以此告之。

是日，瑶華以犢車四還禁中，至内東門，太母遣人以冠服，令易去道衣，乃入。中外聞者莫不歡呼。

丙子，旬休。是夕，鎖院降元祐制，但以中書熟狀付學士院，不宣召。初，議復瑶華，余首白上：「不知處之何地？」上云：「西宮可處。」余云：「如此便。外議初云東宮增創屋八十間，疑欲以處二宮，衆以爲未安。緣既復位，則於太母有姑婦之禮，豈亦處之於外？」上亦云然。太母仍云：「須令元符先拜，元祐答拜，乃順。」又云：「將來須令元祐從靈駕，元符只令迎虞主可也。」方患無人迎虞主，今得此甚便。又諭密院云：「先帝既立元符，尋便悔，但云：『不直，不直！』」又云：「郝隨嘗取宣仁所衣后服以被元符，先帝見之甚駭，卻笑云：『不知稱否？』」又云：「元祐本出士族，不同，初聘納時，常教他婦禮，以至倒行、側行皆親指教，其他舉措非元符比也。」又稱其母亦曉事。二府皆云：「王廣淵之女也，神宗嘗以爲參知政事。」余亦云：「當日亦不得無過也，唯太后知之。」太母云：「自家左右人做不是事，自家卻不能執定得，是不爲無過也。」余云：「皇太后自正位號，更不曾生子，神宗嬪御非不多，未聞有争競之意。在尊位豈可與下争寵。」太母云：「自家那裏更惹他煩惱？然是他神宗亦會做得，於夫婦間極周旋，二十年夫婦不曾面赤。」余云：「以此較之，則誠不爲無過。」穎叔亦云：「憂在進賢，豈可與嬪御争寵。」太母又對二府云：「元符、元祐俱有性氣，今猶恐其不相下。」余云：「皇太后當更訓敕，使不至於有過，乃爲盡善。皇太后在上，度亦不敢如此。」太母云：「亦深恐他更各有言語，兼下面人多，此輩尤不識好惡。」三省亦云：「若皇太后戒飭，必不敢爾。」太后又云：「他兩人與今上叔嫂，亦難數相見，今後除大禮、聖節、宴會可赴，餘皆不須預，他又與今皇后不同也。」二府亦皆稱善。其他語多，所記止此爾。是日，余欲留身，既諭二王不西行，遂已。

丁丑，同呈涇原奏：王贍以青唐府庫物借將佐、士卒，得熙河牒，令收索，恐恩歸贍，怨在朝廷。奉旨：應漢蕃士卒所借，並除放；將佐並拘收；差使以下聽於請受内立分數剋納。

又令陜西、河東繳納招納西人空頭宣劄。

再對，以内侍省奏白諤言事及詣密院陳述，乞責降遠小監當，得旨依。至簾前，太母云：「本欲不施行，但上意如此。諤乃聖瑞殿中人，簡王之師父也，教導簡王極不近道理。」穎云：「如此，即更有情。」

是日，垂拱再對，上遽顧余云：「二王更不令從靈駕西行，只衛王去，蔡王免行，聖瑞已喜，本不欲令去也。」余初欲留，以十九日簾中語奏知，既宣諭，遂已。

是日，龔夬、陳瓘上殿。先是，聞兩人者擊卞甚急，上旨令同對，當降文字出，既而以無例同對，遂同日請對而已。又云二人者嘗叩上云：「章何以不出？」上云：「聚而後出。」又云瓘初欲擊卞，先白上云：「臣欲擊卞而未敢。」問云：「何故？」瓘云：「外議皆恐卞去則京進，以是未敢發，若用京則不若存卞也。」上摇首云：「未嘗有此意。」瓘云：「聖意雖爾，簾前如何？」上云：「亦一般。」瓘云：「如此，臣乃敢攻卞。」

戊寅，同呈韓資言西事寧静，言河北事皆無可施行。

再對，閻守懃乞磨勘歲月未滿，以隨龍故，特遷昭宣使。上云：「朕未生，懃已在太后閤，又産閤中祗應，誠有勞舊也。」

王瞻不申發謝表，特罰銅三十斤。

余因言：「白諤與遠小監當，極難得闕，須添差乃可。」上云：「更須爾。只與降一官勒停。」余云：「甚善。一期自當敘，且免遠行。」上首肯。

是日，上諭：「臺諫攻卞已十餘章，如何得他知，令自圖去就甚好。」余與穎叔皆莫敢承，上云：「只説與章惇，則卞自知矣。」退以白惇，惇亦不敢。朴欲召龕諭旨，衆以爲不可，惇欲召吴伯舉往諭之，遂約翊日稟旨乃召。

己卯，同呈章楶乞不候祔廟替罷，且薦王恩爲代。衆皆以不可爲，然已有前降指揮，詔令劄與楶知。

又以陳敦復提舉河東營田兼弓箭手。遂共白遺吴伯舉。上旨，令同至都堂召伯舉，令諳卞諭旨。伯舉唯唯承答不辭，然出省乃往。

是日晚，卞遂草表乞宫觀，翊日淩晨上之，降付三省，三省乞付學士院降詔，不允，遂令降批答。上又諭兩府云：「本不欲於祔廟前退黜大臣，但以言者不已，故須如此。」余亦以此語白惇。是日晚，卞章未上，已降夬兩章、瓘一章付三省。夬云：「卞依附權臣，致位政府，漸肆威福，中分國柄，不附己者，斥逐無餘。」瓘云：「卞迷國不道，神宗在位十九年，惠及天下，卞皆掠爲安石之美。然惇迹易明，卞心難見，春秋之義，當首誅造意之人。」惇同進呈，殊無怍色。

庚辰，同呈北虜祭弔使並以六月一日見於皇儀，百官更不赴福寧奠臨，俟虜使奠慰訖〔八〇〕，於皇儀門外進名奉慰。

再對，河西房人吏以邊事了等推恩。曹誘乞罷權副都承旨，詔與落「權」字。誘之請，恐同列中有奪席者爾。

又以楊應詢知順安軍。因言：「應詢乃王巖叟所引，然實曉事，不可以親黨廢。」上及簾中皆然之。

辛巳，忌。

是日，卞章付禁林，龕遂作批答不辭。

壬午，同呈，依熙河奏，結呃齪二子並與殿直，邊廝波結之弟也〔八一〕，諸子中唯此二子未有官，故命之。

是日，惇私忌不入。本欲以是夕祈雨，十五夜雨，但遂以擇日謝。

再對，上諭卞已降批答。卞遂入第二章，上欲更宣押卞一次，遲三、五日不妨，既有臺諫章在三省，彼何敢安位？如此，庶幾全禮數爾。余云：「陛下禮貌大臣，進退以禮，如此甚善。豈止三、五日，便遲旬日，何所不可？」退以語三省，皆以爲憂，恐其遂就職不去。余以語范純禮，純禮云：「公所論甚善。」蓋余云上意近厚，不可不將順。純禮云：「上以禮遇大臣，若彼不去，則在下之人自有議論，如此則上下各盡義理，有何不可？」既而竟不宣押，必有密旨。

是日，余又言：「卞之去固已定，然外議皆以京進爲憂。」上默然。余又云：「此事須聖意先定，若京進，則言者必決去就，此時卻恐難處。」穎亦云：「曾布所陳，無非正論。」上亦皆不答，色若有所難言者。余遂退以白邦、朴，邦、朴皆深憂之。余責朴云：「此責不在他人，在朴而已。仍朴來日便當留身論之，此不可緩。」朴然之。

癸未，同呈回牒北虜，以耶律應不重行立班，顯是違越生事，本朝所遣使在此，未嘗似此不依禮例事。以其來文如此，故答之也。

再對，差王防編修密院文字，孫俶編修國信條例。因奏云：「臣等親族多，防與布、俶與之奇皆瓜葛，然皆於法當避，則所不敢。」上云：「既不當避，有何不可？」余云：「恐有人言語，不敢不奏知，如近日朱彥等亦此比。」上云：「彥已不許避。」簾中亦然之。

是日，朴留身具道京不可進。上云：「本無用之之意，若欲用京，復進之奇，但於簾前更開陳。」果如余所料。朴既至簾前，具以京不當進之意開陳，太母云：「會得。方逐其弟，卻用他哥哥，是不便。相公但安心，必無此。」朴退以相語，皆以爲可慶。邦直云何，余云：「雖使邦直自言，亦無以易此。」皆大笑。

朴又密奏云：「元祐生者已被恩，而死者殊未甄復，然此事當出自上恩。」遂擬定一指揮進呈，是日，遂如所指批降付三省。翊日，子開對，亦有劄子，上云：「已行。」蓋開不知朴已嘗陳及已有批旨也。

甲申，同呈環慶路奏：收到無主牛馬，未敢送西界。詔鄜延路牒問宥州，如委是西界走失，即具實關報，以憑送還。

再對，内臣武球，令吏部與合入差差遣。上云：「駕前用小杖子打人，及瑶華獄捶楚人，令説后知情者，皆球也。」太母云：「球進藤棒決責人，其子振進彈弓，令彈子雀，此豈是奉人主之物！父子如此，深可罪。」余云：「先帝後亦惡之，皆逐去。」是日，下降第二批答，不斷章。

乙酉，同呈邊奏。

再對，放罷融州巡檢楊懋，令廣西詳懋所陳，罷胡田統制，依先降朝旨，以程建、黄忱措置備禦蠻事。

又令諸路走馬二員處，各給一朱記，令禮部鑄造給付。以諸路有兩朱記或一朱記，不一也。

是日，三省以下爲資政、知江寧。又罷董必郎官，送吏部；又罷舒亶無爲軍，與監廟。自十三日以上官均爲起居郎，吴伯舉爲少蓬，仍罷修史。密院〔八二〕。

再對，上諭：「王渙之可爲史官。」朴又言：「伯舉既罷，鄧洵武亦當移易。」遂議以謝文瓘代洵武爲右史。均及渙之皆史官，朴疑向所薦十人，唯文瓘未用，恐上有所疑，欲得余與安中同入一劄子，云向所奏舉可用之人，悉蒙收録，唯文瓘未用，三省議欲以爲右史，代洵武，及以渙之修史，來日三省進呈，伏望特賜俞允。遂從之。翌日，遂有成命。

既而又以王祖道知海州。上又諭西府云：「伯舉亦與郡。」翌日，三省再稟，卻云且以祖道仍改兩浙提刑。公議皆翕然稱允。唯蔡京欲增損潤色五朝寶訓〔八三〕，又欲辟官例，又乞以殿閣使臣爲承受，及於資善堂置局，以都知梁從政、提舉内東門馮説爲承受，説乃上所親信，京所願交結也。以御廚、翰林諸司供應。四月十九日，梁從政内中奏聞，奉聖旨，並依奏。十一日，龔夬對，極以爲不當。尋降劄子付三省，三省十三日進呈，奉聖旨，只令依元降指揮校正繕寫進納，入内置局，及諸司供應，并辟官指揮更不放行。蓋夬以謂五朝寶訓及成書，何可增損潤色？兼所乞辟官苟非，其他人必妄生異議，以濟姦説。上亦深然之，以謂寶訓何可改也，故有是命。又逐方天若爲建州推官，蓋京所辟官，意在天若爾。天若告詞云：「險陂凶邪，在所屏遠。圖書之府，非爾可居！」中外莫不快之。已而京復求對，以謂所謂增損潤色，非敢改也，但欲更增修未盡事迹爾。尋再降指揮，置局、差諸司及承受等，並依四月十九日指揮，其五月十三日指揮更不施行，唯不辟官，及不得增損潤色，仍差徐勣、何執中同提舉校正。京又云：五朝寶訓三十卷〔八四〕，乞更增神宗一朝事迹，共修爲六朝寶訓。而議者謂神宗史未成書，未可修寶訓。京又以謂史院編次可爲寶訓事已備，但得旨便可成書，遂指揮令史院官同修六朝寶訓。京自復留，其交通反覆，機變百出，皆此類也。

丙戌，旬休。

丁亥，同呈熙河奏：已遣人齎蕃字招溪巴温。

又太原走馬魏允中奏：普寧軍糧不及旬。詔轉運司具析不計應副因依及更有無似此闕乏處聞奏〔八五〕。

是日，内批向子莘除閤門祇候〔八六〕。

戊子，同呈邊奏。

再對，内批罷吴靖方山陵都大管勾及隨從元祐皇后等，悉以馮世寧代之。

又内侍省乞羈管白諤，中批送五百里編管，得旨送唐州。

余是日留身謝子莘除職事。上云：「此自是皇太后族屬，卿何所預？」因略陳白謂斷罪太重，上云：「小使臣，又本省云無例言事，須如此行遣。」余云：「亦曉聖意。然編管人逐便後三期方敘，與勒停一期便敘極不同〔八七〕，願更留聖念，異日稍闊略常法與敘復。」上首肯而已。簾前謝子莘，因曰：「族人多毀之，然實平穩曉事。」又言：「十二日從言在山陵，自當已入九分。」太母云：「待指揮。」

陳瓘論王荆公日録多言神宗所論與之不合，紹聖史官多編修入實録中，批令三省參對進呈。

己丑，同呈邊奏及熙河修湟州曠哥一帶堡寨。余因言：「外議多云青唐已棄，而尚固守湟州，道路陷遠，糧運難繼，公私困敝。臣亦知其如此，然今日并棄湟州，則必爲夏賊所有；兼得鄯、湟皆不能守，豈不取輕夷狄？若今秋必稔，則邊計亦可支梧，以此不敢以爲可棄。自紹聖以來，進築沿邊城寨，深入敵境，瞰臨夏人巢穴，以至會州正扼其右廂兵馬道路，及自來如天都、淺井之類，西人點集人馬之地，皆爲朝廷有，乃所以制西人之死命。若常效順，則各守新邊；若稍跋扈，則稍有舉動，即逼近其巢穴矣。然新城寨須常爲固守之計，若萬一夏人侵犯〔八八〕，如向者攻圍平夏城，十八日不能破，然後西人計窮力屈，卑辭請命。異時守備新壘，須悉如平夏不可破，則今日所得新邊悉可保守。若一處破壞，則邊計可憂矣。以此當深戒邊吏，當爲十分備禦則爲便也，其他道聽塗説皆不聽。」上深以爲然。同列聞此論，亦莫敢不服。

是日，三省得旨，復司馬光、吕公著、文彦博、韓維等官職。唯彦博、珪、維悉復舊官職，餘復官而已，顧臨、錢勰及王汾、馬默亦復職名。

庚寅，同呈賜熙河京玉、安鄉二關名。

再對，閻安爲入内班。路昌衡言河北備邊四事：禁軍習手藝人降廂軍，從之；修城池及軍器，悉已有旨；又言糴便不當令轉運司兼，固言紹聖中以轉運司兼糴便，深失祖宗法意。國初以河北沿邊十七州軍蠲減賦税，年計不足，故歲賜鈔錢二百萬，并十七州軍税賦，悉令糴便司專領，故轉運司不能侵漁，今併爲一司，誠不便。上令諭三省仍來日同對時面陳，便可改。退以語三省，三省皆以爲即復舊。余自紹聖中亦屢曾以此語，惇、卞等雖略曉然，亦終不能改。

辛卯，同呈邊奏。

又以劉奉世復端明、知定州，王欽臣復待制、知真定。師朴云：「向論邢恕、葉祖洽不可帥，令與東南一郡。」遂與恕守荆南，洽守洪。初，朴等議欲以杜裳帥真定，余以爲不足稱此選，遂用欽臣。朴云：「向者余以謂欽臣得集撰、潁昌，外議皆以爲過，故不敢及之。」

余云：「昔者初復誠太優，今例無不復者，則欽臣終何可遏，況以人材比之，又非常之比也。」衆皆以爲然。沖元云：「便須更照管，恐有一般者皆須復職。」余云：「楊畏是也。」衆皆云：「畏之罪當於上前及之。」既對，余言：「欽臣在元祐中事於吕大防門下，物議極多，不爲無罪。但昨遷謫之人今皆牽復，則欽臣亦不可遏，然在外驅策無所不可，但不可在朝廷爾。」衆亦云：「與欽臣等更有楊畏，尤不可用。」惇云：「昔人謂之楊三變，今謂之楊萬變。以其在元豐、元祐、紹聖中反覆不常，唯利是附故也。」上默然。議者以謂奉世、欽臣皆復舊職，是元祐之人無俶慝皆當收用，而紹聖郎官如張行、譚掞輩，不足挂齒牙，亦皆逐去，恐未免如紹聖之偏，此爲可戒也。余白同列云：「國勢已定，紹聖險邪無能爲矣。今日之戒，正在於矯枉太過爾。」有識皆以爲名言。

是日，再對，以新廣西提刑譚掞體量措置宜州變事，以安化邊人累犯省地，殺巡檢使臣及兵丁僅千人，而經略措置未安，鈐轄雍斌等怯謬不赴敵故也。上云：「掞便可帥桂。」余云：「且令體量措置以觀其施設，若果有方略可用，帥之未晚。」上深然之。

壬辰，同呈范純粹許候見兄説赴任〔八九〕，又呈邊奏。再對，令陸師閔體量鄜延走馬奏西人燒毁堡子事，惠卿以爲無，而走馬黄彦堅以爲有也。

是日，聞龔夬有章擊京，送三省。或言上曾詰夬云：「京罪狀有實迹否？」夬云：「臣亦得之人言爾。」聞者頗笑之。

癸巳，同呈邊報，中黄安中言：馬城以書來言陝西事，内抑勒舊弓箭手投新邊，以舊地召人希賞。令體量有無上件事理，如有，即取勘奏裁。

又言軍人失訓練，令總管司檢察。

是日，三省云夬章進呈訖。朴云曾上白，恐言者未已，兼來者必紛紛也。

甲午，上旨令草定專委范純粹體量振恤河東流亡飢殍之人。遂同三省進呈，仍令河北、陝西帥准此。即得旨依奏。三省欲行，遂送三省。

自癸巳日暮，大雨達旦，又終日乃已，滂沛沾足，但未知廣否。

乙未，旬休。是日，陳瓘再對，擊惇，又論京罪。上以謂與卞不同，瓘極陳，乃稍以爲然。

六月丙申朔，以虜使弔祭見於皇儀殿，二府侍立。罷，赴福寧臨慰。百官進名奉慰於皇儀門外，二府退歸。蔣樞押都亭宴。

丁酉，昭憲忌。同日，淑德忌。

戊戌，同呈熙河奏殿直孫毅落蕃歸漢。惇云：「毅落蕃初不奏，其他士卒不奏者，諒何可勝數。」余云：「毅乃轉運司差押茶往鄯州，爲西蕃所虜，然經略、轉運司皆當奏。」各令分析及更根究落蕃使臣、士卒〔九〇〕，不以勘會了與未了，遂具姓名聞奏。經略司云：毅妻有狀，以不見毅下落去處，乞限究面勘。未到也。

又以章永年勾當謄員所。余云：「雖是惇無服親，然臣所知，惇初不預。」上笑云：「謄員所何足道，今後更不須進呈，只擬進可也。」遂擬旨。

再對，樂士宣辭免内侍押班，上稱其知禮。

又復王舜臣、李澤、李澄、康謂等差遣。以得旨敘官，路分以上與降一等差遣故也。

己亥，同呈王愍移河東總管。

庚子，初伏，假。

辛丑，天貺節，假。

壬寅，北使辭於皇儀殿，遂同二府赴垂拱，百官起居。又赴紫宸，同北使賜茶，朝辭訖，二府退歸。

癸卯，同呈熙河奏安鄉南城畢功〔九一〕。又奏把拶橋至湟州止九十九里，宗河乃湟州也。可通五板船，漕運道路通快。候安鄉北城畢功，令諸軍歇泊，至秋涼修瓦吹等三堡寨。

又奏趙懷德及三僞公主至熙州。

再對，環慶奏：遣將官於新邊界候以裹發窖藏解㪷。詔勿令侵越引惹。

是日，以向氏女六日入内謝子莘除閤門祗候，太母令傳宣撫諭，及慰撫之語甚厚，又賜以御酒，并前嘗賜茶，當致謝，遂先於崇政留身。因言：「正月十二日時政記尚未進，蔡卞已出，欲約許將因留身進呈，又恐張皇，欲只進入。」上云：「累曾議定，只進入不妨。」余因言：「當日事出倉卒，太后聖訓先定，臣等但奉行而已。臣雖與惇等議論不同，然人臣義所當然，無足言者。然臣待罪政府已六、七年，久妨賢路，加之衰殘空疏，無補朝廷，只俟山陵發引，便當伸前請，乞致仕歸，遂微志。」上云：「卿與衆人不同，卿何可言去？」余云：「臣幸會陛下踐祚之初，受遺定策，預聞大議，在臣遭遇可謂千載一時。非不懷戀聖世，然因循尸素已久，必待如章惇、蔡卞而後去，則於臣進退之義實所未安。臣於此時得不以罪戾而去，陛下於臣之賜厚矣。必待有罪乃許其去，亦非所以保全老臣之意。」上云：「累與皇太后言卿在密院宣力累年，今日與衆人不同，無可去之理；亦嘗與言事官論及此，卿豈可去！」余云：「陛下眷厚，朝廷驅策之意固如此，在臣進退之分，亦不得不然。」上又云：「密院賴卿久矣，豈可去！」余云：「密院既無邊事，人人可爲，何必臣而後可。然臣今日未嘗喋喋上煩聖德，俟山陵乃敢請。」上因言：「邊事雖已寧，自韓忠彦是元祐中同棄城寨者，恐所見有異。」余云：「臣亦察知忠彦意，常云今日邊面闊遠，難照管。然今日城寨尤不比前日，不惟不可輕議棄捨退縮，若備禦不至，異時西人萬一犯順，若一處爲西人所破，則邊計便須動摇，此不可不慎。」上深然之，云：「若破卻一處，則他處皆動摇必矣。」上又云：「茶馬事亦不可罷。」余云：「茶馬歲課二百萬，元祐中所不能廢，今若罷去，則邊費及歲買馬二萬疋將何以給？」上又云：「不獨茶馬，免役法亦不可改。」余云：「元祐罷免役，天下百姓以爲不便，皆願復行，何可改？ 然不獨免役，常平法亦不可廢。」上云：「此四事且總説與韓忠彦，或因奏對時，對衆説亦不妨。」余云：「臣且當以聖意諭忠彦，俟將來章惇赴山陵，臣當對衆更敷陳上事。」上又云：「近所擢言事官，多紹聖中失職之人，恐懷忿心，議論或過當，卿等可亦説與勿令過論。」余云：「宰執與言事官無由相見，臣無由傳達此意。」上云：「多卿等所屬，豈不令人説與？」余唯唯。 余又云：「言事官固難戒以言事，其議論過當亦必不免，但斟酌取捨在陛下爾。 其次則宰執當上體聖意，每事持平，處以義理，則言者亦足戒也。」余又請問朱彦何以罷御史，上云：「無他，只是令改郎官。」余云：「所陳必有不足以當聖意者。」上云：「有一劄子亦好，只是論議與陳瓘等不同，故不欲處以言職。」因盛稱陳瓘論議多可取。 余云：「龔夬亦强果敢言。」上亦稱之。 師朴曾報上云：「彦奏對無取，兼所見有異，不宜處以臺職。」然不曾請問其詳，故余復及之。 余又云：「外議亦疑彦爲徐彦孚、吴居厚所薦。」上云：「此亦不妨。」遂退。

至簾前，具陳：「子莘妻入謝，蒙聖恩傳宣撫諭，又勞問丁寧，臣何以仰稱聖眷。」遂再拜。太母云：「亦曾説與，令以上尊歸與父作土儀。」余云：「上感聖恩。亦曾蒙賜茶，以外廷不敢具章表稱謝。」因言時政記如上前所陳，亦許令進入。余又言：「臣當日與蔡卞並立，聞卞云：『在皇太后聖旨。』卞卻曾於簾前自云：『當依皇太后聖旨。』與臣所聞不同。臣今來不敢更改，但依實云『在太母』。」亦然之。

甲辰，同呈押班馮世寧磨勘改延福宫使。又令胡宗回常優加犒勞及照管趙懷德并三僞公主，以昨日上旨令草定也。

再對，以李昭珙押賜夏國登極銀絹各一千五百，用治平四年例，以六月差官。以樂士宣爲山陵行宫巡檢，替閻安，以安權提舉修内司。近以閻安爲入内押班，以樂士宣爲前省押班，皆中批也。

是日，上又言：「三省文字多遲滯。」余云：「以經歷處多，三省六曹皆得一兩日限，又有假，故每一文字須旬乃可出。」昨日獨對，上已及此，頗患其留滯。余云：「三省天下政事根本所在，忠彦才力雖不足，頗聽人言語爾。」上云：「三省與密院文字，多少相較幾何？」余云：「密院十分之一二爾。尚書省乃萬機所在，密院邊事息則益少，非其比也，逐日進呈文字不過一二内臣及武臣差除爾。三省議論、所降號令，無非繫天下休戚，以至進退人材，區别中外臣寮奏請是非，無非大事，豈密院所可比！」上亦矍然。余因言：「近聞陳瓘論司馬光等復官，不知爲有罪無罪，不審聖意以爲如何？」上云：「三省云何？」余云：「三省未嘗與臣語及，臣亦不敢預議。不審陛下以光等爲有罪無罪？」上云：「莫須是有罪。」余云：「聖意如此，臣乃敢盡言。紹聖中，以光等有反逆心，謀廢立事，天下皆以爲冤。至於詆毁神宗，變亂法度，則事迹具存，豈得爲無罪？如光論免役法，以先朝爲剥膚椎髓，豈不是詆毁？而免役之法〔九二〕，天下百姓以爲便，而光以爲不便，必須毁廢而後已。又如蘇轍章疏云：『鹿臺之財聚而商亡，洛口之倉積而隋滅。』是以神宗方紂及煬帝，可以爲無罪乎？紹聖中，邢恕嘗謂臣言，『司馬光以人臣挾怨，與神宗爲敵，方元祐秉政事，神宗所行法度，不問是非，一切更改；所用人材，不問邪正，一切斥逐。此其罪已不可勝誅，若言他有反逆心，則是冤枉。』恕臣訝恕之言頗合公論，遂具陳於大行前。大行云：『卿前雖如此説，他别處説得不同。』恕其他姦言，固臣所不盡知，若如此言，則論光之罪可謂當矣。」上深然之，令具以此意諭三省。因言：「大臣及言事官議論亦有偏者，悉以諭三省不妨。」退，遂具以聖意白三省，莫不悦服。

余又爲上言：「元祐之人憤嫉熙寧、元豐之人，一切屏斥，已失之偏；紹聖用事者，又深怨元祐之人，故竄斥廢黜無不過當，其偏則又甚矣。今日陛下方欲以大中至正之道，調一兩黨，則但當區别邪正是非，處之各得其所，則天下孰敢以爲非者？若今日但知收復元祐之人，退黜紹聖之人，則不免又偏矣。如此，則與元祐、紹聖何以異？非陛下所欲扶偏救敝、持平近厚之意也。兼臣累聞聖諭，及皇太后亦曾宣諭，以謂有甚熙寧、元豐、元祐、紹聖，但是者則用，不是者則不用，更不必分别此時彼時。若人臣皆能體行此意，則無不當矣。」

是日，上諭：「韓忠彦頗平直，李清臣議論極偏，宣仁時事無不是者。」但諭三省云：「朕意以謂大臣中亦有偏者，不須指名也。」又云：「黄履論事亦偏。」又云：「陳瓘論司馬光事，已是曾令换劄子來。」然聽不審也。又言上云：「坤寧多不利子孫，不若留在娘娘宫中撫養。如姐姐年長，尚且不育，不可令在福寧。」姐姐謂太母所生延禧公主，十二歲卒。

是日，太母云：「皇子未滿月，極惺惺，會笑，認得老娘嬭子。」

余既退，亦略以上論清臣之語諭朴，并以四事諭之。

乙巳，旬休。

丙午，同呈邊報。

再對，以向子英爲環慶第五副將，從苗履所奏也。上云：「太后欲召歸。」余云：「子英得將官，必未願歸。」至太母前亦然之，余云：「若歷將官後，卻召歸不妨。」是日，召范純禮，諭以上論言事官懷忿過當之語。乃范嘗以此開陳也。

是日，同呈訖，余遂云：「前日已盡以聖旨諭司馬光等事諭三省。」朴遂出陳瓘奏進，上云：「如前日宣諭。」余云：「三省亦皆以爲當。」惇云：「如此更無可施行，只進呈訖。」余云：「但是非之論未見於文字，莫可著於時政記否？」朴云：「莫須别撰光與公著告命？」上云：「不須，但貶邢恕，於恕告命中具載此論，則天下皆知之矣。」余云：「聖諭甚切，此臣等思慮所不及。然恕便須行遣。」朴云：「不知如何貶？」上云：「重貶。」或云散官安置，余云：「恐太重，其以有分司某處居住。」上及同列皆然之，遂令以少監分司、均州居住。初，上云與善地，或云滁，或云隨。惇云：「恕曾知隨州。」遂處之均。朴云：「仍須令曾肇命詞。」上云然之。

再對，上又丁寧令諭肇，且與明白撰詞，須明著其有罪無罪乃是。尋以簡白開，都堂亦召開面諭。是日，開適當制。初議，雖不當制亦合草詞，開云：「若不當，必不草。」

丁未，同呈邊報。

再對，移高偉大名都監，劉石淮東。朴所禱也。上又諭云：「密院無事，非三省比。」余唯唯而已。

戊申，同呈邊報。宥州牒云：「已戒約邊人不得侵犯漢界。」

再對，以李昭珙知寧州。又以賈嵓子説爲看班祗候，仍不候有闕。

己酉，同呈詔胡宗回令更多方招誘溪巴温、郎阿章等出漢。

又令鄜延候西人差賀登人使，即依例報以天寧節名及日月，再等以御批。陶節夫奏：乞即移舊弓箭手耕並邊新田，中批以爲可取。尋檢會已累有朝旨，令陝西、河東諸路依詳累降朝旨及臣僚所奏施行，仍取情願，不得抑勒。

又以向子華知恩州。

是日，因語及肇所撰邢恕詞，蔣亦誦其語，上云未見，令余寫一本進呈。以翊日月望不奏事，遂寫進入。

庚戌，月望，赴福寧、内東門臨慰如常儀。是日，上論：「見邢恕詞，極好。曾肇恁地會做文字。」蔣對云：「好箇翰林學士。」余默然不敢答。

辛亥，同呈李譓奏湟州利害，胡宗回相度聞奏。

再對，依三省已得指揮，逐月進堂除差遣及兵將官、知州軍揭貼簿書。

是日，聞龔夬擊京，上甚慍夬，云：「夬所陳皆曾布之語。」夬既自辨，遂請去。然余實未嘗與之通聲聞，蓋小人及近習造謗爾。雖上旨令諭言者勿過，余亦未嘗以此語之，蓋素未嘗交通也。

壬子，同呈邊奏。

再對，以河北增置廣威、保捷二萬餘人，舊軍分每指揮例百人，而在京禁軍見闕萬餘人，遂令河北監司及安撫司，揀選願升换在京軍分者，發遣赴軍頭司。蓋欲銷廢舊人，免添新軍分，重疊縻費廩給也。新軍廩給出自西府，舊軍銷減，則逐旋計所減，令運司管認故爾。

又以麥文昞勾當翰林司〔九三〕，對移向子履勾當軍頭司，以兩人皆願移易也。上以子履太母姪，許之。太母云：「不知了當得否？」余云：「同職五、六人，必無不了。」

癸丑，同呈邊奏。范純粹乞朝見，許之。

是日，龔深之來言：「得之外議，云近習極不樂，有『無震主之功，而有震主之威』之語。」渠亦戒以勿與事，云：「韓、李皆上所新擢〔九四〕，尚且退縮，何必管他！」又云：「但戢斂，必無事。」又云陳瓘言親聞上語，云余與劉友端嘗共事。余帥河東，友端作走馬，同官三年，及其親近，未嘗與之接，其職事亦無西府干預者，修造土木之事，皆三省所行，未嘗有交通之迹。余笑謂深之云：「若能與友端交通，紹聖、元符中作相久矣。」余比亦見范彝叟云：「上有涵蓄，恐徹簾後必有所爲。」又云：「且看祔廟後舉措如何，便可見矣。」然不知所謂涵蓄果何人何事也。

甲寅，無同呈。自邊事以來，蓋無日不同呈，自爾邊鄙無事，稍稍希闊矣。

再對，以閤門祇候歐僅覃恩改供備當職〔九五〕，乞用先朝隨龍恩例除通事舍人，上黽勉許之。

是日，朴云昨日錯與挽詞同降出龔夬三章，一乃擊惇者，一擊京，一乞出惇，遂收之。朴亦未見。今日，惇欲留身。既而三省對，具道，上云：「是誤降出，卻令進入。」惇遂留，再拜而退。

是日，西府見太母，太母即笑云：「昨日卻誤降出龔夬文字，論章相事極子細。」又云：「已知朝廷待山陵後責降惇不易處。」又云：「是日打撲文字是一老内臣，文字上自批鑿云『不出』，卻誤降出去，亦須行遣。」

乙卯，旬休。

丙辰，同呈牽復前陝漕已宜官。

再對，以傳宣添長入祇候殿侍二十人，當如先朝，權令祇候轉員日正撥入額，免僥倖。上從之。

以閤安再任皇城司。

是日，朴於垂拱及簾前留甚久，云：「言者不可沮折。」上云：「未嘗折他。」開又聞朴「多方以言探試上語，恐有所疑，即開陳，然終無之」。朴又云昨在外保全及召還皆余之力，何敢隱也。開云：「家兄但急於體國爾，其用心豈有他也。」因言其自有求去意，朴堅以爲不可。然余請去之心久矣，亦不問毁譽如何，但欲引分奉身而去爾，豈能更與小人紛紛計較口舌也。開所聞大約與所聞略同〔九六〕。近黄安中又云，上目送西云〔九七〕：「大臣不可立黨。」安中殊憂之。然余云「不辨也」。上近見孫諤論京未去，云「賞罰未明」，上云：「亂道！」諤奮然便欲拂衣，爲衆所止，而邦直勸止之尤力。又嘗面沮夬，故朴有所陳。

丁巳，無同呈。

是日，以王舜臣權發遣蘭州，以康謂卒故也。

是日，三省以陸佃權吏書，張舜臣爲吏侍。朴云：「上稱舜臣老成平穩，又稱純禮、子開，皆以爲可用，故稍稍進之。」純禮嘗言宣危，謂余、開亦已入疑，然與朴所聞又有異矣，未知何如也。

戊午，赴南郊，宿齋，告元祐皇后復位。

己未，五鼓行事，畢，黎明，還西府。

庚申，末伏，假。

是日晚，批出，以子開爲翰林學士。

是日晚，大雨。自入夏數雨，山陵橋梁道路多壞。是日，清臣奏：乞不令胡宗回同相度湟州。上云：「主帥豈可不與議，如三省職事，令他人相度，而三省不與可乎？」遂默然。余云：「宗回於此不與議，則難責於守禦。」上亦然之。

是月十三日，滎陽、汜水、鞏縣皆大水，漂溺居民，壞汜水行宫，而雨殊未已。

辛酉，同呈鄭居簡言：「湟州地險隘，當罷都護府、安撫使之名，令隸屬河、蘭州，以省餽運。」詔遣新陝西運判都貺與胡宗回同相度聞奏。

再對，上諭以已除肇翰林學士，余云：「臣倉猝未敢稱謝。」上又稱范純禮云：「當遷一學士兼承旨不妨。」余云：「自有韓縝、曾孝寬例。」退以語朴，云必批出也。

是日，令陳安止、劉子方不迴避。

又上殿劄子，侍郎以上進呈，小事擬進，餘更不進呈。

壬戌，同呈郝平奏：會州城壁酺鹹，不可爲城，乞以青南訥心爲州。令都貺一就相度聞奏。

再對，預戒河北州郡，歲終差官點檢城壁樓櫓等。

差曹誘權管勾馬步軍，以誦從靈駕西行也。

又差段緘梓夔都監。緘乃陸佃及子開所稱也。

是日，遂留身謝上除子開禁林。因言：「孤遠之士，被遇神宗，兄弟三人皆爲舍人，而臣偕肇皆作禁林。」又言：「衰朽當請歸老。」至簾前亦具以此陳之，簾中云：「三人皆同父，亦盛事。」

癸亥，同呈邊奏。

再對，差楊應詢天寧節接伴北使。

甲子，無同呈。以劉交勾當軍頭司〔九八〕，梁安禮皇城司。

又呈鄜延已依御前劄子收瘞骸。上云：「因看曾肇所進神宗德音有此指揮，適在皇太后殿中，前有筆硯，遂草率此指揮行下。」皇太后云：『只熙河路否？』朕欲徧及諸路，仍并漢蕃人遺骸收瘞，并遣中人往勾當及致祭，作水陸。」余云：「正與神宗手詔一般，神宗詔云：『朝廷子育四海，所當惻隱。』乃不問漢蕃也。今更及諸路，則又廣矣。」是日，余欲辭所賜，而衆不欲，遂已。清臣獨免，當日批令改，遂受之。是日，蔣私忌不入。

乙丑，旬休。沐浴。

七月丙寅朔，赴福寧臨慰如常儀。

丁卯，南、北郊奏告啓攢，不坐。

戊辰，進讀謚册。休務，以疾不入。

己巳，在告。皇太后遣中使曾壽，以將罷政，賜金二百兩、拂林玉帶一、銀合并帕全。

惇以下玉帶皆一等，唯宰相多金一百兩。是日，中使來，方知余實抱疾。

庚午，上遣中使黄希叟賜食宣問，太后亦然。余謝以太后止七日垂簾，余雖病，須勉强入對。來使增十千得百，不收。例五千，以兼太后撫問，故倍之，皆不收。

辛未，朝崇政并簾前，皆問聖體，曲謝密賜。同呈戒諸路帥臣常切備御親邊。余自草定，清臣初亦異議，上深然之余所請〔九九〕，遂默然。又詔熙河許溪巴温、小隴拶等不赴闕。

再對，上勞問疾苦。以三省奏黜梁惟簡、陳衍親黨文字進呈，上令留中。又以惟簡及衍子并中人楊偁尚編管在海南，稱在全州，上旨悉令放逐便。

壬申，同呈邊報。

再對，以劉程爲益鈐，以王存知石州，和詵嵐州，王詰岢嵐。又以向宗禮爲京西南路都監，楊和爲廣東。

至簾前奏事訖，遂敘陳：「自爾遂不肯得侍慈顏。」因拜辭，太母亦慰諭云：「皇帝聰明，更賴卿等輔佐裨補，賞罰不可失當。」余等唯唯而退。

癸酉，啓攢前三日，不坐。

甲戌，亦然。

乙亥，赴福寧晚臨訖，宿樞密院。是夕，三省皆宿於禁中。

丙子，卯正一刻，起菆。自爾日赴福寧奠。

庚辰，月望，奠慰如常。

辛巳至癸未，日赴臨，遂宿密院。

乙酉，卯初三刻，發引先行，啓奠，升龍輴，訖，行祖奠禮，上及后妃哭送至端門外，行遣奠，訖，又讀哀册，訖，遂行。三省、密院祭於城西。午正後，大昇轝至板橋，遂奉辭，訖，歸府。

丙戌，入慰。

校勘記

〔一〕五六七日　「五」字原闕，據長編卷五二〇元符三年正月己卯條注引曾布日録補。

〔二〕臣等禮當逐日入問聖體　「問」字原闕，據長編卷五二〇元符三年正月己卯條注引曾布日録補。

〔三〕自己那裏理會得他事　「自己」，長編卷五二〇元符三年正月己卯條注引曾布日録作「自家」。

〔四〕至日早聚僕射廳　「至日」，長編卷五二〇元符三年正月己卯條引曾布日録作「至是日」，似是。

〔五〕子開致遠等皆當復職　「子」原作「于」，據長編卷五二〇元符三年正月戊寅條注引曾布日録改。按：子開爲曾肇字。

〔六〕傳宣取前省内臣馮説赴入内省　「前省内臣」原作「前者内」，據長編卷五二〇元符三年正月己卯條改。

〔七〕外人安知赦格　「格」字原脱，據長編卷五二〇元符三年正月戊寅條注引曾布日録補。

〔八〕應合牽復敘用量移移放人等　「牽」字原脱，按長編五二〇元符三年正月戊寅條注引曾布日録補。

〔九〕莘王以下皆不及　「莘」原作「萃」，據宋史卷一八哲宗紀二、卷二四六宗室傳三及宋會要輯稿帝系一之三九改。

〔一〇〕令與申王同日降制　「與」字原闕，據長編卷五二〇元符三年正月乙未條補。

〔一一〕緣引見須在聽政後除服前　「緣」原作「緻」，據長編卷五二〇元符三年正月丙戌條改。

〔一二〕兵衛難以麤衰裹護　「麤」原作「鹿」，據長編卷五二〇元符三年正月丙戌條改。

〔一三〕奉慰皇帝訖　「帝」原作「后」，據長編卷五二〇元符三年正月甲申條改。

〔一四〕上及群臣皆再拜　「群」原作「郡」，不通，據上下文義改。

〔一五〕麥文昞帶御器械　「麥」原作「麦」，據長編卷五二〇元符三年正月乙酉條改。

〔一六〕外有梁安禮全惟幾高偉李元嗣　「嗣」字原闕，據長編卷五二〇元符三年正月乙酉條補。

〔一七〕三省行首内知客醫官等亦皆轉兩資　「首」字原闕，據長編卷五二〇元符三年正月庚寅條補。

〔一八〕且以成先帝謂神宗　「成」字原闕，據長編卷五二〇元符三年正月壬辰條補。

〔一九〕皇太妃更節次三五日或旬日不妨　「妨」原作「好」，不通，據上下文義改。

〔二〇〕宫中呼嬪御郡君才人以上爲房院　「院」字原闕，據長編卷五二〇元符三年正月壬辰條注補。

〔二一〕同言前執政只三人　「同」，長編卷五二〇元符三年正月乙未條作「因」。

〔二二〕捉過説話指揮使去　「捉」原作「作」，據長編卷五二〇元符三年正月乙未條改。

〔二三〕三省又言　「三」原作「二」，據長編卷五二〇元符三年正月乙未條改。

〔二四〕又批付三省密院云　「付」原作「侍」，據長編卷五二〇元符三年正月乙未條改。

〔二五〕及令於經略司及提舉司常平等應不許支借錢物内　「令」原作「今」，據長編卷五二〇元符三年正月乙未條改。

〔二六〕令三省密院更詳議脚乘等合應副事件　「事」原作「使書」，據長編卷五二〇元符三年正月乙未條改。

〔二七〕赴臨奉慰進名如前　「赴」當作「起」，文義不通，據本卷上文正月丁亥條、戊子條等改。

〔二八〕又差麥文昞勾當軍頭司　「麥」原作「夌」，按長編卷五二〇元符三年正月乙酉條云「麥文昞帶御器械」，即此人，據改。

〔二九〕呈閻守懃差遣　「懃」原作「勤」，按長編卷五二〇元符三年正月庚寅條云「閻守懃寄左藏庫副使、添差勾當御藥院」，又本書同卷上文正月庚寅條亦作「閻守懃」，據改。

〔三〇〕削職知興國軍　「削」字原闕，據宋史卷三三二孫路傳補。

〔三一〕舊嘗見父言　「父」原作「文」，按宋史卷四六四向經傳，向經之女即神宗皇后向氏，亦即此時之向太后，據改。

〔三二〕是日　「日」原作「月」，與本書上下文例不合，故改。

〔三三〕仍令管勾山陵事務　「陵」原作「險」，按下文云「靈駕行日，分布四面巡檢」，知「險」爲「陵」字之譌，據改。

〔三四〕而崇極不出　「不」原作「下」，據長編卷四八五紹聖四年四月丙戌條注引曾布日録改。

〔三五〕兼每以元祐末除崇極張璨爲管軍不當　「末」原作「未」，按上文王崇極已爲管軍，而下文徽宗又云「張璨作管軍尤可怪」，則此處「未」字顯然於上下文義不合，故改。

〔三六〕張璨作管軍尤可怪　「軍」字原闕，據長編卷四八五紹聖四年四月丙戌條注引曾布日録補。

〔三七〕余等又云　「余」原作「會」，不通，故據上下文義改。

〔三八〕然於皇太后禮數有所貶損　「禮數」原作「數數」，不通，故據同條下文改。

〔三九〕以此不敢不理會　「敢」原作「取」，不通，故據上下文義改。

〔四〇〕使陰諭有司改此一字　「使」，據上下文義，疑當作「便」字。

〔四一〕壬子　「子」原作「于」，據上下文干支之序改。

〔四二〕日最乃歸　「最」字不通，疑爲「昃」字之譌。

〔四三〕未嘗不稱頌歎息　「嘗」原作「聞」，不通，據上下文義改。

〔四四〕惇每議論　「每」原作「美」，不通。按下文有「大行在禁中亦每有此語，乃不知惇言如此」，則「美」當作「每」，故改。

〔四五〕同呈嵬名阿埋昧勒都逋與宰渭州都監　「埋」原作「理」，據長編卷五〇四元符元年十二月壬辰條注引曾布日録、宋史卷四八六夏國傳下改。

〔四六〕章楶累乞於邊上使喚　「章」原作「張」，據長編卷五〇五元符二年正月己酉條注引曾布日録、宋史卷三二八章楶傳改。

〔四七〕以此觀之　「之」原作「人」，據宋徐自明撰、王瑞來校補宋宰輔編年録校補（中華書局一九八六年版）卷一一元符三年引長編改。

〔四八〕因言營造過當　「當」字原闕，句義未完，據宋陳均九朝編年備要（上海古籍出版社文淵閣四庫全書本）卷二五元符三年二月條補。

〔四九〕從章楶所請　「從」原作「徒」，不通，據上下文義改。

〔五〇〕三月丙子　按本條干支爲丙子，上條干支爲甲子，中闕十一日記事，當有脱文。又據宋史卷一九徽宗紀一，三月戊辰朔，丙子乃九日，故依上下文例，於「丙子」上補「三月」二字。

〔五一〕差馮世寧詣斬草破地所指定皇堂中心　「堂」原作「當」，不通。按皇堂指皇陵墓室，故改。

〔五二〕皆當回授親屬　「回」原作「面」，據宋趙升朝野類要（中華書局二〇〇七年版）卷三回授云：「合轉官而礙止法者，許回授與弟姪子孫入仕或轉行。」且本條下文又云「而無可回授者」，知當作「回」字，故改。

〔五三〕邊廝波結一頭領附瞎征班　「邊」原作「籩」，「領」原作「頂」，按宋會要輯稿蕃夷六之三七云：「十八日，引見隴拶等。……瞎征一班，邊廝波結并族屬首領次，應族屬首領各從其長。」據改。

〔五四〕河東須事體重　「事」字原闕，據宋楊仲良皇宋通鑑長編紀事本末（宛委别藏本）卷一二〇逐惇卞補。

〔五五〕不知聖旨是宜教知章去　「宜」，皇宋通鑑長編紀事本末卷一二〇逐惇卞作「且」。

〔五六〕令不俟期滿便與敘　「俟」原作「條」，不通，據上下文義，當作「俟」字，因形近而譌，故改。

〔五七〕三省員已多唯密院獨員　前後二「員」字原皆作「負」，不通。是時樞密院長官僅曾布一人，故作「員」是。據改。

〔五八〕又令拈論郎阿章溪巴温等早令歸順　「郎」原作「即」，按本卷上文三月乙酉條、宋史卷三一八胡宗回傳皆作「郎阿章」，據改。

〔五九〕亦欲自竭一二　「竭」原作「翊」，不通，據皇宋通鑑長編紀事本末卷一二〇逐惇卞改。

〔六〇〕倆奉事先帝有可稱者　「奉」原作「奏」，不通，按本卷下文己亥條有云其「奉事先帝頗勤勞」，據改。

〔六一〕竊料姦言必以謂京乃章惇所思　「思」字與上下文義不合，疑爲「惡」字之譌。

〔六二〕昨日皇太后宣諭累言不干臣事　「言」原作「年」，不通，據本卷上文戊戌條所言，此當爲「言」之譌，故改。

〔六三〕卻云撰鍾傳等詞不同　「傳」原作「傅」，按鍾傳宋史卷三四八有傳，據改。

〔六四〕余言甥斿罷權權貨物事故也　「權權」，疑衍一「權」字。

〔六五〕又支三僞公主以下粧粉錢　「粧」原作「班」，據宋會要輯稿蕃夷六之三九改。

〔六六〕差從熙何如　「何如」原作「河□」，不通，此據上下文義改。

〔六七〕戊申　原作「甲戌」，按上文前一日干支爲「丁未」，下條後一日干支爲「己酉」，則本日干支當爲「戊申」，故改。

〔六八〕余又言給議　按此處與上文語義未合，疑有脱誤。

〔六九〕劉拯當放謝辭　「放」原作「於」，不通，按下文有云「既放謝辭」，則當作「放」，故改。

〔七〇〕癸丑　原作「癸亥」，按上文前一日干支爲「壬子」，下文後一日干支爲「甲寅」，則本日干支當爲「癸丑」，故改。

〔七一〕清臣繳嗣宗簡　「嗣宗」原作「詞宗」，不通，按上下文皆云及嗣宗事，又下文有「清臣爲大臣，豈敢詐爲此簡」，則當作「嗣宗」爲是，故改。

〔七二〕嗣宗亦淩遲　「遲」原作「持」，按宋史卷一九九刑法志一云「淩遲者，先斷其支體，乃抉其吭，當時之極法也」。故改。

〔七三〕至簾前不留　「簾」原作「筵」，按下文有「蔣之奇上前、簾前皆留曲謝」，則作「簾」者是，故改。

〔七四〕免陝西河東今年保甲冬教一次　「教」原作「數」，據宋會要輯稿兵二之三九元符三年四月二十七日條改。

〔七五〕近歲執政侍從臺諫例多闕員　「從」字原闕，按上文如本卷正月丙戌、乙未條等云執政、從官員闕，據朝野類要卷二稱謂，「侍從」、「從官」皆「侍從官」省稱，故補。

〔七六〕自爾必寧静矣　「静」原作「盡」，不通，據上下文義當作「静」字，故改。

〔七七〕而熙河乞留　「河」原作「何」，按宋史卷八七地理志三云湟州屬熙河路，且據上下文屢見「熙河」，故改。

〔七八〕至四日　「日」原作「月」，按下文有「五日」云云，此處作「四月」，乃形近而譌，故改。

〔七九〕令撰此手詔大意進入　「入」原作「不」，與上下文義不合，按上文已有「是惇進入」，故此處亦以「入」爲是，據改。

〔八〇〕俟虜使奠慰訖　「俟」上原衍「上」，按本卷下文六月丙申朔條云：「以虜使弔祭見於皇儀殿，二府侍立，罷，赴福寧臨慰，百官進名奉慰於皇儀門外。」知此處下文所云「俟虜使奠慰訖，於皇儀門外進名奉慰」者乃指「百官」，則「上」字乃衍，據删。

〔八一〕邊廝波結之弟也　「邊」原作「籩」，參見本卷校勘記第五十三條改。

〔八二〕密院　按長編卷五一九元符二年十二月己未條云「著作佐郎充國史編修官吴伯舉爲起居郎」，而未曾供職樞密院。此處「密院」二字或屬衍文，或有脱誤。

〔八三〕唯蔡京欲增損潤色五朝寶訓　「寶」原作「實」，按下文「央以謂五朝寶訓及成書，何可增損潤色」云云，知「實」爲「寶」字之譌，據改。

〔八四〕五朝寶訓三十卷　「五」原作「三」，按上文有「五朝寶訓」，下文又云「乞更增神宗一朝事迹，共修爲六朝寶訓」，則當作「五」，故改。

〔八五〕詔轉運司具析不計應副因依及更有無似此闕乏處聞奏　「闕」原作「聞」，不通，據上下文義改。

〔八六〕内批向子莘除閤門祗候　「莘」原作「奉」，按長編卷四九九元符元年六月戊子條云向子莘是曾布壻，又記纂淵海卷三三閤門祗候節録向子莘制文有「祗事上閤，爾實宜之」語，又下文五月戊子條亦作「子莘」，故改。

〔八七〕與勒停一期便敘極不同　「勒」原作「物」，按上文戊寅條有云「只與降一官勒停」、「一期自當敘」，而「物」字與上下文義不合，知爲誤字，故改。

〔八八〕若萬一夏人侵犯　「夏」原作「憂」，與上下文義不合，按上文已作「夏人」云云，則「憂」字乃屬形近而誤，故改。

〔八九〕同呈范純粹許候見兄説赴任　「説」字與上下文義不合，疑爲「後」字之譌。

〔九〇〕各令分析及更根究落蕃使臣士卒　「析」原作「拆」，誤。「分析」爲當時熟語，參見上文二月庚子條、辛酉條及三月癸巳條等，故改。

〔九一〕同呈熙河奏安鄉南城畢功　「鄉」原作「卿」，按下文有「安鄉北城」云云，則「卿」字誤，故改。

〔九二〕而免役之法　「免」字原脱，不通，按上文已有「如光論免役法」之語，故補。

〔九三〕又以麥文昞勾當翰林司　「麥」原作「麦」，誤，參見上文校勘記第十五條、第二十八條，故改。

〔九四〕韓李皆上所新擢　「上」字原脱，文義有闕，據皇宋通鑑長編紀事本末卷一三〇久任曾布補。又「新擢」，皇宋通鑑長編紀事本末卷一三〇久任曾布作「親擢」。

〔九五〕以閤門祇候歐僅覃恩改供備當職　「歐」上原衍一「以」，不通，改删。

〔九六〕開所聞大約與所聞略同　此句文義不明，疑「與」下脱一「余」字。

〔九七〕上目送西云　此句文義不明，疑「西」字下有脱誤。

〔九八〕以劉交勾當軍頭司　「司」原作「同」，按宋史卷一八七兵志一云：「禁兵者，天子之衛兵也，殿前、侍衛二司總之，……其次總於御前忠佐軍頭司、皇城、騏驥院。」據改。

〔九九〕上深然之余所請　此句文義不明，疑「之」字衍。

輯佚

曾布日録佚文

〔紹聖元年九月〕，初，后朝謁景靈宫訖，事就坐之，嬪御皆立侍，劉婕妤獨背立簾下。后閣中人陳迎兒喝曰：「綽開！」婕妤背立如故。迎兒退歸，有不平語，繇此閣中皆忿。……先是，上諭輔臣曰：「始因陳迎兒者造爲語言，激怒中宫。」衆皆曰：「然。」上曰：「已杖脊逐之矣。」詔獄初起，禁中被逮幾三十人，箠楚甚峻，皆宦官、宫妾柔弱之人。暨録問，罪人過庭下者氣息僅屬，或肢體已毁折，至有無舌，無一人能聲對。敦逸秉筆，疑未下，郝隨從旁以言脅之。敦逸畏禍，不能剛決，乃以奏牘上。蓋宰相章惇迎合於外，而隨擠排於内，莫有敢異議者。既降案付三省、樞密院約法，惇會執政李清臣、曾布、許將、蔡卞及刑部官徐鐸等議。或謂：「雷公式未成，以造作不如法，及茶未進，恐不可處極典。」曾布曰：「驢媚、蛇霧是未成否？」衆皆矍然。布仍諭法官：「但當守法。」法官遂執議堅等三人皆處死。宋楊仲良皇宋通鑑長編紀事本末（宛委别藏本）卷一一三立后引曾布日録。

十一月二十五日癸亥，左司諫張商英言：「伏聞權工部侍郎吴安持近詣三省、樞密院稟議河事，在都堂諠悖，略無儀矩。始以母老爲辭，又以須得二十萬夫、千萬芻梢乃可往，厲聲云：『水官豈可不爲自全之計！』按安持主張河事八年，今日始開口爲自全之計，即前後欺罔，不攻自破。緣章惇、曾布是王安石門人，吴安持是王安石女壻，又是安持男女姻家，致安持恃此親戚恩舊，敢肆侮慢，使廟堂之體陵夷。如此，何以聳天下之具瞻，爲首寮之表式哉？安持首鼠兩端，必圖再用。欲乞下有司薄責。自充都水使者至今，前後費用若干？人兵、錢糧、梢草興得是何功利？從初主意，爲是東流？爲是北流？若主東流，因何十六河不曾閉塞？下流堤埽不曾修筑？若主北流，因何年進馬頭水入孫村口？若以孫村口分減水勢，因何八年用功，今年淺澱，却于竇家港等處行水？明正案牘，具列情狀。檢會六塔河李仲昌等例，先次責降施行，仍自今年開塞北流以後，專責王宗望、鄭佑，候過漲水取旨當罷。況此一事，上繫朝廷休戚至大，下繫生靈利病不小，大臣豈敢以親黨之故，置私意於其間？所有臣自供職後來論列章疏，亦乞檢會，再賜採擇。」

皇宋通鑑鑒長編紀事本末卷一一二回河下引曾布日録。

紹聖二年三月九日，再對，呈元豐編敕所欲以役代配，及承旨司立季送之法，以寬配隸及省護送之勞。先帝並以爲難行，遂定以配三千里以上罪人充諸營雜役軍，有犯依上禁軍法；餘自千里而上，皆配本處牢城、本城。元祐初，以爲不便，一切復舊。近諸路多言禁軍防送勞敝，因而逃亡作過者多，乞立法。上一覽，未及開陳，即云：「以役代配，歲滿釋放，及以凶惡人充雜役軍，皆未安。」布云：「誠如此。然先帝欲寬配隸之法，乃仁政美意，非獨可省護送之勞，兼配隸之人不去鄉閭，逃亡者必少，亦免道路困苦死亡之患，此法爲利者多。」上云：「且與三省議定進呈。」宋李燾續資治通鑑長編（以下簡稱長編，中華書局點校本）卷三三四元豐六年三月辛丑條注引曾布日録。

紹聖三年十月辛酉。

案：長編卷四九〇紹聖四年八月丙申條：「詔罷賜夏國曆日。」注云：「三年十月辛酉，布録可考。」然原文已佚。

［紹聖四年二月二十五日］庚辰晚，乃聞再貶大防、摯、轍、燾等於嶺表，以次黜責者三十餘人。三省素未嘗以此語布，及已得旨，亦不復道。上亦不語。及是日，葉濤來，頗皇惑於命詞，然何可遏也！皇宋通鑑長編紀事本末卷一〇二逐元祐黨下引曾布日録。

［四月九日］壬辰，折可適兵敗，包誠等皆未知存亡，上深訝之。章惇白上：「可適便當行法。」曾布曰：「須且寬貸。」上曰：「此豈可寬？」惇曰：「當編配。」布曰：「臣所謂寬，正謂貸其死爾。」惇曰：「與配牢城，卻令本路效用。」布曰：「朝廷自當行法，若本路乞留，即可

聽。」上深然之。曰：「卿等當以書諭帥臣爾。」長編卷四九一紹聖四年九月丁丑條引布録。

十一日甲午，西賊十餘萬衆寇涇原所築新城，王文振、馬仲良等擊之。長編卷四八五紹聖四年四月甲午條引布録。

「十一日」甲午，上知包誠等皆没，深惜之，即曰：「可適可斬。」惇曰：「欲且置之島上。」上曰：「體問得亦未是大段得力將官。」布曰：「雖如此，然死者不可復生，且置之島上，勿留效用可也。」上未甚然之。布曰：「俟案到取旨。」前此，布以簡白惇云：「存寶之事可鑑，勿使後悔。」惇許以島上，故有是語。長編卷四九一紹聖四年九月丁丑條引布録。

「十二日」乙未，苗履言：「弓箭手指揮雲成齎權將官戰殁王道兩箭，稱可適誤熙河人馬入西界，卻自遁歸。」惇及黄履皆曰：「可適情重可斬。」布曰：「可適得功先歸，王道等自深入取敗，恐未足以重可適之罪。」上曰：「斬之亦不足惜。」布曰：「卻不問足與不足惜，行法不可不當，一死不可復生。兼祖宗以來重惜人命，恐未可必誅。」上曰：「只爲喪失人命。」布曰：「臣自聞包誠等陷没，累日寢食不安。然論可適之罪，不敢草草。」惇曰：「不須問其他，只違節制自可斬。」布曰：「若如此，即昨日便當以爲可斬。若因雲成一言，加重其罪，則未見其可。」上又顧同列云：「斬之不害。」衆皆唯唯。惇執論如初，而履以爲情重，布曰：「雲成之言，未可輕信，俟勘到取旨。」上曰：「章楶不即斬可適，而令取勘，便欲平反，想必不肯如此勘。」布再對，又與林希陳可適情有可疑，未可必誅，反復甚久，上頗釋然。〈長編卷四九一紹聖四年九月丁丑條引布録。〉

［十五日］戊戌，曾布同林希白上：「近聞陳瓘補外，瓘登高科二十二年，猶作權通判，罷校書郎，若與除一校理，不爲過。以人材論之，豈在周穜、鄧洵武之下？」上曰：「章惇亦言其當作館閣，但議論乖僻，嘗欲以長女妻之，以其乖僻故止。」布曰：「瓘不見其乖僻，但議論詆訾蔡卞爾，他無所聞。」林希曰：「瓘嘗爲越州簽判，與卞論事不合，遂拂衣去。然人材實不可得。」布曰：「主張士類，正在陛下，願少留聖意。」上欣然納之。布退，告惇等以上語，惇曰：「平生不知所謂高科爲可用。」布云：「亦采士論人材否？」惇言：「士論亦不足聽。」布曰：「士論乃天下之公是公非，安得不聽？況人材亦必待士論而後知。瓘莫不在周穜、鄧洵武之下否？」惇曰：「瓘文藝固可爲館職，若罵蔡元度、怨元度，皆惇所不恤，只是議論乖僻，卻云神宗晚年疏斥王荆公不用。此乃是蘇軾之語，如此豈不是乖僻？」布曰：「此語布所不聞。」蔡卞曰：「渠怨卞亦大非，卞屢薦之於丞相。」惇默然。衆方訝其言不情，徐又曰：「王荆公，惇自來只知是王介甫，如今亦只見他是王介甫，卻不曾喚他作真人、至人、聖人。」布曰：「誰以王荆公爲真人、至人、聖人？」惇曰：「吕公著等皆嘗有此語，後又非之。」布曰：「此毀譽皆過其實，何足道！」林希曰：「瓘是校書郎，除一校理，乃一般

職名。」惇曰：「未及二年。」衆默然，惟黄履笑而顧布以爲然。布目許將曰：「鳳池莫亦須主張士類？」將唯唯而已。晚見林希，大怒曰：「惇語言顛倒若此，何可與語！瓘納忠於惇，凡密語卻皆以告卞，殊可怪。議論如此，豈復更可開曉？樞密更休管他。」希自度亦立朝不得，鬱悶而已。長編卷四八五紹聖四年四月乙未條引布録。

[十七日]庚子，樞密院奏事，上宣諭：「王珪當先帝不豫時持兩端，又召高遵裕子與議事，當時黄履曾有文字論列，及同列敦迫，其後方言『上自有子』。」曾布曰：「此事皆臣等所不知，但累見章惇、邢恕等道其略，不知黄履章疏在否？」上曰：「有。」布等聞禁中無此章疏，履曾於紹聖初録奏，比三省又令履録私藁以爲質證。上又言：「高士英者，詣黄履問誰當立者，此亦履貼黄中曾論列。」布與林希曰：「天命何可移易，但小人妄意窺測爾。兼宣仁亦必無此心。」上曰：「宣仁乃婦人之堯舜也。外則珪等，内則梁惟簡輩，妄爲此紛紛爾。」布曰：「德音如此，臣復何言！然願諭三省，於告詞明述此意，使天下曉然知朝廷誅責大臣而陛下推明太母德音如此，則誰敢復議？當書之典册，以示後世。」希進曰：「臣謹當著之時政記。」上曰：「告詞當令進呈，然後行下。」布與希皆稱善。長編卷四八六紹聖四年四月丁未條引曾布日録。

[五月六日]己未，呂惠卿特遷右銀青光禄大夫。上於惠卿之除極難之，初欲止遷左

光禄大夫，章惇曰：「太薄。」許將亦曰：「范雍當時自資政便建節，舊例除宣徽或節度使者多。」上曰：「當除節度使否？」將不敢對，衆唯唯。曾布曰：「惠卿昨進築一寨，便遷兩官。當時若只遷左正議，今日兩寨，除左光禄即平允。昨一寨遷兩官，今兩寨遷一官，故疑於薄。」惇曰：「惠卿二十三年不磨勘。」布曰：「恐未説得及此。」上曰：「兼昨改官不曾説此因依，只是三寨轉卻四官，進築自是帥臣職事。」衆皆稱：「聖諭極當。然事初且欲鼓舞衆人，故近推恩帥臣，皆太優厚。自此雖有進築，不須逐寨賞帥臣。」惇亦曰：「當如此，但今來事初不同，兼鍾傳等遷官職已優厚。」上遂勉從之。樞密院再對，上又曰：「章惇終是照管惠卿。」布曰：「昨一寨遷兩官已不當，故今日推恩過厚。適聞聖諭，以爲此自是帥臣職事，衆莫不聳服。然惠卿無廉恥，每事志於苟得。只如進築城寨，卻令一子隨軍，及保明狀中乃云：『呂淵係臣男子，不敢保明。』卻令兵官呂真、劉安等保明呂淵，稱有勞可賞，朝廷亦不免推恩。臣亦曾作邊帥，亦有兒子作書寫機宜，然未嘗敢令與將佐往還，況敢預邊事及兵政乎？」上極然之。布曰：「章惇去歲因延安解圍，金明已破，惠卿上表待罪，但答詔足矣，又賜銀絹一千。然人言洶洶，惠卿終不敢當，至三請，竟依所乞。」上曰：「記得。」布又言：「惠卿二十三年不磨勘，中間自經竄謫，如何可理歲月？大約紹聖推恩舊人多過當，如蔡確、李定輩既已復官職，并遺表恩澤亦不減，李定家京官三人。」林希曰：「不惟如此。外方監司輩承望朝廷風旨，人人稱薦李景淵、景夏輩，要便收用。罪廢之家，便得京官，已爲僥倖，更欲不次升擢，豈有此理？」布曰：「景夏昨曾進擬令上殿，賴德音不許爾。」上亦哂而頷之。長編卷四八七紹聖四年五月己未條引曾布日録。

［九日］壬戌，樞密院奏事，上顧曾布曰：「彦博已死。」布曰：「老而不死，終被謫命乃即世。」上曰：「此人極不佳。」布曰：「臣常以謂背負先帝莫如此人。元祐中已八十一歲，此時但能不來，足以保富貴。既不免來，又附會如此。」上曰：「非止附會，語斥先朝，甚不遜。」布曰：「如『悔過』、『還主』之類，殆非臣子之所宜言。」林希曰：「安燾亦曾面折此語。」上曰：「安燾猶能折之，況他人乎？」布又言：「朝廷近日施行元祐中人，若事狀曖昧，非衆所聞者，皆臣之所不知。至於詆斥先帝，非臣所宜言者，雖肆諸市朝，孰敢以爲過？但在朝廷以仁政優容爾。」因言：「彦博皇祐中爲唐介所擊，是時介雖貶英州别駕，然不久便收用。」上問：「介所擊云何？」布曰：「爲在成都時作燈籠錦獻貴妃，以此進用。事連宫禁，故介亦痛貶。臣適方與林希言，祖宗朝侍從言事官以事黜謫，不久即召用，未嘗有以一言終廢者。如介作英州别駕，不二、三年，卻作侍從，後遂爲執政。以至神宗時，蘇頌爲繳李定詞頭，落職歸班，後牽復，便知開封府，修官制。又孫覺、李常在熙寧初，最爲異論，各曾痛貶，然元豐中亦皆復召用。蓋人才難得，不可以一言廢一人。近歲得罪外補之人，一切

不召，恐未安。願更留聖意。」上曰：「須俟年歲間乃可。」又曰：「蘇頌、孫覺、李常終不堪。」布曰：「此輩固在所當謫，然朝廷愛惜人材，須恐如此。元祐中孫覺論議雖有過當，如李常亦頗平允，亦曾言免役法不可輕改。」上頷之。長編卷四八七紹聖四年五月丁巳條引曾布日録。

五月十三日丙寅，章惇不入，布因言王珪事，蔡卞乃云：「此事但他人不知，不敢以爲無。」布答曰：「此衆所共知也。朝廷方施行，必有考據證佐，他人既不知其狀，孰敢以爲無，此所以無敢論者。」長編卷四八六紹聖四年四月丁未條注引曾布日録。

［十三日］丙寅，許將以三省劄子示曾布，云中人有與陳衍、梁惟簡親黨及素相厚善者，皆當斥逐。上遂具十餘人姓名送三省，自編管至送前省降官，凡數等。將云：「莫可同進呈否？」布曰：「三省列章，安用西府同呈？兼三省前後施行梁惟簡等，密院皆不預。」遂已。既而又有四人者，御批付密院施行，前後凡二十四人。長編卷四八七紹聖四年五月己巳條引曾布日録。

五月十九日壬申，近日三省以大防等有廢立逆謀之意，及發揚王珪觀望，以明定策之力，故痛貶大防、珪等。又言巖叟等意不在確，皆欲以此感動上意，及爲上誅戮凶逆之人，不避人怨怒，以爲忠藎，故上亦爲之欣納。凡所欲爲奸，無不如意者，萬一有異論之人，則指以爲逆黨，欲以鉗天下之口。吁，可畏也！布又語林希曰：「布每以越職犯分喋喋爲戒，然義不能自已者，噤嘿不言，則上必以爲三省所行無不當者，故寧爲强聒，不敢自已。又幸與子中共事，意趣頗同，故無所顧避。然衰拙亦必難久於此爾。」布是日悒悒，爲之寢食不安，不勝憤惋而已。希亦云：「貶竄者未足道，但爲此言以離間宣仁，使上於宣仁不能無疑，致其骨肉間有芥蔕，此尤爲可憤。」兼蔡京曾云：「仁宗時嘗欲以庶人禮葬章獻。」然考之國書，實無此事。京輩意大概每欲如此，殊可怪。京又曾言：「車駕不可幸楚邸。」又嘗云：「上比來已覺察楚王，」二壻盡罷翰林司御廚，此輩豈可使居此地？」此論殊可怪。又云：京嘗言「天下根本未正」，意謂不誅楚邸則未安爾。是時楚邸未薨，故有此論。及被詔作墓銘，乃固辭，亦此意也。長編卷四八六紹聖四年四月丁未條注引曾布日録。

案：長編卷三五二元豐八年三月甲午條注引曾布日録，即上引四月十七日、五月十九日條，而文字有異：

三省用葉祖洽言，追貶王珪昌化司户，追賜第、遺表恩例及子孫等，如劉摯等指揮。再録，未及奏事，上遽宣諭：「王珪當先帝不豫時持兩端，又召高遵裕子與議事，當時黄履曾有文字論列，及同列敦迫，其後方言『上自有子』。」布云：「此事皆臣等所不知，但累見章惇、邢恕等道其略，不知黄履章疏在否？」上云：「有。」布等聞禁中無此章，履曾於紹聖初録奏，比三省又令履録私稿以爲質證。上又言：「高士英者詣黄履，問誰當立者，此亦履貼黄中曾論列。」布與林希云：「天命何可移易，但小人妄意窺測爾。兼宣仁亦無此心。」上云：「宣仁乃婦人之堯舜也。外則珪等，内則劉惟簡輩，妄爲此紛紛爾。」布云：「德音如此，臣復何言！然願諭三省，於詔令中明述此意，使天下曉然，知朝廷誅責大臣而陛下推明太母德意如此，則誰敢復議？亦當書之典册，以示後世。」林希進曰：「臣謹當著之時政記。」上云：「告命當令進呈，然後行下。」布與林希皆稱善。退以語林希云：「布欲增四句云：『先帝付託，群臣所知，太母睿明，聖德無爽。』」希稱善。仍督希以白惇。布亦慮詔令之出，中外有疑於形迹宣仁者，遂持以示惇，惇不得已，但改云：「昭考與子之意，素已著明；太母愛孫之慈，初無間隙。」希大喜，以謂微布發之，何以有此？使人知上德仁孝，於宣仁無疑，此乃於國體爲便。進呈，上指所增四語云：「極當。」又添近日三省以大防等有廢立謀逆之意，又發揚王珪觀望，以明定策之功，故痛貶大防、珪等。又言巖叟等意不在確，皆欲以此感動上意爲誅戮凶逆之人，不避怨怒，以爲忠藎，故上亦爲之欣納。凡所爲姦，無不如意者，萬一有異論之人，則指以爲逆黨，所以鉗天下之口。吁，可畏也！布是日悒悒，爲之寢食不安，不勝憤怨。而以林希亦云「貶竄者未足道，但爲此言以離間宣仁，使上於宣仁不能無疑，致其骨肉間有芥蔕」，此尤爲可憤。兼蔡京曾云「仁宗時嘗欲以庶人禮葬章獻」。然考之國書，無此事，京輩大概每欲如此。京又嘗言車駕不可幸楚邸。又嘗云：「上比來以覺悟楚王，二壻盡罷翰林司御廚。此輩豈可使居此地？」此論殊可怪。又云：京嘗言「天下根本未正」，意謂不誅楚邸則未安爾。是時楚王未薨，故有此論。及被詔作墓銘，乃固辭，亦此意也。

[十九日]壬申，布又同林希進呈三省施行中人事，因言：「臣等昨準御批：『梁惟簡、陳衍兒男有尚居省籍，可除名羈管。』臣等遂下兩省取索，云『各有一男隨行，外更無』。遂施行訖。乃不知更有親黨及素相厚善者。亦聞三省因陳慥者理會房錢於開封，文字至都省，遂將上籍没兩家貲産。」上曰：「亦知之。」又指數中已施行人曾燾、馮章兩人，令更降一官。前此，蔡卞又云：「前日因章惇留身，退便令草此劄子，亦嘗問之云：『必是相公曾奏。』惇曰：『然。』」長編卷四八七紹聖四年五月己巳條引曾布日録。

［十九日］壬申，樞密院奏事，曾布曰：「竊聞沈銖近以繳吴居厚詞得罪。」上曰：「止罰金。」布曰：「又聞有敕榜。」上曰：「止降詔。」布曰：「居厚初除待制，葉祖洽亦嘗繳奏，陛下聽之。今沈銖既罰金，又降詔榜，告以吴居厚、蹇序辰爲君子，以沈銖爲小人，恐人情不服。」上曰：「不曾指名。」布曰：「聞三省行遣，先坐沈銖繳狀詞，次用蹇序辰章疏降詔，如此亦指名也。古人以逆人主指爲逆鱗，以謂攖之者死。然挺特自守之士，以義理自守，議論之際，雖死不避。儻欲使衆論以小人爲善人，君子爲小人，雖日殺人，亦不可奪，況出榜乎？臣以謂詔榜無益於事，兼如此乃是欺罔聖聽。」上曰：「序辰因何卻與居厚一般？」布未及答，林希進曰：「此已行之命，無可論者，曾布所陳極當，望陛下知察耳。」上唯阿而已。

長編卷四八八紹聖四年五月辛未條引布録。

［十九日］壬申，曾布嘗爲上言：「昨李仲欲廢清汴，當時若非臣在河陽，清汴幾廢。然仲以開御河遂復用，臣竊以爲用人當如此。凡可以吏事驅策之人，何可責以名節！陛下嘗宣諭，以謂不可以一言廢人。臣嘗稱誦德音，以爲不可易之論。以仲等附麗之人，何足深責！當時只以王巖叟經過，語仲以『但建此議，朝廷必行』，仲遂決然只以數句語言，便欲廢清汴。當時吴安持在都水，臣既令通判往再相度得不可廢，遂以申都水。都水乃責問河陽，云：『二者之言，孰爲是非？』臣遂申都水，云通判之言允當，事方寢。前日，因賈

種民來白清汴事，臣嘗及之。種民亦能笑云『都水不敢決可否，乃責河陽』。」上曰：「巖叟用心極可罪，當時貶蔡確意不在確，蓋有傾摇之意。」布曰：「此臣所不知。此必有人言蔡確定策有功，逐確則有廢立之意。」上又曰：「梁燾亦然。」又言：「先帝作清汴，又爲天源河，有深意。元祐中幾廢。種民云：『若盡復清汴，不用濁流，乃當世靈長之慶。』」布曰：「先帝以天源河爲國姓福地，此衆人所知，此何可廢！」上曰：「吴安持亦不佳。」布曰：「朝廷每欲屏元祐黨人而安持獨進，安持在元祐中附麗大防，大防臨行，猶且薦之，而紹聖中獨進用，臣所不曉。」長編卷四八八紹聖四年五月乙亥條引布録。

〔二十三日〕丙子，布又言：「臣前日論居厚事，喋喋煩聖聽，然聖問以爲序辰何以與居厚一般？臣倉卒未及對。陛下知居厚事狀否？元豐中，先帝欲按閱河北保甲，患用度不足，居厚即獻絹三十二萬。及措置糴便陝西邊事，居厚皆有所獻。此時先帝不得不悦，財利之臣能舉職如此，不得不獎擢。然京東歲有羨餘一、二百萬，非取之於民，何所從出？前日之京東，今日之京東，與居厚在彼時，宜無以異，不知居厚何術獨能致此羨餘？居厚之所經營，如民間禁補修舊鐵器，一一要從官買，其他掊斂細碎，大約類此。」上曰：「事皆虛，當時不曾根勘，但人言如此耳。」布曰：「居厚京東之事，人人共知，恐不虛。如鐵器事，嘗爲優人所玩，安可謂無？兼章惇元豐末章疏曾論居厚云：『京東之人恨不食其肉。』此語莫不虚否？ 然居厚不足論，掊斂之事，害及一路而已。若序辰者，則害天下。其爲害蓋百倍於居厚，何止一般！ 何以言之？ 序辰凡所議論，不復顧義理，若三省所悦，雖凶慝小人，必多方主張庇護，害政之大，無大於此。今但言流俗之人黨助元祐姦黨，冀其復用。臣固嘗開陳，以爲君子小人皆不當有此意。誠令與三省異論之人皆是小人，緣小人用心，惟利是視，豈可捨今日權要大臣不肯附麗，卻一向黨附海外編管安置之人，冀其復用，以求官職，希進用，其術無乃太疏乎？ 小人懷利，必不應顛倒如此。但知義理自守之士，不肯爲三省變易天下公議，雷同欺罔爾。兼居厚昨除待制，葉祖洽亦嘗繳詞，陛下伸祖洽之言，罷居厚之命，中外鼓舞稱誦。今日沈銖所繳，乃與祖洽無異，而銖獨罰金，又出敕榜，此臣所不曉。又如呂嘉問欲除卿，陛下以爲不可；欲除侍郎，陛下以爲不可；過都門欲一見，陛下亦以爲不可。今忽除待制，莫不駭聞。緣權侍郎四年方即真，又一年乃得待制，今比之侍郎，乃更速五年矣。臣固疑近日政事，更非前日之比也。亦嘗自陳，凡所欲言，隱忍者十有八九，而其所陳已喋喋不勝其多，臣猶自厭，況陛下乎？」上曰：「大臣所見，豈可不言，言之何害！」布曰：「臣每蒙陛下開納如此，益不敢循默，然願陛下更賜采納。臣自初秉政，即嘗奏陳，以謂先帝聽用王安石，近世罕比，然當時大臣異論者不一，終不斥逐者，蓋恐上下之人與安石爲一，則人主於民事有所不得聞矣。此何可忽也？」上曰：「馮京輩皆是。」布曰：「非獨京輩，先帝曾諭臣：『王珪雖不言，亦未必不腹誹也。』今三省無一人敢與惇、卞異論者，許將輩見差除號令有不當，但鬱悒而已。如序辰輩多端劫持驚恐在位之人，使不敢與三省違戾。只如有文字云：『元祐大臣，非其死黨，不得爲執政。』許將見此一語，爲之破膽。」上曰：「不記得有此文字。」布曰：「序辰但於文字中，以一兩句微詞驚恐許將輩，非公然排擊許將，宜其陛下不記也。今上下人情如此，願陛下以先帝御安石之術爲意。」上又問：「林希用心如何？」布曰：「臣累曾言希有學問識見，若不爲利害所怵，於義理不患不曉。今致身至此，實不肯附麗人，議論極向正。」上曰：「於卿處則然，未知他處何如爾？」布曰：「或不至此。」布又問上：「近日論議者莫亦以臣爲黨助元祐之人否？」上曰：「豈有此理，卿何可加以此？」布曰：「臣固自知於元祐之人無一毫干涉，然見其變亂是非如此，臣亦不敢自保。」上笑曰：「無之，豈得有此！」長編卷四八八紹聖四年五月辛未條引布録。

〔二十八日〕辛巳，章惇欲禁河北鹽，語同列曰：「論者以謂祖宗有詔旨不可禁，要之，皆吾民，何獨河北爲不可禁乎？」曾布曰：「相傳太宗時，河北人詣行在泣訴，乞免禁鹽，太宗許之，遂於税額中增鹽錢。其後仁宗時，有議欲禁鹽者，三司使張方平以太宗時語白仁宗，仁宗矍然爲降手詔，云：『朕不忍令河朔之人斗食貴鹽。』議遂格，至今刻石在北京。」惇曰：「此只是文彦博刻石，何故獨不忍河北人食貴鹽？今太學諸生，豈可云只照管某齋舉人？此非通論。」許將徐曰：「北京石刻見在，乃夏竦所刻也。」布曰：「沖元嘗守北都，固當知之。」衆遂默然。長編卷四八八紹聖四年五月辛巳條引曾布日録。

六月［十六日］戊戌，及涇原勘到可適案，乃王文振遺行，無違節制罪。惇惡其輕，欲再置獄重勘。長編卷四九一紹聖四年九月丁丑條引布録。

六月［十七日］己亥，「惇欲置獄重勘可適案」，布争以爲不可。惇甚忿曰：「如此，即師行更無紀律矣。」布曰：「祖宗以來，凡所起詔獄，未嘗得情，蓋以在上者意有所偏，故獄多不直。今再劾可適無他，但嫌輕爾。如此，則勘官務一切加重而已。」及三省對，惇白上：「涇原勘可適太輕，未欲別置獄。」上曰：「置獄不妨。」布再對，因及此事。上曰：「再勘莫不妨，此乃章楶庇之。」布曰：「事或有此，然再勘但嫌輕爾，再勘必加重，還可信否？可適不違節制，有證左甚明，如此卻恐失實。臣適與惇言，不須再勘。可適爲統制官，見熙河兵將深入，身自退而不追還，以致彼覆没，自可重行，勝于變獄詞以就法。」上曰：「不勘如何坐罪？」布曰：「此罪狀甚明，不須再勘。」上頷之。布退，又致簡曉惇，曰：「今日之事，保全新疆最爲急務，乃于防秋之際起獄，將佐皆追逮，則喪氣解體，邊事殆矣。」惇亦從之。長編卷四九一紹聖四年九月丁丑條引布録。

［六月晦日］，御批：契勘入内使臣，自來緣求内中諸殿閣祇候，止是希冒逐時，非泛恩例及本家回授骨肉恩澤，仍有歷仕歲月未深，已轉充近上名目者，顯屬僥倖。可依下項：應入内使臣差充殿閣祇候，到位實及三年，方許將骨肉恩澤及非泛恩例回授，仍並隔磨勘，其非泛特旨改轉者，不拘此制。自今年正月一日後爲始。長編卷四八九紹聖四年七月甲寅條引曾布日録。

七月［八日］己未，遂同呈可適案，欲酌情斷罪。而惇終以爲輕，乃曰：「密院疏案中不圓事故明白，然終恐可適不伏，兼朝廷捨案而用看詳斷罪，恐不可以爲法。」衆皆曰：「事狀甚明，只如此斷亦簡便。」上與惇意素欲重可適罪，頗難之。布曰：「如章惇之論極好，朝廷捨獄案不用，而以政府看詳輕重，出入人罪，誠不可啓此風。然方防秋之際，豈可起獄？兼密院看詳説如此，即再勘官不過依此結案而已，恐無補于事。」惇欲且送隴州知在，候過防秋再勘。布曰：「如此愈淹延之不便，若恐可適不伏，即差官取問可適，結伏罪狀。如不伏，即再勘未晚也。」長編卷四九一紹聖四年九月丁丑條引布録。

［九日］庚申，遂差大理正許公孫、開封府司録曹調，就原州取問可適，圓結公案聞奏，而有此命。長編卷四九一紹聖四年九月丁丑條引布録。

［十九日］庚午，太史奏：火入輿鬼，主賊在君側，宜備之。上遣中人召太史詰之，對

曰：「讒慝之人，皆賊也，惟親近正人修德乃所以備之。」長編卷四八九紹聖四年七月庚午條引曾布日録。

［十九日］庚午，高陽奏：霸州相度北門外橋，自元祐三年增修，後爲水壞，沿邊安撫司令復修。及施工，北界屢以兵來，即令婉順應答，過作隄防。六月甲辰，北界忽將人船千餘，夜圍榷場，叫呼拆橋，梯城射傷戍卒四十六人，其一人死，未明即遁去。詔雄州未得移牒，及令高陽指揮密切隄備。時七月癸丑也。已而琮申昭珙示怯太過，及界河巡檢承牒不報，卻往雄州出巡等事。詔高陽體量應干有罪人取勘奏裁。長編卷四九〇紹聖四年八月癸未條引曾布日録。

八月十三日，［周］秩嘗攻文彦博，不入元祐黨，三省因請委秩體量得實即付獄。尋有詔令秩乘驛赴闕上殿訖之任。長編卷四九〇紹聖四年八月壬辰條引曾布日録。

［十六日］丁酉，樞密院言：「河北沿邊州軍及安撫司各置間諜，密伺北邊動静之實。訪聞逐州軍雖探到敵中事，久例不經報過雄州，并匿而不聞。自來與雄州所奏，稍相符合者，只是一事，而重疊奏報，朝廷無緣得知緩急，有誤事機。」詔定州高陽關路安撫司：應有探事人通説，并畫一以聞，即不得觀望畏避，輒行隱漏。長編卷四九〇紹聖四年八月丁酉條引布録。

八月二十三日，同知樞密院林希對，上及唐老事，謂希曰：「卿以撰制詞，亦在誅戮中。」希曰：「臣與曾布但剽聞而已，未嘗敢詢三省也。」長編卷四九〇紹聖四年八月壬辰引布録。

八月［二十五日］丙午，樞密院言太僕乞修左、右天駟監各兩御殿以備北郊乘輿言入監觀馬。上笑曰：「無用。」曾布因言：「北郊宫闕壇壝皆已具，如聞來歲且南郊，果否？」上曰：「議者以爲未曾專饗圜丘，故先罷合祭於南郊，然後祀北郊，莫不妨否？」布曰：「如此固不妨，然外議皆以爲暑熱，不可視北郊，故罷。」上曰：「豈有此理！」布曰：「士大夫皆有此言，蓋疏遠不知聖意。然先帝已嘗罷南郊合祭，陛下昨復合祭於南郊，今且專祀圜丘亦無害，但終不廢此禮，以成先帝之志，則善矣。臣嘗爲人言，暑熱無甚於坤成節宴設之日，君臣上下終日冠帶，未嘗以熱廢。五月間暑氣未盛，五鼓行禮，黎明已畢事，何熱之有？」上深然之。長編卷四九〇紹聖四年八月己酉條引布録。

九月［五日］乙卯，京、卞引家彬、石嗣慶；曾孝藴八月二十八日以發運司準備差遣除兩浙提舉。長編卷四八九紹聖四年九月辛亥條注引布録。

［十日］庚申，關樞密院，除元祐餘黨及已有特旨人外，並依非次赦，與理三期移敘。然議者尤莫曉餘黨之説，意恐其紛紛未已也。既而曰：「餘黨止爲安燾、鄭雍輩爾。」長編卷四九一紹聖四年九月丁巳條注引曾布日録。

［十三日］癸亥，是日，曾布獨奏事，因言：「自星變以來，臣累曾喋喋以人材、政事爲

言，冒瀆聖聽多矣，蓋以陛下寅畏惻怛，冀有以裨補萬一。然臣度章惇、蔡卞必不能爲陛下更修政事，進退人材，以稱聖念。」上曰：「人言莫止是在内者爲急？」布曰：「從官臺省多不稱人望，最所急者言路，今諫官、殿中皆止一人，恐須增置。」上深然之。布又言：「臣昧死更有一事欲上干聖聽。」上曰：「何事？」布云：「吕大防、劉摯初貶淮南、湖北，至昨來明堂赦，方逾年，故有不得遷叙指揮。今皆在嶺表惡地，與前日不同。今以天變肆赦，謂宜稍徙地，足以感召和氣。」上笑曰：「劉摯等安可徙？」布曰：「臣所見如此，更在陛下裁擇。編刺配隸罪人，亦分廣南與遠惡處爲兩等。若稍徙之於端、康、英、連之界，亦是嶺表，似亦未爲過。」上極難之。又云蓋自今春以來，三省數陳司馬光等有傾摇之意。又言范祖禹、劉安世欲加惡於上，皆有奸心，浸潤日久。上詢之禁中，亦以爲有此迹，故皆痛貶。既而又貶王珪、高士英，三省之言浸及宣仁矣。又蔡渭繳文及甫書，言摯有司馬昭之心，乃及甫得之於父，其事愈可信。而邢恕嘗爲布言：「方王珪含糊之時，確、惇因恕以通語言，力主定策之議。及惇將去，韓縝亦已不安位，恐光等遂有傾摇之意，恕遂共謀説吕公著，引文彦博輩以保祐主上。既而彦博來，摯及王巖叟等力攻之，雖不能奪，然終以平章重事處之，實奪其權也。彦博既去，及甫以書抵恕」云云。及甫既就究問，所言皆與恕言同，蓋恕等欲假此以明保祐之功，而多方引及甫等以爲質證。及甫又以彦博不爲元祐之人所與，欲以此解紛，故其言不得不同爾。上嘗宣諭西府，以及甫等所言爲可信。又云惇亦曾以書招彥博，殆與恕所言脗合，然則摯等何可有望於寬貸也。布又曰：「惇又嘗語布，以王巖叟曾白太母：『上有過惡，當宣諭大臣。』」布曰：「誠有此，則懷廢立之意明矣。然不知此語何從得之？」惇但曰：「人皆知之。」長編卷四九一紹聖四年九月癸亥條引曾布日録。

九月十四日，蓋自今春以來，章惇、蔡卞等數陳司馬光等有傾揺之意，四月十八日，公著、光責司户。又言范祖禹、劉安世欲加意於上，皆有姦心，浸潤日久，故皆痛貶之，閏二月十五日，范、劉再貶。既而又貶王珪、高士英，四月二十四日，珪、士英貶。三省之言浸及宣仁矣。長編卷四九〇紹聖四年八月丁酉條注引曾布日録。

九月二十五日乙亥，張士良郴州安置，令放逐便，發來赴闕。章惇以士良嘗在先朝任使，後附惟簡輩，頗知當時與大臣交通密謀事，遂召之。衆深憂其妄造以自解也。長編卷四九〇紹聖四年八月丁酉條注引曾布日録。

〔二十七日〕丁丑，平夏、靈平賞功，受賞者八十餘人，而熙河將佐未與焉。長編卷四九一紹聖四年九月丁丑條引布録。

九月二十九日己卯，惇與布言及收敕牓事，云「千里過當」，謂昌衡也。布曰：「能平之甚善，人但以執政惡言者，欲羅織斥逐之爾。」長編卷四九二紹聖四年十月辛巳條注引曾布日録。

十月辛巳朔，許將謂曾布曰：「章惇于敦逸事無所可否，初便欲貶，黃履力解之，故令取問。敦逸遂請對，辨析甚詳。蔡卞云正與時彦欺罔事等，欲遂與監當。黃履又以爲未明，遂差安惇、周之道置獄復治。」蓋比大赦，死罪皆原，獨此治之不已，必欲貶敦逸而後已。府官雖鍛煉，但云臺吏認敦逸意而收之，敦逸未嘗有語也，衆莫不扼腕。蔡卞挾去歲不勝之餘忿，又妄意納諂，兼數攻疵三省事，故欲力擠之。長編卷四九二紹聖四年十月辛巳條注引曾布日録。

十月［四日］甲申，杏子河之役，上已問：「莫是章惇令呂惠卿爲之否？」布曰：「惇有簡與臣，云『此必是惠卿失心』。又與惠卿書云：『永樂之事，可爲寒心！前鑒不遠，不知何以如此倉猝也？』并以示臣，封訖入密院遞，以此觀之，恐非惇意。」上頷之。于是，惠卿奏進築畢，上既賜名，即降是詔。已而惠卿此下有缺。自是杏子河進築，無違戾朝旨。曾布曰：「惠卿于防秋之際進築，幸而不敗，遂自以爲得計。衆皆言此舉誠可憂，若素計知其無虞，何不先奏？」上亦以爲然。唯章惇頗爲之揮解。長編四九一紹聖四年九月壬戌條引曾布日録。

案：「十月甲申」原引作「九月甲申」，然九月辛亥朔，無甲申日，甲申日乃十月四日，故改。

十月［七日］丁亥，宗子既不得爲將官，資任雖深而無進擢，故有是命。長編卷四九二紹聖四年十月丁亥條注引布録。

十月十一日辛卯，布見邢恕，恕曰：「體量唐老事盍且已？」布曰：「此長者之言也。唐老雖謗訕，然不及君上，所誚大臣爾。政當函容。」恕曰：「奴婢爲主所笞撻，亦必怨詈。怨詈之人，諒何止唐老？唐老有此語，豈可勝校也？」布曰：「事已然，但能小了則庶幾矣。」長編卷四九〇紹聖四年八月壬辰條引布録。

十月十一日辛卯，邢恕謂曾布曰：「章惇於元祐之事，欲罷不能。」布曰：「何以知之？」恕曰：「渠不肯言，但得之周穜，意思信然也。」布因問恕知蔡京與敵否？恕唯阿而不敢言。又曰：「今日之事，誰敢向一壁？」布戲之曰：「方欲以公爲中司。」恕曰：「誰敢做他底？見求外補，乃出于至誠，一言有欺，當滅族。」布笑曰：「何必爾！」布又言：「赦令當信天下，除元祐不還敘之人外，其他亦當稍稍還敘。如孫諤，豈不可作監司、郎官？葉濤，豈可不與還職改藩？」恕曰：「時然後言。此言非不當，但時不可爾，願且置之。」布大笑曰：「錯了經義也。」恕又曰：「惇比于元祐事頗縮手，然議者皆謂渠已放飯流啜如此，何可贖邪？」布曰：「不然，豈不勝于爲凶不已者？」惇又嘗因蔡肇事語布曰：「惇未嘗言元祐中人材一切不可用。」長編卷四九二紹聖四年十月辛卯條注引布録。

［十六日］丙申，曾布亦嘗白上曰：「竊聞次升有章乞罷御史，次升久在言路，無所阿附，衆所共稱，不可使去言路。言官唯董敦逸、郭知章及次升三人久在職，然皆以勁正，爲

衆所稱。敦逸既以山野貶，知章又蒙選擢。」上云：「知章選擢甚峻。」布曰：「非出聖意，何以有此？惟次升久不遷，以資任言之，侍御史、司諫皆所宜爲。」上曰：「好，好。」布又言：「聖意雖以爲可，然三省皆不悦，願賜主張。」上曰：「只俟見文字便指揮。」既退，林希謂布曰：「上許可未有若今日之快也。」長編卷四九三紹聖四年十二月戊戌條引布録。

十月二十六日丙午，聞敦逸隔朝參。壬寅，詔獄官對，要知其所陳何如，然三省有用意擠之者，恐終不免，公論惜之，然莫可解也。長編卷四九二紹聖四年十月辛巳條注引曾布日録。

十一月二日壬子，曾布再對，遂及敦逸事。上云：「折兑公案，欺罔不一。」布云：「敦逸山野，不識忌諱，陛下函容已久。今日干典憲，奈何！然已經大赦，死罪皆原免，若赦後行遺過當，恐中外以爲不平，若聖度函容，但薄責可矣。敦逸久在言路，知無不言，忤犯大臣非一。此人在元祐中擊二蘇，乃衆之所難，今日又忤執政如此，誠不易得。願陛下更賜裁察，但不至重貶足矣。」是日，二獄官又對，上云：「未知已了否？敦逸生疏，每進呈劄子亦草草。」布云：「只爲山野，然用心可憐耳。臣於陛下前無所不道，敦逸尤不爲蔡卞所悦，陳次升則惇所不喜。敦逸既逐，次升愈孤，願更賜保庇。」上云：「好。」退以告林希。長編卷四九二紹聖四年十月辛巳條注引曾布日録。

案：「十一月二日壬子」原作「十一月二十壬子」，因是月辛亥朔，壬子爲二日，則「二十」當爲「二日」之譌，故改。

十一月〔四日〕甲寅，蔡卞言：「瓘及庭堅皆異論者，瓘嘗教孫諤言事，三省所惡，西府必收之。政如熙寧中，王安石有所爲，則吳充等未嘗不立異也。」長編卷四九二紹聖四年十月甲午條注引布録。

十一月五日乙卯，布與章惇、蔡卞議除商英貳卿，上不從。長編卷四九二紹聖四年十月己亥條注引布録。

〔二十二日〕壬寅，於是布言：「次升遂除司諫，深慰士論，非出自聖意，何以得此？」黄履亦曰：「非出聖諭，豈可得？」上曰：「履常薦之。」又曰：「邢恕亦稱其無心。」布曰：「次升每事與執政爲敵，如此豈易得？」上曰：「誠無所附麗，然論事亦多疏。」又笑曰：「恕亦稱其無心，是可信也。」布又言：「次升雖已進，然殿中俱闕人，願更留聖意審擇。」上曰：「固當然。」布曰：「他人，臣所不敢及，如劉拯、鄧棐，必不可用。拯交通，陛下所知，棐粗尤甚。」林希曰：「拯在紹聖初，猶曾論事，若其朋附，或所不免。棐蠢然無知，但知傾身朋附人爾。」上曰：「拯不可作言官。」布曰：「蔡蹈知久權殿中，必不免次補，若更用棐，即是蔡京所薦，豈得穩便？」上然之。長編卷四九三紹聖四年十二月戊戌條引布録。

十二月二十五日，青州有縣令以書抵蔡卞云：「或傳龔夬諫疏云上外信姦回，内耽女寵。其言多訕時政。」下以示章惇，惇遂白上，委知青州呂嘉問究之。嘉問究見僞爲夬書者干連五十餘人，遂下嘉問推劾。長編卷四九四元符元年正月戊午條引注曾布日録。

［元符元年正月九日］戊午，詔令張詢候鍾傳等出界，即帶本路經略安撫都總管司公事赴平西寨以來權駐劄，就便照會應副。先是，上諭樞密院：「鍾傳當推恩，須便與正差遣。」又曰：「張詢非帥才，人人皆言其不可爲帥，兼一路兩帥殊未安。」曾布與林希皆曰：「誠如聖諭。」退見章惇，惇猶欲主詢爲帥，布笑而已。布初欲除傳爲副帥，衆議以爲未安。布曰：「上意亦欲與正帥名。」惇遂已。及進呈，欲除傳待制，上未允。布欲與更遷一官，亦不從。布曰：「當與服色。」上從之。長編卷四九四元符元年正月戊午條引布録。

正月［十八日］丁卯，［程］頤素與邢恕善，而恕雅不樂林希，謀與諫官共攻之。頤編管，蓋希力。希意恕必救頤，則因以傾恕。恕語人曰：「便斬頤萬段，恕亦不救。」聞者笑之。長編卷四九三紹聖四年十一月丁丑條注引布録。

正月［二十二日］辛未，［陳］敦夫卒。長編卷四九四元符元年正月丙寅條注引曾布日録。

［二十二日］辛未，曾布言：「近舉御史者甚衆，臣嘗極陳言路不可不審擇，今外議目蔡蹈爲宗人。」上曰：「何謂？」布曰：「謂與蔡卞同姓故。」上哂之。又言：「蹈雖有此名，然衆人猶以爲稍知義理。如鄧棐者，不復知義理廉恥，唯知附麗而已，此人決不可在言路。以

致近臣所薦，如劉奔、葉承、方希顏、鄧洵仁之徒，皆是執政門下人，不可用。」上曰：「近召見者皆尋常，卻是鄒餘者頗惺惺。」布曰：「臣與餘亦鄉人，然不識。疏遠之人未必不可用，兼出自聖意，亦勝於執政所欲用者。如近日除從官多出聖斷，外議翕然。」上曰：「疏遠之人往往可取。」長編卷四九四元符元年正月癸酉條引布録。

［二十三日］壬申，陝西路轉運判官孫賁提點永興軍等路刑獄，提點永興軍等路刑獄劉何移秦鳳路。先是，曾布獨奏事，因言：「聞林希近留身，以不爲言者所悦，深不自安。」上曰：「邢恕不相得，云元豐末因除起居舍人，遂相失。」布曰：「然。臣當時見恕深毀希，臣與希雖親戚，然當時與之迹不熟，希却不曾於臣前毀恕。」上曰：「希亦毀恕，云恕曾有文字云『太母臨政，天下晏然』，如此是詆訾先朝明矣。」布曰：「當時鮮有無此語者。」上曰：「亦是羅織也。」布曰：「近日程頤編管，恕以爲謀出於希，蓋謂恕本頤門人，冀其來救，因以傾之。」上曰：「此是衆論，非獨出於希。然希亦曾云『編管却不妨』。」布曰：「恕乃頤門人，固不可掩，有程頤明道先生傳，後題『門人邢恕曰』、『門人朱光庭曰』，有刊印文字。」上曰：「不曾見。希亦曾納恕文字來。」又云：「林旦在元祐中有詆毀先朝文字，獨不曾行遣，以希故也。」布曰：「旦章疏在三省，臣所不見，在密院者，止是乞不棄地文字，亦曾進呈。兼臣在史院見蔡卞云有文字擊鄧綰，云事王安石，至薦其心病子雱、舍居壻蔡卞。卞失色云：

『乃以此見目！』此亦是及先朝事，然其所陳，乃與先帝所批『論事薦人，不循分守』之語無異。但語侵卞太惡，卞亦不得不怨。蔡氏兄弟與希相失，亦以此也。」上曰：「林希不自安。」布曰：「近陝西轉運判官李譓曾與安惇同日上殿。譓是日赴吴居厚會，吕升卿在坐，譓於坐中倡云：『今日諫官有文字擊執政，親見其語及。』蓋謂安惇攻林希也。希召升卿質之，不虚。」上曰：「安惇未嘗有文字，兼素無一言及希。」布曰：「臣固怪安惇攻執政，迺先以示人。」上曰：「攻執政，豈可與人説？」布曰：「臣固知其妄，但不知惇果曾及希否。今德音以爲無，則譓之誕妄明矣。然譓如此，豈可令在軍？前此與臣言章楶强横，豈可與共事？又言鍾傳誕妄，若令在軍中，必不免造作語言，交通言路，恐邊臣不安，無以集大事。譓實有才幹，本司事不少，若止令在長安本司，却令巴宜往軍前乃便。」上然之。先是，朝旨令轉運判官巴宜在長安本司，李譓管勾涇原軍須故也。上又云：「升卿不佳，且令在河北。邢恕亦曾有文字，云升卿乃小人之傑。」布曰：「臣不知。」上又曰：「林希黨吕公著。」布曰：「不然，希詆罵公著有過當者。」上曰：「是黨王珪，近朝廷貶珪，希亦不樂。」布曰：「希遊珪門下，此衆所知。元豐中固得罪士論，然今日亦不見其不樂之迹。兼希自秉政以來，持心議論，無不向正，實孜孜有體國愛君之心，在政府未有過失，凡此更望垂意審察。」上頷之而已。上又曰：「希與章惇相得。」布曰：「誠如聖諭，然希裨補章惇亦不少。」

布又曰：「陝西闕漕臣。劉何今爲永興憲，可徙秦鳳，令專管涇原軍須。孫賁却可代劉何，改永興憲。仍令張詢及巴宜同管熙河、秦鳳軍須，則漕臣更不須添差。」上皆從之。二月丁亥，李譓復留。長編卷四九四元符元年正月壬申條引布録。

元符元年正月二十七日辛未，上曰：「升卿不(住)〔佳〕，且令往河北。」長編卷四九三紹聖四十二月癸未條注引曾布日録。

〔二月三日〕壬午，御史鄧棐言唐義問棄渠陽事。三省、樞密院同進呈，謂義問貶已累年，棐獻諂不已，遂批進呈訖。長編卷四九四元符元年二月壬午條引布録。

〔十一日〕庚寅，林豫言：〔李〕仲差官十員極張惶。上用豫言，故罷仲。長編卷四九四元符元年二月庚寅條注引布録。

〔二十一日〕庚子，孫賁奏，鄜延已計置修復米脂。長編卷四九四元符元年二月乙未條注引布録。

〔二十一日〕庚子，同呈熙河奏，王舜臣統兵自金城關出，討擊右廂。長編卷四九四元符元年二月戊申條注引布録。

〔二十一日〕庚子，同呈環慶奏：已築灰家觜，班師。長編卷四九四元符元年二月戊申條注引布録。

〔二十二日〕辛丑，令河東相度築荷葉川或其他要便處，以應米脂，及遮罩葭蘆耕牧地。仍令張世永、張禾角同親詣地頭相度。長編卷四九四元符元年二月乙未條注引布録。

〔二十七日〕丙午，降旨，令章楶依已降指揮築九羊谷及没煙前峽口，不得更于後石門、牀地掌進築。仍令陸師閔輟一千及八百步城防城器具各一座，詔令巴宜、李譓般赴平夏城，準備進築没煙後峽及涇原使用。長編卷四九四元符元年二月丙午條注引布録。

〔二十九日〕戊申，呈王舜臣出界斬獲，祁、蘭州報斬級二萬。既而走馬奏，止三千，其後止二千餘級，然奪馬千匹，橐駝五百，羊畜數萬，舜臣所部止萬五千人而已。得旨錫茶藥，特支錢，趣上功狀。又呈鄜延二十五日進築米脂。長編卷四九四元符元年二月戊申條注引布録。

〔二十九日〕戊申，涇原修古高平堡，乞賜名，止以古高平爲名。長編卷四九四元符元年二月戊申條注引布録。

〔二十九日〕戊申，環慶築灰家觜千步城，賜名興平。長編卷四九四元符元年二月戊申條注引布録。

〔二十九日〕戊申，樞密院言：「章楶所奏，據鍾傳申章楶，要糧五十萬石，馬料在外，草八十萬束，錢五十萬貫，顯是須索太多。兼所稱防城器具缺少，緣先於去年六月内，已曾指揮劉何于近裏州軍輟八百步防城器具一座，已是不少。近又已指揮秦鳳路輟那一千步及八百步防城器具各一座應副，其糧草等，又已責在劉何、李譓計置那運，必不至闕事。」

詔：「章楶候進築九羊谷了日，乘勢于没煙前口進築，仍速同劉何、李譓等計置合要防城器具，及版築所須之物，乘此機會，務要神速成就。仍先次計會鍾傳相度次第聞奏。當議別降指揮，令熙河、秦鳳路合兵馬，并更於環慶路差發將兵一萬人，添助防托。」初，輔臣欲責章楶以畏怯避事。上曰：「素議以邊帥不可强以所不可爲，如此責之未便。」遂令削去，止令相度先築没煙前峽，仍一面計會後峽及正原版築之具，候有機會，即會合三路兵馬進築。曾布曰：「二府不敢不以此責章楶，德音如此，邊臣得以舒卷自如，真得任將之體，中外幸甚。」長編卷四九四元符元年二月戊申條引布録。

元符元年三月二日辛亥，布既言吕惠卿不可遣，是日晚，聞梁燾卒，布謂林希曰：「早如此，則不復力争矣。」希曰：「不然，其他所陳有補者不一，亦不爲徒發。」布又曰：「留對甚久，衆皆云未有如中丞之對也。」先是紹聖初，蔡確母明氏有狀，言邢恕云：「梁燾曾對懷州致仕人李洵言，若不誅確，於徐邸豈得穩便！」尋不曾施行。既而因及甫、唐老事，蔡渭告章惇云：「唐老事何足治，何不治梁燾？」惇遂檢明氏狀進。詔下究問所推治，究問所以問恕，恕云：「得之尚洙。」遂召洙赴闕。洙所陳如恕語，云：「得之李洵。」又下洵問狀，云「實聞燾此語」，遂欲按燾。因蔡碩言文及甫嘗有書抵邢恕云：「劉摯有師、昭之心，行道之人所共知也。」遂下恕取及甫書，恕以聞。遂并付蔡京、安惇置究問公事所，於别試所攝及甫詰之，云：「得之父彥博。」然終無顯狀。蔡京又令及甫疏摯黨人，納於上前，龔原、孫諤皆是。以及甫言未可施行，蓋謂摯等交通，有廢立之意，乃召柳州安置張士良鞫之。士良與衍同爲御藥，主宣仁閤中文字，而其言亦無顯狀，但云：「衍常預知來日三省所奏事，作掌記，與太母爲酬答執政之語，太母每垂簾，但誦之而已。」又言：「太母彌留時，衍可否二府事，畫依畫可，及用御寶，皆出於衍，而不以稟上也。」既而獄終未決，及甫知在西京，士良寄禁府司，雖議誅陳衍已定，而尚於絞、斬有疑，殊可笑也。長編卷四九〇紹聖四年八月丁酉條注引曾布日録。

案：長編卷四九五元符元年三月戊午條注引曾布日録同，唯「布既言呂惠卿不可遣」作「布既論呂升卿、董必不可遣」，「遂欲按燾」作「遂欲按燾而徙之」，「劉摯有師、昭之心」作「劉摯有司馬昭之心」，「蓋謂摯等與陳衍等交通」等數語有異。

［四日］癸丑，詔河東相度進築榆木川。蓋葭蘆之屏蔽也。長編卷四九五元符元年三月癸丑條注引布録。

［四日］癸丑，鍾傳奏：帥秦鳳師進築淺井。三省、樞密院言本無朝旨，而傳擅爲此舉。以二十九日已興役，不可遏，但進呈訖。長編卷四九五元符元年三月癸丑條引布録。

案：長編卷四九五元符元年三月庚申條注引布録文字略異：「三月癸丑，鍾傳奏：率秦師進築淺井。本無朝旨，而傳擅爲此舉，以二十九日已下手，不可遏，亦不答，但進呈訖。」

［七日］丙辰，鄜延奏米脂畢工，得旨仍舊名，賜帥臣以下茶藥等。長編卷四九五元符元年三月丙辰條注引布録。

［八日］丁巳，環慶言進築西擦哆寨，詔賜軍士特支。長編卷四九五元符元年三月丙辰條引布録。

［八日］丁巳，虎翼卒誅，曹誦乞罷軍政，詔釋罪。長編卷四九五元符元年三月丁巳條注引布録。

［九日］戊午，詔：「雄州榷場不依樣納布，監司降一官，通判展二年磨勘。北客已般到布，令減價收買。今後不如樣者須退迴，如違，重行停替，監司常切覺察。霸州等處榷場並依此施行。」北客所市布，歲充軍人冬裝。景祐以前，布極厚重，自後榷場因循，一歲不及一歲，近年以草織成如魚網狀。昨酌中取元祐初布爲樣，比舊已極不堪，而主者尚不肯遵依，受如故。吴安持等皆言當且姑息，轉運司又以不買布則當支見錢，故利於博買，以此上下相蒙，不肯如朝旨施行，故戒之。長編卷四九五元符元年三月戊午條引布録。

［九日］戊午，同呈邊報。鍾傳、陸師閔奏：進築淺井以無水泉而罷。又欲移築乩羅，而水亦伏流不可引決，恐難成築事，已牒師閔領秦師還秦。傳自以熙河事力進築顛耳關，乃朝旨素令築之處。二府皆言其措置乖繆，當降黜，章惇便欲罷之。曾布曰：「且削職令管勾簽書帥司事。」上以爲然。布曰：「俟詳其罪狀後日進呈取旨。」長編卷四九五元符元年三月

庚申條注引布録。

十一日，[陸]師閔於進退不專，但以素有乩羅之議，故并康謂、李深皆降官而已。長編卷四九五元符元年三月壬戌條注引布録。

[十九日]戊辰，賞鄜延夏州討蕩將佐等。長編卷四九六元符元年三月戊辰條注引布録。

[十九日]戊辰，賞環慶興平寨進築。長編卷四九六元符元年三月戊辰條注引布録。

[十九日]戊辰，環慶建通塞堡，鄜延修開光堡。長編卷四九六元符元年三月戊辰條注引布録。

[十九日]戊辰，楶奏乞令熙、秦般運斛斗應副進築，特降一官。長編卷四九六元符元年三月戊辰條注引布録。

二十四日癸酉，陳次升乞再責師閔等。次升不知進築事不在師閔，上云「已諭之」。長編卷四九五元符元年三月壬戌條注引布録。

[二十四日]癸酉，章楶、姚雄、劉何、李譓、李光皆言糧草事力未備，未可進築。長編卷四九六元符元年三月癸酉條注引布録。

[二十四日]癸酉，詔諸路時出擾耕。長編卷四九六元符元年三月癸酉條注引布録。

[二十五日]甲戌，詔章楶候農事稍空，進築没煙前峽。長編卷四九六元符元年三月甲戌條引布録。

[四月三日]辛巳，同呈環慶慕化獲人畜數：斬首百級，驅牛三百。長編卷四九七元符元年

四月辛巳條注引布録。

［七日乙酉］，［孫］路言：自進築以來，止用廂軍、保甲般運軍器，不曾和雇車乘，衆莫不稱之。長編卷四九七元符元年四月乙酉條注引曾布日録。

［七日］乙酉，鄜延奏：已差王愍、苗履統制擾耕。涇原奏：進築没煙前峽，乞秦鳳、環慶兵各萬人。從之。續令環慶輟騎兵五千、秦鳳三千，仍選精鋭。又令秦鳳整齪其戰士及餘丁，以俟熙河會合。長編卷四九七元符元年四月乙酉條引布録。

［八日丙戌］，鄜延走馬郝平奏乞進築蘆關，云：羌中人馬入漢界，至蘆關百三十里乃有水，水源在蘆關。若據之，則西人往還二百六十里無水。詔令鄜延相度聞奏。先是，孫路言：「鄜延進築蘆關、烏延口，環慶築摖哆、定邊，則横山非賊所能有矣。」頗與平所陳合。上亦稱平曉事，已移熙河走馬。長編卷四九七元符元年四月丙戌條注引布録。

［八日丙戌］，是日，利珣奏：「熙、秦路兵馬至淺井以來，雖無水而適有雪，以此無渴死者。然水，每擔七百，雪，半袋四、五百。而戰馬以附糧及器械太多，脊背多創損。」詔令將佐如法療治，具因此死損數申密院。長編卷四九七元符元年四月丙戌條據布録。

十四日壬辰，宋球既卒，曾布言：「承旨司闕官，無可代者。」上亦患無人，曰：「曹誦與觀察使，作都承旨可否？」布曰：「誦數乞罷，管軍姚麟之次，惟誦而已。若令作承旨，無不可。然在誦則爲失職。」上深以爲然，且曰：「不唯誦失職，兼其次便是王恩，未可峻遷。然承旨誰可爲者？」布曰：「臣常以爲，承旨乃陛下左右親信任使之人，當出自聖意選擢。然外廷無可選者，正任中有人否？」上曰：「誰可者？」布曰：「曹詩亦曉事。」上曰：「不可，不若用王師約。」布曰：「師約老成厚重，非詩之比，先帝亦嘗任使，但臣不敢及之爾。兼須與三省同取旨。」上曰：「且更俟詳思，少緩不妨。」布唯唯。長編卷四九七元符元年四月丁酉條引布録。

［十五日］癸巳，鄜延路奏：第七將擾耕，獲九十六級。長編卷四九七元符元年四月癸巳條引布録。

［十七日乙未］，賜名寧川，以遮護皇甫川耕牧故也。長編卷四九七元符元年四月乙未條注引布録。

四月［十七日］乙未，布又言：「承旨亦有職事，不可久闕。」上曰：「只王師約莫可用，異時不免須與節鉞，且令作承旨。」布曰：「外廷無可備選者，更自聖裁擇。」退以語章惇，惇亦稱善，曰：「緣此除節鉞，則他人不可攀援也。」長編卷四九七元符元年四月丁酉條引布録。

四月［二十一日］己亥，布請用師約，上乃疑之，問：「王貽永作何官？」布曰：「樞密使、同平章事。」上曰：「自仁廟以後無此例。」布曰：「先帝常以師約判三班院，是時貴主尚在，師約赴局終日。適與王詵鄰居，詵日作樂，與貴主宴聚甚歡。師約家貴主至泣下，遂罷職。」因言詵之薄劣如此，上亦哂之，訖不用也。長編卷四九七元符元年四月丁酉條引布録。

四月［二十一日］己亥，曾布言：「陛下於先帝恩舊推恩，無有遺者，獨韓維未有恩旨。維年逾八十，諸子皆當得次遠官，無復可仕官。陛下推恩，免諸子遠適，使維垂老，得諸子在側，有禄足以自給，恩亦不細。」上曰：「與免一子。」布曰：「維止三子，俱免亦不多。」上曰：「當諭三省。」布曰：「臣欲傳旨三省。」上曰：「待自諭與之。」布唯唯。長編卷四九八元符元年四月辛亥條引布録。

［二十二日庚子］，詔秦鳳、環慶兵將至涇原出界進築，並聽王恩節制。長編卷四九七元符元年四月庚子條引布録。

［二十三日］辛丑，環慶走馬蓋横奏：种朴出界，斬首百餘級，獲駝馬牛羊共數千。長編卷四九七元符元年四月辛丑條引布録。

四月［二十六日］甲辰，兩轄俱以奏告南郊不入，章惇爲布言蔡京有章，云昨治文及甫、張士良事，語連劉摯等，皆未曾行法及施行。惇云：「及甫書詞別無證左，摯等已貶死，但欲禁錮其家屬，此必不可行。」許將亦以爲然。布笑云：「此皆長者之言也。」惇云：「京又嘗言不誅楚邸，則根本不正。此亦豈可行？渠論議大約如此。」布云：「亦數聞希道此語，賴上睿明，察其言不足聽耳。上嘗諭布云：『燾、摯等雖有此謀，楚邸何由知？』蓋合謀爲此，則非三二人可辨，其株連必廣，然非睿明，豈能洞察如此也？」將亦深以爲然。長編卷四九八元符元年五月辛亥條注引曾布日録。

五月四日辛亥，涇原奏：三遣人硬探，一次奪馬八匹，一次二十五匹，一次三十匹，遂令孫文將萬騎出没煙討擊。長編卷四九七元符元年四月辛丑條引布録。

［四日］辛亥，西賊犯順寧寨，副將張守德邀擊之，斬十二級，奪馬四十匹。以有降羌豫告邊將故也。長編卷四九八元符元年五月辛亥條引布録。

［四日］辛亥，涇原遣孫文將九千騎，出没煙擊賊屯，斬級，獲孳畜。長編卷四九八元符元年五月辛亥條引布録。

［四日］辛亥，涇原又奏：久旱草未茂，乞展限進築没煙。詔以五月中旬進築。長編卷四九八元符元年五月辛亥條引布録。

［十三日庚申］，元豐保甲，但於諸縣團教，不曾上州。昨以義勇法修定，三年一赴州教，而議者多以爲不便，故罷。長編卷四九八元符元年五月庚申條引布録。

［十四日］辛酉，左司諫陳次升奏：乞獲首級令監司覆驗及孳畜據實數推恩。三省、樞密院以爲孳畜自來不曾推恩，首級難以令監司覆驗，遂進呈訖。長編卷四九八元符元年五月辛酉條引布録。

［十六日］癸亥，詔涇原委是久旱，未可進築，即相度奏聞。長編卷四九八元符元年五月癸亥條引布録。

［十六日］癸亥，環慶奏：罷築之字平，以無水故。遣种朴應副涇原。長編卷四九八元符元年五月癸亥條引布録。

［十八日乙丑］，涇原奏：十九日期秦、慶兵會鎮戎，以二十二日進築没煙前、後峽。詔走馬喝賜特支。長編卷四九八元符元年五月乙丑條注引布録。

五月［二十一日］戊辰，論惇以語言禮貌失人心。長編卷五〇一元符元年八月己丑條注引布録。

［二十三日庚午］，同呈米脂修城賞功，内文臣各已三、四推恩。得旨，候本路功賞了日，一併取旨。蓋自此猶有四次築城寨未賞功也。張若訥以負犯，更不推恩。長編卷四九八元符元年五月庚午條注引布録。

五月［二十五日］壬申，章惇召曾布女婿衛尉主簿吴則禮，令語布，曰：「蔡黨見窺甚急，當過爲之備。」又曰：「有言元豐時，不得舉辟執政親戚，乞檢舉施行。」仍云：「王旂榷貨，政犯此言，不可不知。」長編卷四九九元符元年六月乙巳條引布録。

［二十七日］甲戌，詔陝西、河東帥講議擾耕，如何可以使其不得耘鋤已耕之地，免秋成爲邊患。又詔涇原一併進築没煙前、後峽。曾布言：今歲諸路蠶麥俱大稔，惟陝西沿邊

旱，自此月十六日環慶、涇原皆得雨沾足，二十日乃止，云遂爲豐年。故令涇原一併進築。長編卷四九八元符元年五月壬申條引布録。

五月〔二十七日〕甲戌，惇留對甚久。其夕，吳居厚過布言：「適奏事殿上，上忽問：『何以舉王旉？旉乃蘇轍門下士。』居厚曰：『元祐中在外，故不知。』上又曰：『兼是曾布親戚。』居厚曰：『臣與旉鄉里故舊，又臣曾知咸平縣，舊吏民尚來見臣，極稱旉治狀，臣以此薦。兼旉是通判資序，榷貨亦監當場務爾，無僥倖。』上曰：『只是有人來說。』既而進奏院報有旨：遵守元豐四年條制施行，在京舉辟處，不得舉執政有服親，已前有舉者，檢會取旨。」長編卷四九九元符元年六月乙巳條引布録。

六月一日，先是，惇又言〔趙〕屼有三章，言：訴理事爲仁政，今聞稍緩，乞督促施行，以終大惠。上未甚以爲非。及聞稱薦巖叟輩，則毅然以爲不可。已而惇謂布曰：「上欲用宋深，如何？」布笑而已。及對，上果欲用深。布曰：「深未嘗歷差遣，恐未可峻擢。若欲近下用人，則不若張宗卨。宗卨久在閤門，累經先帝任使。」上曰：「宗卨亦得，只是不曾與說話。」布曰：「才術雖未可知，然老成熟事，比之宋深，則有間矣。昨使瞎征，邊人多言其辱命，禮數間頗爲瞎征所屈。但以事在境外，不可推究。若一旦峻遷，恐人情未服。」上曰：「且更與三省商量。」布退，具以上前語告三省，卞亦曰：「深奉使事，亦煞曾聞人說。」布曰：「深都監、監押亦不曾作，昨驟遷知州軍，已爲過分矣。」衆皆然之。長編卷四九八元符元年五月丁丑條引布録。

［一日］戊寅朔，涇原奏：已進築没煙前、後峽。河東沿邊安撫司奏：定到順義軍牒，本軍以北客舊自東偏頭税場入久良津和市，今移於賈胡疃，已指揮本津不得與自新路來者交易，又移牒請其改路也。長編卷四九九元符元年六月戊寅條引布録。

六月三日，及進呈，上猶以宋深爲言，顧三省問如何，皆唯唯而已。唯蔡卞言：「莫也不妨。」布曰：「承旨，臣本院職事，不敢不盡愚衷，深恐未可用。」上曰：「莫只爲是宋球侄，不欲令相繼爲之。」布曰：「不然。只爲之更任使，恐人情不服。臣嘗以爲，承旨乃陛下左右親信任使之人，若用非其人，不惟于職事有害，臣亦得罪天下士論。」上云：「張宗卨可爲，則是人做得。」布曰：「宗卨在閤門一二十年，四次引伴高麗，又曾接送伴北朝人使及曾入國，與深不同。」上問三省如何，皆曰宗卨亦熟事，上乃許。布曰：「只令權管勾，候有正官罷。若試之可用，則遷，不可，則黜。」上云：「甚好。宋深卻與閤門通事舍人。」布曰：「此無不可。陛下但且收用，徐觀其可用，擢之未晚。然宋深只合密院批聖旨。」上曰：「好。」長編卷四九八元符元年五月丁丑條引布録。

［三日］庚辰，河東經略司言：沿邊安撫司不由經略司，擅定牒本奏及差官體量久良津

改路事，違法。詔沿邊安撫司放罪，令今後遵依條約束施行。長編卷四九九元符元年六月戊寅條引布録。

〔三日〕庚辰，詔秦鳳路撤步兵五指揮，應副熙河。長編卷四九九元符元年六月庚辰條引布録。

六月四日辛巳，布奏事畢，因言：「臣竊聞臣僚言，執政親戚，不得舉辟在京差遣事。臣實有外甥王斿提舉榷貨務，正礙此條。然此法乃元豐四年所降，至元豐五年官制行，内外舉官悉罷，故此法亦廢。後來稍復舉官法，失於舉行此令。」上曰：「衆所不知，吴居厚亦曰不知。」布曰：「此誠不知。若非蹇序辰于史院檢見此條，人不知有此法。若此法見行，豈惟臣所不敢，吴居厚亦豈敢公然犯法？事雖如此，然臣身在政府，不能使親戚遠嫌，以致物論，臣實有罪。大臣當奉法守公，以身率天下，乞重行黜責臣，亦足以警衆。」上曰：「本不知不妨，兼王斿亦是蔡卞親戚。」布曰：「雖然，臣自有罪，豈敢更引他人以自解？兼聞議者又言：臣男繆亦是奏舉。臣在政府，有條，一歲得陳乞親屬一差遣。臣男繆昨爲開封工曹，係用臣合得恩例，申尚書省陳乞，都省下吏部勘當依條差，即非舉辟。兼在任近一年，卻爲路昌衡舉王幾作府推衝罷，並不得歲月。路昌衡曾來謝臣云：『失契勘。卻不知王幾妨礙工曹。』臣云：『舉官豈得如此！兼臣男雖衝罷，自須卻得一陳乞差遣，一無所妨。』臣曾以此語葉祖洽，祖洽云：『不惟如此，祖洽有妻弟爲府掾，一日，府官聚廳，昌衡對衆云：「近舉王幾，卻不知與工曹妨礙。」極以爲慚。』竊聞議者亦謂王幾是臣親戚，幾娶臣妹。臣妹亡已二十五年，臣引幾以衝罷臣男，似不近人情。兼昌衡之言如此，可見臣無所預。」上曰：「卿男已衝罷？」布唯唯。上曰：「論者只是説王斿一人，不曾及此兩事。」王斿是蘇軾、轍門下人，是否？」布曰：「衆皆言其如此，恐必是。」上笑而已。布又言：「臣自待罪政府，以愚直故，於議論之際多觸衆怒，常恐不免有讒毁中傷之語，非聖意主張保全，何以得至今日？」上曰：「是，是。」布又言：「序辰以謂大臣不與人爲交私，則可以展布四體，盡心國事。臣此心，惟陛下可亮。臣數對三省言，吴居厚不可進擢，居厚無不聞之。在人情，於臣但有怨怒，臣必不與居厚爲交私。」上笑曰：「卿斥居厚多矣，安得有此？」布曰：「臣犬馬赤心，不敢不盡陳於陛下。然臣與王斿實有服親，無以逃責，臣未敢陳請待罪。」上曰：「不須如此。」布遂退。祖洽語布曰：「惇於上前呈序辰所言，乃云『不干它人，只是曾布親戚三人』。」蓋得之黄履。又言：「履云惇平時與布笑語甚歡，才背後便別。」許將亦語人云：「此其小者，其他毁傷之語，有大于此者非一。」長編卷四九九元符元年六月乙巳條引布録。

[七日]甲申，同以李忠傑、朱智用所畫熙河、涇原對境地圖，大約云：没煙去天都止六十里，天都去南牟會止二十七、八里，南牟會去打繩川七十里，打繩川至會州八十里，而熙河會寧關去打繩川止一百三十里。若兩路相爲聲援，則來春便可于天都及打繩川進築。

以次據會州，則河南之地皆爲我有。令熙、渭兩帥，更切看詳體問所圖山川地里是否，及將來如何次第經營進築，可以得兩路聲援相及，具詣實聞奏。長編卷四九九元符元年六月甲申條注引布録。

［九日丙戌］，詔永興軍等路創置蕃落十指揮，以西京作坊使、永興路都監鄧咸安兼總領。新置蕃兵將，其提舉訓練，並依將敕施行。長編卷四九九元符元年六月丙戌條引布録。

［九日丙戌］，罷走馬承受三日一奏平安。長編卷四九九元符元年六月丙戌條引布録。

［十日］丁亥，曾布言：「章楶近以諮目抵臣，云天都未可進築。其言頗有理。蓋謂没煙峽以裏，皆有山險可恃，賊馬來路易於控扼，又後倚城寨爲家計，故易於般運進築。今天都去没煙六十里，既出峽則皆平原大川，四面皆是賊馬來路，後去城寨遠，聲援不相及，般運材植糧餉百倍難於平夏。雖合三路兵馬進築，不惟糧運可憂，又慮西人以輕騎旁出，深入近裏城寨侵掠，内無救援，勢必受禍。兼城寨一擾，則軍前人心亦摇矣。假令進築已成功，四面無籬落可恃，何以固守？兼兵馬數少，不免須索，恐無以應副，欲來日進呈。」許將、蔡卞亦皆以爲當進呈。長編卷五〇〇元符元年七月甲寅條引布録。

［十二日］己丑，三省、樞密院進呈：御史中丞安惇乞約束進築城寨差官員數及親戚冒賞等事，大抵皆已行，遂進呈訖。長編卷四九九元符元年六月己丑條引布録。

［十四日辛卯］，涇原路經略司言：進築没煙前、後峽兩寨畢工，詔没煙前峽以通峽寨、後峽以威羌寨爲名。長編卷四九九元符元年六月辛卯條引布録。

［十四日］辛卯，熙河奏：鍾傳出界，殺獲三千餘級，止有四百餘級在會寧以裏棄埋，定驗有實。餘皆在界外棄埋，難以定驗。詔張詢告諭將帥，令依近日旨，陳首改正。餘在界外棄埋，體問將佐詣實保奏。如將來彰露不實，將佐重行黜責。長編卷四九九元符元年六月己丑條引布録。

［十五日］壬辰，詔以涇原路華亭縣步軍五指揮還熙河路。長編卷四九九元符元年六月壬辰條引布録。

［二十一日戊戌］，河東神泉賞功，又環慶乞築萌門寨，從之。長編卷四九九元符元年六月戊戌條注引布録。

［二十一日戊戌］，三省除［陳］師錫考功，士論皆以爲允，蔡卞獨不悦。長編卷四九九元符元年六月戊戌條注引布録。

［二十四日辛丑］，涇原、河東報西人頗近邊耕牧。詔諸帥相度出兵擾之。長編卷四九九元符元年六月辛丑條注引布録。

六月［二十五日］壬寅，上諭曾布曰：「北界又有牒催夏國文字。」布曰：「此牒來日已久，不可以不答。」上亦以爲然。曾布退以語章惇，惇曰：「須十月乃可答。」布曰：「舊例皆即時答，若一向不答，萬一欲遣泛使，何以拒之？」惇曰：「只消令雄州答以無例。」布曰：「終能遏之否？」惇曰：「若答速，見自家㤼攘，往往便遣使。若不答，必不敢遣。若如子宣意，去年十二月已答了。」布曰：「答之何害！元豐中牒至便答，未嘗聞遣使，此乃已試之效，何以知不答牒却不敢遣使之理？」惇曰：「正如蕭禧争地界，只爲應接太速。」布曰：「此事自有舊例，莫與争地界事不同。」惇勃然曰：「惇措置邊事不錯。」布曰：「安知不錯？若誤他邊事，自家莫難更安位。」惇曰：「自家誤他邊事，不止不安位，當斬首以謝天下！」布曰：「教誰斬？」惇曰：「好，但任便。若誤事，惇不管他。」布曰：「布不至不曉事，機權智略，亦不在人下。凡措置邊事，一有過當，必加裁節，令就繩墨，不然疏脱多矣。」許將曰：「所言皆有理，且更商量。」十月誠恐太緩。」蔡卞笑曰：「止，止，不須説！」布亦笑。既而吏檢元豐五年正月牒，二月答，惇乃已。長編卷四九六元符元年三月癸酉條引布録。

〔二十五日壬寅〕，〔郭〕茂恂降兩官，守、倅各一官。長編卷四九九元符元年六月壬寅注引布録。

〔二十五日〕壬寅，三省、樞密院奏：鄜延大沙堆功賞，應本將有官而更添差者，以二人所合得賞分授，并張若訥、吕瀌等，更不推恩。從之。長編卷四九九元符元年六月壬寅條引布録。

〔二十五日〕壬寅，上問曾布曰：「〔黄〕實如何？」布曰：「實亦惺惺曉事，但林希嘗言其以女嫁蘇轍子，陛下必得知。」上曰：「然。」又曰：「乃章惇甥也。」後又語及，布因言實兩女嫁轍二子。上曰：「不如是，亦可使爾。」長編卷四九九元符元年六月乙巳條引布録。

六月二十六日癸卯，同呈牒本。旨以七月降牒本付雄州，令八月回北界。惇默然，布亦不復論。及再對，布因言：「北界回牒已緩。昨四月得旨，既而章惇又欲罷，今已得旨七月回，乞更不移易。緣朝廷待此北人，一飲食，一坐，一揖，皆有常數，以示無所輕重。至於相國寺與館伴燒香先後，亦必爭論，但事皆有常，故未嘗不屈伏。今牒彌年不答，迺明示以忽慢之意，恐不便。」上曰：「是他無道理。」布曰：「元豐中牒一般。事已往，無可言者，但此回更不可移易爾。」上曰：「無。」退見許將，曰：「上對三省，亦深患遠人不安靜，當以理待之。蓋聞昨日喧爭之語也。」長編卷四九六元符元年三月癸酉條引布録。

[二十七日]甲辰，詔入內供奉官、涇原路走馬承受利珣減三年磨勘，仍依條比折，賞職功也。珣言鄜延走馬謝德方、涇原王景先皆以親戚冒賞，詔並放罷。長編卷四九九元符元年六月甲辰條引布録。

六月末，卞入，三省、樞密院奏事，皆退立不與，上亦不顧。已而留身曲謝，遂命友端押赴都堂。上諭布曰：「卞請去甚堅，須待再三入文字。」布曰：「無可去之理。」上曰：「無此理，堅欲去，別無事否？」布曰：「卞與同列多不同，舊與章惇密，今亦不同。兼兄弟有嫌，故不自安。」上曰：「卞兄弟不相得。」布曰：「不知，但聞其妻頗不相歡。」上曰：「京亦有妻，是甚人家？」布曰：「徐仲謀少卿家。」上曰：「兩人妻不相得。」布曰：「聞其如此。」上曰：「卞言無他，只是羸病，故欲去。」布曰：「勢安可去？林希去，尚未有人可代，卞何可去？」上曰：「兄弟間是有嫌。」布曰：「然用京不若用卞。」上曰：「不同，不同。」布曰：「誠如聖諭，卞讀書畏義理，誠與京不同。」上又曰：「不同，不同。」布奏事退，卞已赴都堂，遂往都堂見之，視事如故矣。上嘗語：「今范仲淹，章惇多詆之。」曾布曰：「仲淹知邊事，自寶元西事以來，每以取横山爲言，兼立朝勁正，乃仁宗時名臣。」蔡卞亦曰：「仲淹好處多。在章獻時，數以直言貶，及仁宗親政，卻乞不深治垂簾事，此大節尤可稱。」布曰：「誠如卞言。」既退，布竊獨怪卞知之而不能蹈之也。長編卷四九九元符元年六月甲辰條引布録。

六月，屢見三省言，安惇既除御史中丞，遂乞差官看詳元祐中訴理文字，卻依元斷施行。既而取索到訴理者，凡八百九十七人。許將、黄履及葉祖洽等，皆因他人訴理，得還所展磨勘年月。三省以動衆，稍遲之，惇再章以謂：「聞廟論以人衆不可施行，惟其人數多，尤宜改正。此乃元祐人欲彰先朝濫罰之多也。」三省聚議，久之乃定。得旨，但令惇及序辰看詳，元訴狀詞及訴理所文字語言，有于先朝不順者，具姓名以聞。已而又言，令將親批聖旨翌日再進呈，乃下。衆皆稱其平允。此論本出序辰，序辰於前年作右史日，已嘗有章乞追改，上留中不出。今以付之，亦以杜塞其紛紛也。然猶乞别試所置司看詳，限半年結絶，尚有張皇之意。但已得旨如此，諒亦無以增加爾。長編卷四九九元符元年六月壬寅條引曾布日録。

［七月三日］己酉，涇原又奏：於没煙置二堡子。長編卷五〇〇元符元年七月己酉條引布録。

［三日］己酉，熙河奏：遣王舜臣出界討蕩。長編卷五〇〇元符元年七月己酉條引布録。

［五日］辛亥，同呈：近報西人恐今秋併兵攻掠一路，其爲畫一守備之策。詔諸路帥遵守施行。長編卷五〇〇元符元年七月辛亥條注引布録。

［五日］辛亥，環慶走馬李兑言：本路進築興平城及之字平等處，皆地狹無水，瘠鹵不便。詔孫路更切具利害以聞。長編卷五〇〇元符元年七月辛亥條引布録。

［七日］癸丑，熙河奏：王舜臣出界，所獲不多。上欲令勘責，曾布以爲不須，但戒飭而已。長編卷五〇〇元符元年七月甲寅條引布録。

［八日甲寅］，及進呈，上稱楶諮目極有理。布曰：「前日已得旨，欲與復職。」上曰：「與復官。」布曰：「復官恐太薄。」上曰：「與復職不妨。」章惇言：「且休須復職，待天都了卻，更與優轉不妨。」布曰：「如此則又是督迫令進築也。」上曰：「且與復職。」遂復樞密直學士。長編卷五〇〇元符元年七月甲寅條引布録。

［八日甲寅］，涇原奏乞没煙峽統制及轉運司官乞先次推恩，王恩、种朴、秦貴、李譓各

一官，内王恩回授與有親屬兩人各轉一官。長編卷五〇〇元符元年七月甲寅條注引布録。

［八日］甲寅，秦州推勘官慕容將美言：「勘秦貴等虚上首級，問將司及使臣等，言秦鳳兵獲十五級，鍾傳諭意，令上一千三百餘級，分攤與五部人，如經略統制司人吏亦有上兩級兼重傷者。」長編卷五〇〇元符元年七月甲寅條引布録。

［九日］乙卯，詔：「户部郎中徐彦孚乘驛往秦州，與將美同鞫之，應有罪人不原赦，限五日先次上殿進發。」上深訝鍾傳敢爾欺罔，以十五級爲一千三百級，乃百倍也，熙河想亦然，令彦孚并鞫之。長編卷五〇〇元符元年七月乙卯條引布録。

［十一日］丁巳，同呈：令徐彦孚根究張詢、巴宜體量鍾傳所奏首級，令於案後聲説知與不知妄冒事蹟奏裁。長編卷五〇〇元符元年七月乙卯條注引布録。

［十一日］丁巳，熙河奏：乞遣降羌於岷州住坐，令包順主管。詔張詢更切相度施行。長編卷五〇〇元符元年七月丁巳條引布録。

［十一日］丁巳，詔張詢、巴宜體量鍾傳上奏首級，令於案後聲説知與不知妄冒事迹奏裁。長編卷五〇〇元符元年七月丁巳條引布録。

［十二日戊午］，熙河奏：平西寨有西賊出没。長編卷五〇〇元符元年七月戊午條引布録。

［十三日］己未，詔修將校補官隔下法。曾布言元祐改舊法不當故也。長編卷五〇〇元符

元年七月己未條引布録。

［十三日］己未，涇原舉張翼充副將。曾布以楊畏嘗言翼與王巖叟父子交通，詔令別舉官。長編卷五〇〇元符元年七月己未條引布録。

［十四日］庚申，詔：差兩都知爲南郊都大提舉管勾官。長編卷五〇〇元符元年七月庚申條引布録。

［十八日］甲子，曾布對三省爲上言：「邊事累年未了，今涇原已逼天都，勢不可已。然今秋見西賊舉動，即可以知其强弱，若果困敝，有可以滅亡之理，亦須年歲間便爲殄滅之計。若西人未有殄滅之勢，年歲間未可殄滅，亦須隨宜收斂，休兵息民，以圖安静。今諸路進築城寨，所據羌人地土已多，其勢固已窮蹙，若容其納款，必無不向順。若分畫疆界在我，則西人亦不敢不聽，要之動息皆須在年歲間了當則可。若一向貪嗜不已，恐所憂不在西戎也。北敵於寶元中固嘗以兵壓境，爲撓我助彼之計，今日安知其不出此？但朝廷經營西夏有涯，彼必有以相撓。至於青唐脣齒之勢，亦須觀釁而動。但一方有警，即無以枝梧。此朝廷安危大計，豈可忽而不慮？若天都進築了當，與西人約，以畫河爲界，此乃非常之功也。」章惇曰：「若此措置，則安可便望畫河爲界？」布曰：「臣嘗言畫河爲界，章惇已大罵以爲非計，前日臣反復詰難，惇乃以臣言須於年歲之間了當爲是。」惇曰：「曾布

言臣欲取興靈，是害心風。」布曰：「章惇言臣云『西人有滅亡之勢乃可圖，若未有滅亡之勢何可强』，惇云：『若無可取之勢，又不害心風，須要取！』臣惷直，實曾答之云：『平時聞議論，亦有似心風處。』」惇曰：「但得横山及天都一帶，亦可結絶。」布曰：「若得横山、天都，亦非常不世之功也。朝廷出師常爲西人所困者，以出界便入沙漠之地，七、八程乃至靈州，既無水草，又無人煙，未及見敵，我師已困矣。西人之來，雖已涉沙磧，乃在其境内，每於横山聚兵就糧，因以犯塞，稍入吾境，必有所獲，此西人所以常獲利。今天都、横山盡爲我有，則遂以沙漠爲界，彼無聚兵就糧之地，其欲犯塞難矣。此所以爲我之利不細，何必舉興州然後爲快哉！」上及同列莫不然之。上屢顧執政曰：「民力已困。」衆皆曰然。布曰：「何止民力，公家之力且無以繼矣。」長編卷五〇〇元符元年七月甲子條引曾布日録。

［二十二日］戊辰，詔免陜西、河東冬教。長編卷五〇〇元符元年七月戊辰條引布録。

［二十三日］己巳，上謂輔臣曰：「秦鳳欺罔事，乃因走馬阮易簡言。」曾布曰：「如此等人亦可賞。」上又曰：「唯走馬多奏事，走馬非内臣者亦不敢奏。」布曰：「誠如此。邠州配羅事，衆所共知，然士大夫來自關中者，無一人敢言，直至謝德方來乃敢説。士大夫見三省、樞密院方措置邊事，孰敢以科率調發爲非者，惟中人或敢言爾。如鄜延事非利珦亦莫得聞也。朝廷聞之，若更不施行，則人愈不敢言。如郭茂恂降兩官，出自聖意，然猶輕典，

此輩須罷差遣乃當也。」上深然之。布因與章惇議，用太府少卿齊諶代茂恂，卻令茂恂往江東。及進呈，上乃不以爲可。惇曰：「布知諶。」布曰：「諶亦平穩曉事，嘗使江東，不屈於王安石，蔡卞知之。」卞曰：「誠如此。」上終未許。遂已。長編卷五〇〇元符元年七月乙卯條引布録。

［二十四日］庚午，涇原奏：修没煙通過堡子畢。長編卷五〇〇元符元年七月庚午條引布録。

［二十五日］辛未，同呈張詢體量鍾傳事。長編卷五〇〇元符元年七月乙卯條注引布録。

七月［二十五日］辛未，詔熙河蘭岷路仍舊爲熙河蘭會路。長編卷五〇一元符元年八月丙子條引布録。

七月［二十五日］辛未，西南張蕃遣人入貢。長編卷五〇一元符元年八月丁丑條引布録。

［二十七日］癸酉，涇原路奏：折可適十八日出界討蕩，又所築四堡、五烽臺皆畢。詔役兵戰士並特支。長編卷五〇〇元符元年七月癸酉條引布録。

［二十七日］癸酉，又云：孫咸寧依格四赦放逐便，張若訥放罷，皆元祐麟府敗事之人也。長編卷五〇〇元符元年七月癸酉條注引布録。

［二十九日］乙亥，召大理問獄事。長編卷五〇〇元符元年七月己巳條引布録。

［八月三日］戊寅，同呈邊報：涇原路涇略司言折可適入西界俘馘共五百，及獲牛、駞、

羊、馬等。詔軍兵等賜錢有差。長編卷五〇一元符元年八月戊寅條引布録。

〔三日戊寅〕，熙河路經略司奏：乞將來乘機出塞討蕩。詔張詢審探，不得輕易虛發，勞敝人馬。長編卷五〇一元符元年八月戊寅條引布録。

〔三日戊寅〕，保州走馬言：「探到北界稱太子尚存，見計會燕京太師結連兵馬及群賊謀復位，恐北人故爲此虛誕，因而起兵犯塞。」曾布曰：「必無此理。」上曰：「密劄與帥臣亦不妨。」布曰：「容與三省議。」上曰：「不須，只密院指揮可也。」布曰：「此等事密院固可施行，然臣獨當樞府，無與議事者，故稍涉三省文字，必須與三省議，及同進呈，不敢自用，恐有差失爾。」長編卷五〇一元符元年八月戊寅條引布録。

元符元年八月〔八日〕癸未，差蕭世京、燕若蒙爲差使剩員官。上問如何，布因言：「世京元祐五年曾兩上章乞復免役法，詞甚切至，閤門批到實有投進月日，而三省檢文字未見，故未蒙推恩。」上云：「禁中煞有文字，待令檢。」再對，布又及之，因言：「王森乞復青苗，便得郎官。世京因天旱連章請復役法，儻可檢見，因激獎，亦足以勸。」上再三許之。布又言：「世京元祐中體量章惇買田事，云不違法，遂罰銅十斤。乞差遣於都堂，呂大防云：『勾當事不了，如何得差遣？』世京竟不自陳，至今脚色有此過。作廣東提舉常平滿二年，役書成，成於其手，而蔡京以爲申請措置不當，送吏部，人實冤之。」長編卷四一九元祐四年六月丁未條注引曾布日録。

［八日］癸未，詔江、湖、淮、浙六路各造神臂弓三千餘、箭三十萬。長編卷五〇一元符元年八月癸未條引布録。

［十五日］庚寅，涇原奏：折可適獲首級、擄生口四百餘人。長編卷五〇一元符元年八月庚寅條引布録。

［十六日辛卯］，詔戒諸路備禦，不得以探報稀少懈弛。長編卷五〇一元符元年八月辛卯條引布録。

［十八日］癸巳，王贍陳訴依隨鍾傳安奏首級，詔送制勘所。長編卷五〇一元符元年八月癸巳條引布録。

［十九日］甲午，涇原路增置第十二將，以折可適、曲克權將、副。長編卷五〇一元符元年八月甲午條引布録。

［二十一日］丙申，押班閻安特以磨勘改昭宣使。長編卷五〇一元符元年八月丙申條引布録。

案：「丙申」原作「戊申」，然八月無戊申日，而長編本條干支爲丙申，則「戊申」當爲「丙申」之譌，故改。

［二十五日］庚子，詔熙河、秦鳳兩路兵馬會合進築，止令副總管統制，未出界，聽熙河帥節制。長編卷五〇一元符元年八月庚子條引布録。

元符元年八月二十七日癸酉，上諭布：安惇言呂升卿發上官汲事，有所挾，已令移京西推勘。布亦以爲當然。上因問秀獄事，言及蹇周輔爲獄官觀望不決。及鄧綰貶，吕温卿在獄，家人以「綰出湯」與之，周輔等遂平反，惠卿獲免，而温卿猶勒停。若非綰及安石出，惠卿必不免。上曰：「自來刑獄只如此。」又問鄧綰論事薦人事，悉以實對。長編卷二八〇熙寧十年正月戊寅條注引曾布日録。

八月二十九日甲辰，上問布識周常否，布曰：「臣不識之，亦不知其如何。」上曰：「黄履力薦之，以謂可在經筵。」布曰：「經筵乃在侍從，最爲親近要切之地，所擢必得人望，如常者衆人所未深知，萬一誤擢爲可惜，不若只於從官中擇人。如趙挺之乃熙寧初首選爲學官，莫如此人爲宜。」上矍然曰：「好，好。」布又言：「陛下聖質睿明，出於天縱，於邪正善惡無不洞照。若挺之、知章輩，非出聖意擢用，無緣得進，外議孰不鼓舞稱頌。經筵之選尤不可輕，願更留聖意。」長編卷五〇二元符元年九月丁未條引布録。

［九月四日］己酉，中大夫、知亳州林希知杭州，朝請郎、知汝州邢恕知應天府。御史中丞安惇奏疏論希、恕除授不當，疏留中不出。長編卷五〇二元符元年九月己酉條據布録。

［五日］庚戌，供備庫副使王棫知寧化軍。棫，元豐二年中爲閤門祇候，尋醫，從高遵裕至靈州勾當公事。遵裕貶，棫亦降官，與遠小監當，遂以内殿崇班覃恩改承制致仕。及邢恕言元豐末王珪問定策事於高遵裕，遵裕叱其子云：「此朝廷事，不當與議。」時棫亦與

聞。遵裕贈官，械落致仕，得供備庫副使。而上諭曾布，令與一郡，遂除之。長編卷五〇二元符元年九月庚戌條引布録。

〔八日〕癸丑，〔范〕鏜上殿。布是日再對，上問鏜如何，布曰：「鏜之初進，人多疑其不正。初舉吕升卿自代，人以爲附惇，及繳趙叡文字，則正戾惇意。或疑其附卞，及駁朱服之命，則正與卞違。未問舉措是非，要之不爲人所使。」上亦深以爲然。長編卷五〇二元符元年九月己未條引布録。

〔十七日〕壬戌，詔：「陝西、河東路經略司告諭將士，自今出兵，漢蕃將士臨陣用命，有雜功自當保奏推賞，不須虛上首級。即有雜功而官司抑塞不爲保奏，聽於經略司或轉運、提刑司訴委官究實。其不爲保奏及不受訴官司，皆以違制坐之，委走馬覺察。知情與同罪，不覺察亦重行黜責。」長編卷五〇二元符元年九月壬戌條注云「此用布録删修」。

〔十九日〕甲子，詔：「章楶、孫路各相度進築天都、南牟及青南訥心、會州、打繩川，通接邊面。以環慶兵助涇原，秦鳳助熙河，各自舉動，令條畫利害及舉動次第奏聞。」長編卷五〇二元符元年九月甲子條注引布録。

〔十九日〕甲子，詔：諸軍犯罪，事干大理寺、開封府，先從重罪處受理。長編卷五〇二元符元年九月甲子條引布録。

［二十一日］丙寅，章楶奏：乞孫路便道過渭州議事。從之。長編卷五〇二元符元年九月丙寅條引布録。

［二十九日］甲戌，是月，對者多隨才任使，獨［薛］昂斥不用。長編卷五〇二元符元年九月戊午條引布録。

九月［二十九日］甲戌，初［蔡碩］欲求在京差遣，上問曾布：「碩如何？」布曰：「此人罪狀不虚。方蔡確盛時實作過，昨以無敍法，特與右職，此請不足從。然碩言章惇掩確定策功抑之，又云確定策時，首令碩諭惇，非惇首議。」上曰：「此是否？」布曰：「此事非衆人所知也。」長編卷五〇三元符元年十月辛卯條引布録。

［十月七日］辛巳，同呈邊報：涇原自三（月）［日］報，九月二十五日落蕃軍人逃歸，言「自軍前來，羌人點兵百五十萬，在天都北，去蕩羌寨止五十里」。至二十九日奏尚未動，殊不知其所謂。或云國中亂，各誅殺首領；或疑其見形於涇原，而出他路不備之處；或疑其困敝，不能舉動。然皆未得其情實也。上亦深疑之，數以此詢問，遂降旨，令諸路嚴備，及擊其左右，或攻其後軍。長編卷五〇三元符元年十月辛巳條注引布録。

［十一日］乙酉，詔章楶、孫路於地未凍前後築城寨。長編卷五〇三元符元年十月乙酉條注引布録。

[十二日]丙戌，同呈涇原報：羌兵犯塞，自九月探報云點集大兵，已而落蕃兵士亡歸云「二十五日，敵兵百五十萬，距蕩羌五十里屯聚」，凡旬日乃動。圍閉蕩羌、通峽、平夏、靈平、高平、九羊六城寨，約三十萬。渭帥章楶以書來云：「賊不來則已，來則必墮吾計中。」因具呈於上，云：「帥臣敢自任，以此賊必不能爲也。」長編卷五〇三元符元年十月辛巳條注引布録。

案：長編卷五〇三元符元年十月己亥條注引曾布日録所引文字略異，云：「丙戌，同呈涇原報羌兵犯塞。自九月探報云點集大兵，已而落蕃兵士亡歸云『二十五日聚兵百五十萬，距蕩羌五十里屯聚』，凡旬日乃動。圍閉蕩羌、通峽、平夏、靈平、高平、九羊六城寨，約三、四十萬。」

[十二日]丙戌，熙河奏：「仁多楚清歸漢，攜家四十餘口。所攜冠服、器玩、鞍韉，與羌不同。云爲西界御史中丞，官在宰相、樞密之下。父吱丁死，侄保宗代爲統軍，楚清官雖高，不得統人馬，故來歸。所攜生金二百兩，餘物稱是，有繡龍帳之類。」長編卷五〇三元符元年十月丙戌條引布録。

案：此條又載長編卷五〇三元符元年十月丁亥條注引曾布日録，詳略互異，云：「熙河奏：仁多楚清官雖高，不得統人馬，故來歸。所攜生金二百兩，餘物稱是，有繡龍帳之類。乞優補名目。得旨，除甘州團練使、右廂卓羅一帶都巡檢使。」

[十三日]丁亥，環慶奏：遣种朴策應涇原。長編卷五〇三元符元年十月丁亥條引布録。

〔十四日〕戊子，詔秦鳳趣遣兵將策應涇原。長編卷五〇三元符元年十月戊子條引布録。

〔十七日〕辛卯，呂惠卿奏：遣男淵齎九寨圖，乞上殿代臣面陳利害。詔令朝見投進。長編卷五〇三元符元年十月辛卯條引布録。

〔十八日〕壬辰，章惇留身甚久。布再對，上問：「余爽何人？」布曰：「臣與之瓜葛。然其人無行檢，衆所共知。亦聞蔡卞舉上殿。其人亦精爽，但姦險無取，恐不可進擢。」蓋惇攻之也。長編卷五〇三元符元年十月己亥條注引布録。

〔十八日〕壬辰，涇原奏賊攻平夏甚急。長編卷五〇三元符元年十月己亥條注引曾布日録。

十月〔十八日〕壬辰，〔方〕天若初得召對，曾布言天若不可進。上曰：「誰舉之？」布曰：「不知。」上曰：「徐鐸也。」布曰：「天若凶慝，衆之所惡。林豫嘗言：『閩中有二凶人，一在館閣，乃林旦；一中高科，乃天若。此朝廷不幸也。』昨程文中欲禁錮元祐人子弟，籍没其家産。此乃迎合之語，非敢言也，願加察。」上曰：「須且令上殿。」布曰：「已召對不可已，但於進擢之際，願更留聖意審察。」上頷之。長編卷五〇四元符元年十一月乙巳條引布録。

〔十九日〕癸巳，詔熙河差兵官使臣押仁多楚清赴闕。長編卷五〇三元符元年十月丙戌條引布録。

〔十九日〕癸巳，詔環慶路添差準備大小使臣十人，從胡宗回奏請也。長編卷五〇三元符元年十月癸巳條引布録。

［十九日］癸巳，三省以章惇家所收余爽元祐中所上書詆訾先朝，并永康軍通判汪衍亦然，並勒停，永不收敘。上諭：「余爽已勒停，章惇欲編管且已；又蔡卞云曾上執政詩，卿必有之，可進取來。」余云：「詩中極稱熙寧、元豐、紹聖政事，以謂『異人間出，所行政事，皆詩書之所未聞，近古之所未有，廟堂故老皆閎夭、伊、周、畢、召之徒』，與元祐中所上書，殊相反也。」上亦哂之。長編卷五〇三元符元年十月己亥條注引布録。

［二十一日］乙未，詔秦鳳、環慶所差策應涇原人馬太少，令具析奏聞；仍多方救援，以牽制賊勢。長編卷五〇三元符元年十月乙未條引布録。

［二十一日乙未］，熙河奏：王贍言得蕃書，云仁多保宗有歸漢意。令經略司多方招誘撫納。長編卷五〇三元符元年十月乙未條引布録。

［二十一日］乙未，呈爽詩，上益哂之。又令布於章惇處借爽書看。長編卷五〇三元符元年十月己亥條注引布録。

［二十二日］丙申，得章楶咨目，報賊攻平夏未已，然將佐皆極一路之選，可亡慮。又以書抵章惇，亦云必保無虞，恐上憂勞，以此奏知。長編卷五〇三元符元年十月己亥條注引曾布日録。

［二十三日］丁酉，進呈楶書及咨目。長編卷五〇三元符元年十月己亥條注引曾布日録。

二十五日，涇原賜銀絹。長編卷五〇三元符元年十月壬辰條注引布録。

［二十五日］己亥，涇原奏：西賊自十七日酉時退，至十八日皆遁去。攻平夏十四日，填平遠壕，又于裏壕壘道路數處，直薄城，穿數穴，皆可容數人；又爲雲梯洞子百種，爲攻具。然城中捍禦有方，終不能破。羌人中矢石者數千，傷者倍之。冀官兵出戰，而總管王恩等按兵不動，野中芻糧孳畜收拾無遺。賊一無得，日久糧盡，遂遁歸。城寨官兵，一無所損。他寨雖不被攻，然圍繞殆遍，將佐皆開門延敵，時出挑戰，夜以輕兵劫寨，賊頗驚擾。皆可嘉也。章楶遷左中散大夫，平夏將兵郭成遷東上閤門使、遥防、鈐轄，知城以下，令速第功狀聞奏。楶賜銀絹各一千，乃降奬詔，賜郭成各三百，餘二百、一百五十、一百及五十凡四等，又銀合茶藥有差，士卒自二十疋至十疋凡三等，老少婦女經城上役使者五疋。長編卷五〇三元符元年十月己亥條注引曾布日録。

［二十六日］庚子，詔陝西、河東勿以西賊遁去便弛邊備，須過爲捍禦，緩急闕誤重行典憲。長編卷五〇三元符元年十月庚子條引布録。

［二十六日］庚子，涇原奏：西賊再以輕騎犯乾興、天聖寨地分。尋奏已退回。長編卷五〇三元符元年十月庚子條引布録。

二十八日，［王］愍落軍職。長編卷五〇三元符元年十月壬辰條注引布録。

［二十八日］壬寅，涇原奏：已就留王恩等兵馬，修築平夏城壁等。長編卷五〇三元符元年十月壬寅條引布録。

［二十九日］癸卯，再對，罷王湛鄜延都鈐轄，除冀州總管。長編卷五〇三元符元年十月癸卯條注引曾布録。

十一月乙巳朔，王獻可瀘州再任，與轉官，上諭獻可元祐中亦有章疏。先是，章惇進呈余爽書，乃出於其家，人頗疑之。上遂搜閲，于禁中得真本，禁中得其乞還政書。然宣仁六月已服藥，爽七月十三日乞復辟，九月三日升遐矣，故不救前貶。上因檢尋余爽文字，遂見王師約、張敦禮所上書。已而兩人皆貶。上又言周鼎、李許輩亦皆有書，又言許附陳衍，可罷閤職。及進呈，乃云事狀不明，且已。而周鼎輩文字亦不出，可以知聖意之仁厚也。然自爽事迄今，紛紛未已，而序辰及中司又數以訴理事文致緣飾，乞施行。然上意終緩，故被禍害亦鮮，但群小凶焰，未肯收斂耳。長編卷五〇三元符元年十月癸卯條注引布録。

十一月二日，［王愍］降充都鈐轄，落正任。長編卷五〇三元符元年十月壬寅條注引曾布日録。

十一月［十八日］壬辰，同呈涇原奏：折可適出界，擒獲監軍妹勒都逋及統軍嵬名阿埋并其妻孥、臧獲無遺者。上甚悦，蓋二酋皆西羌之桀黠也。遣中使賜茶藥犒設將士。曾布曰：「此非常之功，可爲慶賀。」上曰：「可賀否？」布曰：「鬼章亦賀及告陵廟，此功不在鬼章下。」衆亦皆云：「此奇功也。」長編卷五〇四元符元年十一月壬辰條注引曾布日録。

〔十九日〕癸巳，上遣劉友端諭章惇，令百官稱賀。遂定以二十一日二府先草賀，二十二日百官賀。李阿雅卜先已到闕，劉友端管勾。上遣友端問涇原所執二酋，阿雅卜驚曰：「此皆有智謀，能斷殺，羌人最爲得力者，不易擒也。」長編卷五〇四元符元年十一月壬辰條注引曾布日録。

〔二十一日〕乙未，同呈，詔涇原檻車阿埋等赴闕。是日，二府草賀，上遣藥璫宣答，有「實系廟算」之語。長編卷五〇四元符元年十一月壬辰條注引曾布日録。

〔二十二日〕丙申，同呈，賜獲僞統軍人戰袍、束帶及金帛等。上屢稱折可適。蓋可適與郭成以二千餘騎，分六頭項往擒天都諸酋，而爲鄉導者，乃妹勒都逋之部曲嚛嚀者，以懼罪來降，故盡知都逋、阿埋等巢穴所在。又偵知其所居無兵馬，故直造其卧内擒之。李忠傑分詣到剉子山擒仁多保宗不獲，然危以身免，獲其牛羊部族甚衆。長編卷五〇四元符元年十一月壬辰條注引曾布日録。

〔二十三日〕丁酉，章楶遷太中大夫，仍賜銀絹各二千。長編卷五〇四元符元年十一月壬辰條注引曾布日録。

〔十二月三日〕丁丑，〔趙〕令鑠坐收租更鈔事，故與此對移。長編卷五〇四元符元年十二月丁丑條注引曾布日録。

[元符二年正月六日]己酉，以戊申得御旨，令涇原二酋免木檻發來赴闕。而章楶奏：「大小首領若悉遣行，無主管降羌者，乞量留。」章惇又欲留候進築了遣來，上極難之。布爲陳二酋在軍前，則敵人情通，易於捍禦，又降羌未至者，可以因而招納，於邊計誠有補。蔡卞迎上旨，頗不以爲然，而上竟開納如布請。長編卷五〇五元符二年正月己酉條注引布録。

[七日]庚戌，詔差慕容將美勘熙河香愛公事。人有告香愛謀叛者，經略司以爲誣告，已斷配訖，而香愛復叛走，故劾之。長編卷五〇五元符二年正月己酉條引布録。

[七日庚戌]，[歐]仔奏北界泛使中有夏人爲上節，又奏樂壽、河間縣不公事。長編卷五〇五元符二年正月庚戌條注引布録。

[七日]庚戌，涇原奏：招捉到羌人三千四百餘口，孳畜十萬計，皆阿邁等一行種落也。長編卷五〇五元符二年正月庚戌條注引布録。

[二十四日]丁卯，詔令章楶……分擘諸路將兵務均當。長編卷五〇五元符二年正月己巳條引布録。

正月[二十四日]丁卯，先有旨降[孫覽]一官，既而御史有言，遂命奪職，候林希到行下。長編卷五〇九元符二年二月丁酉條注引布録。

［二十九日］壬申，詔河北安撫司督責修沿邊城壁軍器等。長編卷卷五〇五元符二年正月壬申條引布録。

［正月］，詔秦鳳路提點刑獄劉何罷任赴闕。曾布言何先在永興軍路，知河中府猗氏縣王發嘗言鄜延保甲顧人，日陪錢三千；及移秦鳳，原州推官慕容將美申熙河冒賞事，皆爲何捃摭不已，違法任情，故有是詔。長編卷五〇五元符二年正月壬申條注云「此事實録並不書，按曾布日録追書之」。

［二月一日］甲戌朔，詔：「鄜延、涇原、熙河、環慶路見管軍賞銀絹不多，慮緩急闕用，特於内藏庫支發銀絹共二百萬匹兩，赴逐路經略司封樁，專充準備邊事及招納之用。内鄜延、涇原路各六十萬匹兩，熙河、環慶路各四十萬匹兩，仰户部交割計綱，起發前去。」長編卷五〇五元符二年正月丁卯條引布録。

二月［二日］乙亥，吴名革特與承制，賜銀絹各五百。長編卷五〇五元符二年正月甲子條注引布録。

［三日］丙子，布又言：「熙寧中，泛使蕭禧來，先帝因集英春宴，遂宴泛使。百官、軍校皆赴坐，與宴紫宸事體不同。遼使以爲非常待遇，然實不爲禧設。今泛使來，政在三月，亦可以春宴勞之。」上欣納。長編卷五〇五元符二年正月戊辰條引布録。

二月[四日]丁丑，詔三省、樞密院，有邊事處帥臣替移，同取旨。長編卷五〇六元符二年二月丙申條引布録。

案：「二月」原作「三月」，然丁丑爲二月四日，而三月無丁丑日，故改。

[六日]己卯，鄜延奏遣張誠等出兵討擒淩吉訛遇等。長編卷五〇六元符二年二月己卯條引布録。

[八日]辛巳，内藏庫闕銀，以絹七十萬匹貼支，上止令應副五十萬，以封樁夏國歲賜絹二十萬貼支，因諭曾布等曰：「内藏絹才百萬，已輟其半。」布曰：「公私匱乏如此，邊事何可不收斂？關中民力困憊已甚，涇原與熙河通接邊面，便須爲休息計。」上欣納之。長編卷五〇五元符二年正月丁卯條引布録。

[十一日]甲申，樞密院言：熙河蘭會路經略使孫路奏乞候將來照應涇原進築，因便興修横水澗堡寨。從之。路又乞秦鳳兵一萬，與涇原同時進築青南訥心，詔以五千與之。長編卷五〇六元符二年二月甲申條引布録。

[十一日]甲申，環慶張存等出界，斬五百餘級，與特支五百。長編卷五〇六元符二年二月甲申條引布録。

[十五日]戊子，[鄜延鈐轄劉安統制將兵……逢淩吉訛遇]，斬五千級，特支七百。長編卷五〇六元符二年二月戊子條注引布録。

〔十六日〕己丑，邵龥乞免團結錢監及遞鋪兵應副涇原。詔罰金十斤。閻令、李譓專提舉錢監，先乞團結，令、譓皆應副涇原調發故也。龥不預涇原事，獨有此請，因罰之。長編卷五〇六元符二年二月己丑條引布録。

〔元符三年三月丙子〕，布又云：「梁燾言及楚邸，不知聖意以爲如何？」上曰：「他必不知。」布云：「誠如聖諭。若大臣與楚邸交通，真有此謀，豈一二人所能辨？外議皆疑朝廷欲行遣楚邸，臣獨以謂聖意素不如此，必無此理。今聖諭亮其不知，臣復何言！謂楚邸不知，固無可議，就令當時實有此謀，陛下亦當涵容闊略，此豈惟傷先帝篤愛兄弟之恩，兼形迹宣仁，於國體豈爲穩便？如此則上累聖德不細。」上亦然之。太母又太息云：「誤他處多。」布云：「只如言宣仁及大臣有傾摇廢立之意，以此激怒先帝，恐無以取信，遂云神宗非宣仁所生。」太母云：「宣仁是慈聖養女，嫁與英宗，當時是甚事勢？又宣仁實妒忌，方十六、七歲，豈容有他人所生之子？廢立事亦冤他，孃孃豈有此意？如此教他先帝怎生不惡？」布云：「先帝所以切齒元祐之人，正爲此爾。此事莫如皇太后知虚實。」太母云：「無此事。楚王希望不可知。」布云：「大臣果有此謀否？」太母云：「當時不聞，誰敢説及此事？他只説人罵神宗，又説出此一事，怎生教他不惡？」布云：「外人皆言惇既誣罔元祐人以廢立事，又深貶王珪以定策之際持覬望之意，今日惇簾前出不正之語，人皆以爲報應。」太母云：「是報應也。」長編卷三五二元豐八年三月甲午條注引曾布日録。

案：自「太母又歎息云：誤他處多」至「是報應也」一段，又見曾公遺録卷九元符三年三月丙子條。

〔元符三年〕，〔趙〕諗弟詠於渝州所居柱上題云「隆興二年，天章閣待制、荆湖南北等路安撫使」，再題云「隆興三年，隨軍機宜李時雍從行」。諗不軌事發，鑿取其柱赴制勘所，并具奏其所題之意。詠坐此亦死。宋王明清揮麈録後録（四部叢刊續編本）卷七引曾文肅公日録。

〔崇寧元年〕六月〔七日〕辛卯，左司諫王能甫言曾誠，左正言吴材言王防，乞罷史官。能甫言：「曾誠家富於財，自謂青錢學士。」材言：「防在元豐勒停，又以訴理得罪，當罷。兼無出身。」是日，布言：「吴材緣引吕惠卿、蹇序辰等議論不能勝，王能甫乃吴安持婿。近臣以安持追削職名皆挾怨，故以此攻曾誠、王防，欲中傷臣耳。」上曰：「他不敢爾，亦非挾怨。他責在蔡京，不干卿事。」布曰：「臣亦知此二人乃京所薦。陛下宣諭令除史官，臣猶乞候京文字。然外議但以臣門下士爲言路所攻，則謂臣必摇。其小人用意如此，臣實不自安。方元祐之人布滿朝廷，人人有屏逐臣之意。方此時，臣一身與衆人爲敵，如處風濤之中，日不自保。是時助臣者，惟此三數人而已。今元祐之黨方去，而言者乃欲斥逐，此等是爲元祐人報怨耳。」上瞿然曰：「如此，乃是快元祐人意。卿但勿恤，待便與指揮。」蓋近日言者，惟上所使耳。布因言：「此等小人皆不快於臣，以至張商英亦章惇門下士，王潙之乃其婿。議論之際，多與章惇爲地，故商英力稱引范致虚及吴材，乃其志趣同耳。若有所陳，願陛下加察。」皇宋通鑑長編紀事本末卷一三〇久任曾布引曾布日録。

［二十二日］丙午，曾布留對，以「陸佃貶逐，弟肇與佃同得罪之人。佃既被責，則肇亦合施行。臣待罪宰相，當引咎避位，乞罷黜」。上曰：「陸佃以奉行詔書不引避及慢上罪，不以史事罪。他不干卿事，其批旨甚明，何疑之有？」布曰：「聖意雖優容，然人言可畏，臣不敢不待罪。」上笑曰：「豈可如此？朕於政事方賴卿。」又曰：「卿不久自當還，豈可去？」布曰：「今日欲便遷出待罪，以未嘗面奏，來日奏事畢引退。」上曰：「如此空費些禮數，無益。」他日，布獨留對，自言：「待罪政府已九年，罪戾日深，每欲退避賢路，但以上體聖眷，不敢喋喋。近日以來，言路多不悦臣，如吴材、王能甫，陛下所知，臣固不敢及。如錢遹，嘗詐與臣弟肇銘其父墓，及詐作肇書，云有所贈遺臣弟，亦嘗敷奏。」上曰：「記得。」布曰：「如此，亦恐於臣兄弟不能無憾。臣果有罪惡，不敢掩覆，乞辨察虚實。」上曰：「無之。」布曰：「臣不敢不先事敷陳，兼近日同列亦有相窺伺者，且如黄敏用，與臣實非姻戚，或聞亦有以爲言者。臣於敏用，何所用情？」上曰：「不説卿，只説章楶與敏用是親。」布曰：「楶與敏用誠是親，然楶亦何敢主張敏用？人情如此，臣益不安。臣緣陛下以國史及編敕責臣，此二書皆歲月可了，臣必以此時告陛下請去。臣衰老空疏，得於此善去，實爲

榮幸。」皇宋通鑑長編紀事本末卷一三〇久任曾布引曾布日録。

案：「陸佃貶逐」原作「陛佃貶逐」，下文有「陸佃以奉行詔書不引避及慢上罪」云云，則「陛」字誤，據改。

年月不詳者：

惇又嘗與同列争曰：「保甲保馬一日不罷，則有一日害。如役法，熙寧初以雇代差，行之太速，故有今弊。今復以差代雇，當詳議熟講，庶幾可行。而限止五日，其弊將益甚矣。」長編卷三六七元祐二年四月丁亥條引曾布日録。

［上官］均嘗與蘇轍争論科場不當用詩賦，以此去位。又云：均先在元豐則擊蔡確，元祐則擊蘇轍，紹聖又與章惇不合，即去。長編卷四五二元祐五年十二月己酉條注引曾布日録。

曾相手記佚文

神宗違豫，岐、嘉二王日詣寢殿問候起居。及疾勢稍增，太皇太后即時面諭，並令還宫，非諭宣召，不得輒入。

元符末，欽聖云：「章惇等誤哲宗處多。」布言：「只如言宣仁及大臣有傾摇廢立意，以此激怒哲宗，恐無以取信，遂云神宗非宣仁所生。」欽聖云：「宣仁是慈聖養女，嫁與英宗，當時是甚事勢？又宣仁實妬忌，方十六、七歲，豈容有他人所生之子？廢立事亦寃他。」

建儲之際，大臣未常啓沃，太皇太后内出哲宗手書佛經，宣示執政，遂令草詔。

禁中元無黄履文字，黄履家出藁草，入獄爲諂。黄履與恕自未第而交遊相善，恕亦與履同謀也。以上四條長編卷三五二元豐八年三月甲午條注引曾布手記。

案：「爲諂」，長編卷四八六紹聖四年四月丁未條注、卷四九〇紹聖四年八月丁酉條注引曾布手記皆作「爲證」。

神宗與子，宣仁立孫，本無間隙。宋彭百川太平治迹統類（江蘇廣陵古籍刻印社一九九〇年版）卷一八宣仁垂殿聖政注曾布手記。

三省用蔡祖洽言，追貶王珪昌化軍司户參軍，追賜第、遺表恩例及子孫等，如劉摯等旨揮。再對，未及奏事，上遽宣諭：「王珪當先帝不豫時，持兩端，又召遵裕子與議事。當時黄履曾有文字論列，及同列敦迫，其後方言『上自有子』。」布云：「此事皆臣等所不知，但累見章惇、邢恕等道其略，不知黄履章疏在否？」上云：「有。」布等聞禁中無此章，履曾於紹聖初録奏。比三省又令履録私藁以爲質證。

是日，又聞蔡渭上書，言文及甫元祐中以書抵邢恕云：「劉摯、傅堯俞、梁燾輩有師、昭之迹。」又云：「此輩皆不樂鷹揚。」又言：「必欲置眇躬於快意之地而後已。」而恕嘗以此書示蔡碩。三省召恕問之有實，遂令恕繳奏。有旨令蔡京、安惇根究。書中目傅爲粉，燾爲昆，蓋以其子況之也。鷹揚謂其父。及甫云：「此輩不樂其父，不敢妄進，師、昭之説，乃詆訐之語，至于眇躬，不知何謂？執政有以爲指斥者。」余以問夔，言「此輩有此心」。余云：「有心須有迹。」夔云：「無迹即無事。」沖云：「此事可大可小。」蓋言眇躬若文及甫自謂，即無他矣。然元祐中人自分兩黨，其相詆訐，乃至於此，可怪。恕、碩交通，尤可駭。

梁燾卒，余謂子中云：「早知此，則不復力陳矣。」子中云：「不然。其他所陳，有補者不一，亦不爲徒發。」子中又云：「對留甚矣，衆皆云，有如中丞之對也。」先是紹聖初，蔡確母明氏有狀言邢恕云：「梁燾曾對懷州致仕人李詢言，若不誅確，於徐邸豈得穩便？」尋不曾施行。既而，因及甫、唐老事，蔡渭曰夔云：「唐老事何足治，何不治梁燾？」夔遂檢明氏狀進呈。下究問所推治，究問所以問恕，云得之尚朱；遂召朱赴闕，朱所陳恕語，云得之李詢；又下詢問狀，云實聞焘此語，遂欲按焘而徙之也。自去歲因蔡碩言文及甫嘗有書抵邢恕云「劉摯有師、昭之心，行道之人所共知也」，遂下恕取及甫書。恕以聞，遂差蔡京、安惇置究問公事所，於別試所攝及甫詰之，云「得之父彦博」，然終無顯狀。京又令及甫疏摯黨人，納於上前，於龔源、孫諤輩皆是。以及甫言，未可施行。蓋謂摯等與陳衍等交通，有廢立之意，乃柳州安置。召宦者張士良與衍同爲御藥，主宣仁閤中文字，而其言亦無顯狀。但云衍嘗預知來日三省所奏事，作掌記與太母爲酬答執政之語，太母每垂簾，但誦之而已。又言太母彌留時，衍可否二府事，晝夜畫依畫可，及用御寶，皆出於衍而不以禀上也。既而獄終未決，及甫置在西京，士良寄禁府司。以上三條宋邵博邵氏聞見後録（中華書局一九八三年版）卷二引曾丞相布手記。

鄒志全既以元符抗疏徙新州，繼又遭温益、鍾正甫之困辱，禍患憂畏，瀕於死所。建中靖國之初召還，自流人不及一年遂代言西掖，傷弓之後，噤不出一語。吴興劉希范時爲太學生，以書責之，陳義甚高，云：「珏少而學經，究觀春秋責備賢者之義，私切疑之，以爲世之賢者不易得也，求之百餘年間，所得不過十數人，求之億萬人間，所得不過一二人，苟有未至，猶當掩蔽以全其名，奈何反責其備哉？及長，式觀史氏，眇覿昔人，特立獨行以自著見者甚衆，然靡不有初，鮮克有終。其能終始一德，以全公忠之節者幾希。稱於當年，罕全令名，著於史氏，鮮有完傳，豈特賢者之過哉？亦當時君子不能相與輔其不及之罪也。然則春秋責備之義，是乃垂戒萬世，欲全賢者之善。此某所以不避僭易，輒獻所疑於門下也。某自爲兒童，即聞閣下場屋之名，及有知識，又誦閣下場屋之文，固以閣下爲當今辭人，然未敢直以古人大節望閣下也。暨游太學，在諸生中，往往有言前數年有博士鄒公，經甚明，文甚高，行甚修，不能低回當世，以直去位。方且歎息，願見風采而不可得。未幾，閣下被遇泰陵，進列諫垣，極言時政，萬里遠謫。方是之時，某亦東下，所過郡縣，每見親朋故舊，下及田夫里婦，必問閣下貌孰似？年今幾？逢天子之怒，誰與解之？家累之重，誰與恤之？莫不咨嗟稱誦，或至泣下。前此以言得罪者衆矣，閣下之名獨隱然特出，不知何以致此，豈忠信之誠感於人心者深而然耶？則天下所以待閣下雅亦不爲不重矣。今天子嗣位，首加褒擢，授以舊職，繼拜司諫，乃直起居，乃典文誥，歲未再周，職已五易，越録超等，罕見其比。則天子所以望閣下雅亦不爲不大矣。爰自入朝以來，天下之士翹首跂踵，冀閣下日以忠言摩上，不謂若今之爲起居舍人者，止司記録而已也；不謂若今之爲中書舍人者，止事文筆而已也。踰年之間，不過言一張寅亮之不可罪爾，其他不聞有所發明言某事可行，某事不可行，某人可用，某人不可用。有識之士私切疑之。始閣下之爲博士，不顧爵位，力言經術取士之美，拂衣而歸，非知有紹聖之報也。其爲諫官，不避誅責，極諫中宫廢立之失，遠貶蠻徼，非知有今日之報也。誠以信其所學，行其所志耳。然昔以博士而言之，今以侍從而不言；昔未信於君而言之，今信於君而不言，此人之所以疑也。爲閣下解者曰：『閣下之不言以職，非臺諫也。』疑者曰：『唐文宗命魏謩以兩省屬皆可論朝廷事，故范希文爲祕閣校理，則言人主不宜北面爲壽；爲東南安撫，則言郭后不宜以小過廢；爲天章閣待制，則言時政所以得失；爲開封尹，則言遷進所以公私。後世之議希文者，必稱其愛君忠國，不聞罪其侵官也。今以職非臺諫而不言，是不以希文自處也。』爲閣下解者又曰：『閣下之不言，以當今無大得失也。』疑者曰：『唐太宗嘗怪舜作漆器，禹雕其俎，諫者數十不止。褚遂良謂諫者救其源，不使得開横流，則無復事矣。當今庶政之行雖曰盡善，亦豈無過舉者乎？百官之間雖曰多才，亦豈無姦佞者乎？從官相繼而出，豈皆以不稱職乎？言官相繼而逐，豈皆以其罪乎？事之若制器雕俎者尚多也，乃以非大政事而不言，是不以舜、禹事其君也，則閣下不免天下之疑必矣。』方閣下有正言之命，人人相賀。其君子曰：『爲我寄聲正言公：柳宜城堅於守政，不以久位爲心，自謂舌不可禁，故能全其名。白居易力争安危，不以被斥介意，晚益不衰，故能全其節。公其勿倚勿跛，引明主於三代之隆，以全令名，以利天下。』其小人曰：『爲我善祝正言公：汲直以數切諫，不得久留内；爰絲以數直諫，不得久居中。公其慎言，毋去朝廷。』今閤下未肯力言時事，豈亦哀憐小人，不忍違其所請乎？豈亦有意君子，所謂有待而言乎？伏願閤下上思聖主進用之意，下思君子跂望之心，數陳讜言，以輔聖政，使堯舜成康之治復於一朝，閤下之功豈淺淺哉？某性介且僻，動與世忤，又惡奔競之風，往來京師幾五歲矣，其於公卿權貴雖有父兄之舊，未嘗一登其門，輒造門下以獻所疑，非敢求之也。蓋以天子仁聖，切於治，正古人所謂難得之時。每欲自爲一書以獻，又恥與覬覦恩賞者同受疑於世。私念當今天子素所深信莫如閤下者，公忠直道而行亦莫如閤下者，閤下不言，誰爲吾君言之？故陳所疑，以裨萬一。狂易之罪，誠無所逃。然區區之意，非獨爲閤下計也，爲朝廷計也；非獨爲朝廷計，爲天下計也。未識能賜垂聽否？」志全繇是復進讜論，曾文肅薦之祐陵，欲令再位言路，不契上指。文肅云：「臣近日屢探賾其議論極通疏，兼稍成時名，願更優容。」上云：「何可得他如此？」上又云：「宰相執政所引人才，如浩前年是宣德郎，今作兩制已多時。朕所欲主張人才，又却似難。」蓋崇恩以宿憾，言先入矣。未幾，文肅罷政，志全再竄昭州。宋王明清揮麈録三録（四部叢刊續編本）卷一云：「此文肅手記云爾。希范名珏，後登第，浸登華要，建炎初拜同知三省樞密院，竟以勁節聞於時，爲中興之名臣。子唐稽，孫三傑也。」

附録

清繆荃孫後跋

按曾子宣，宋史在奸臣傳。子宣於哲宗元祐八年六月同知樞密院事，元符三年十月入相，崇寧元年六月罷相，先後在政府九年。此録記在政府奏對之事。世無傳本，於永樂大典「録」字韻中鈔出，止存七、八、九三卷，實元符二年三月起，至元符三年七月止，一年四月中事，不知原書幾卷。按晁氏讀書記，有「曾相手記三卷」。紹聖初，元祐黨禍起，曾布知公論所在，故對上之語多持兩端，又輒增損，以著此書」。陳氏書目有紹聖甲戌日録一卷、庚辰日録一卷，南豐曾布子宣撰在政府奏對施行及宮禁朝廷。均非九卷。此後至罷相，尚有兩年，恐不止三卷。布權譎自喜，議論多偏，然時以元祐、紹聖均有所失，欲以大公至正消釋黨禍，較之惇、卞之徒，究屬天良未昧。李仁甫長編每據以删潤。錢潛研謂宋史奸臣傳宜進史彌遠、史嵩之，而出曾布。其論至公。所載多當時語氣，「夔」指章惇，「朴」指韓忠彦，「左轄」指蔡卞，「右轄」指黄履，「鳳」指許將，文筆亦爾雅。長編盡於元符三年二月，以後五閲月，皆長編所無。浙局補長編，未見此書，不詳者多。雖零璣斷璧，亦天壤内罕見之書也。宣統庚戌天貺節，江陰繆荃孫跋。

郡齋讀書志卷六

曾相手記三卷，右紹聖初，元祐黨禍起，曾布知公論所在，故對上之語多持兩端，又輒增損以著此書云。

遂初堂書目

曾子宣日録。

曾子宣正録。

曾子宣手節記。

直齋書録解題卷七

紹聖甲戌日録一卷、元符庚辰日録一卷，丞相南豐曾布子宣撰。記在政府奏對施行及宫禁朝廷事。

宋史卷二〇三藝文志故事類

曾布三朝正論二卷。

文淵閣書目卷二

曾公遺録一部七册。

唐宋史料筆記叢刊　書目

隋唐嘉話　朝野僉載

〔唐〕劉餗　〔唐〕張鷟

明皇雜録　東觀奏記

〔唐〕鄭處誨　〔唐〕裴庭裕

大唐新語

〔唐〕劉肅

唐語林校證

〔宋〕王讜

東齋記事　春明退朝録

〔宋〕范鎮　〔宋〕宋敏求

澠水燕談録　歸田録

〔宋〕王闢之　〔宋〕歐陽脩

龍川略志　龍川别志

〔宋〕蘇轍

東坡志林

〔宋〕蘇軾

默記　燕翼詒謀録

〔宋〕王銍　〔宋〕王栐

涑水記聞

〔宋〕司馬光

東軒筆録

〔宋〕魏泰

青箱雜記

〔宋〕吴處厚

齊東野語

〔宋〕周密

癸辛雜識

〔宋〕周密

邵氏聞見録

〔宋〕邵伯温

邵氏聞見後録

〔宋〕邵博

桯史
〔宋〕岳珂

游宦紀聞　舊聞證誤
〔宋〕張世南　〔宋〕李心傳

鐵圍山叢談
〔宋〕蔡絛

四朝聞見録
〔宋〕葉紹翁

春渚紀聞
〔宋〕何薳

蘆浦筆記
〔宋〕劉昌詩

鶴林玉露
〔宋〕羅大經

湘山野録　續録　玉壺清話
〔宋〕文瑩

泊宅編
〔宋〕方勺

老學庵筆記
〔宋〕陸游

西溪叢語　家世舊聞
〔宋〕姚寬　〔宋〕陸游

石林燕語
〔宋〕葉夢得　〔宋〕宇文紹奕考异

雲麓漫鈔
〔宋〕趙彦衛

鷄肋編
〔宋〕莊綽

清波雜志校注
〔宋〕周煇

建炎以來朝野雜記
〔宋〕李心傳

麟臺故事校證
〔宋〕程俱

師友談記 曲洧舊聞 西塘集耆舊續聞
〔宋〕李廌 〔宋〕朱弁 〔宋〕陳鵠

墨莊漫録 過庭録 可書
〔宋〕張邦基 〔宋〕范公偁 〔宋〕張知甫

侯鯖録 墨客揮犀 續墨客揮犀
〔宋〕趙令畤 〔宋〕彭□輯

北夢瑣言
〔五代〕孫光憲

南部新書
〔宋〕錢易

范成大筆記六種
〔宋〕范成大

容齋隨筆
〔宋〕洪邁

封氏聞見記校注
〔唐〕封演

開元天寶遺事 安禄山事迹
〔五代〕王仁裕 〔唐〕姚汝能

朝野類要
〔宋〕趙升

後山談叢 萍洲可談
〔宋〕陳師道 〔宋〕朱彧

愛日齋叢抄 浩然齋雅談 隨隱漫録
〔宋〕葉寘 〔宋〕周密 〔宋〕陳世崇

蘇氏演義（外三種）
〔唐〕蘇鶚 〔五代〕馬縞 〔唐〕李匡文
〔唐〕李涪

教坊記（外三種）
〔唐〕崔令欽 〔唐〕李德裕 〔唐〕鄭綮
〔唐〕段安節

丁晉公談録（外三種）

〔宋〕潘汝士　〔宋〕夷門君玉

〔宋〕孫升口述　〔宋〕劉延世筆録

〔宋〕孔平仲

奉天録（外三種）

〔唐〕趙元一　〔唐〕佚名　〔南唐〕尉遲偓

〔南唐〕劉崇遠

靖康緗素雜記

〔宋〕黄朝英

夢溪筆談

〔宋〕沈括

愧郯録

〔宋〕岳珂

錢塘遺事校箋考原

〔宋〕劉一清

曾公遺録

〔宋〕曾布

儒林公議

〔宋〕田況

雲溪友議校箋

〔唐〕范攄

嬾真子録校釋

〔宋〕馬永卿

王文正公筆録

〔宋〕王曾

王文正公遺事　清虚雜著三編

〔宋〕王素　〔宋〕王鞏

酉陽雜俎

〔唐〕段成式

新輯實賓録

〔宋〕馬永易

志雅堂雜鈔　雲煙過眼録　澄懷録

〔宋〕周密

大唐傳載（外三種）

不著撰人　〔唐〕張固　〔唐〕李濬　〔唐〕李綽

劉賓客嘉話録

〔唐〕韋絢

唐國史補校注

〔唐〕李肇

唐摭言校證

〔五代〕王定保

賓退録

〔宋〕趙與旹